"证据推理"核心素养视域下学习方式的变革

孟祥雯 ◎ 著

THE REFORM OF LEARNING STYLE FROM THE PERSPECTIVE OF THE CORE COMPETENCY — EVIDENCE REASONING

北京理工大学出版社
BEIJING INSTITUTE OF TECHNOLOGY PRESS

版权专有　侵权必究

图书在版编目（CIP）数据

"证据推理"核心素养视域下学习方式的变革/孟祥雯著.—北京：北京理工大学出版社，2019.9
ISBN 978-7-5682-7607-8

Ⅰ.①证…　Ⅱ.①孟…　Ⅲ.①中学化学课-教学研究　Ⅳ.①G633.82

中国版本图书馆 CIP 数据核字（2019）第 200093 号

出版发行 / 北京理工大学出版社有限责任公司
社　　址 / 北京市海淀区中关村南大街 5 号
邮　　编 / 100081
电　　话 / (010) 68914775（总编室）
　　　　　 (010) 82562903（教材售后服务热线）
　　　　　 (010) 68948351（其他图书服务热线）
网　　址 / http://www.bitpress.com.cn
经　　销 / 全国各地新华书店
印　　刷 / 三河市华骏印务包装有限公司
开　　本 / 710 毫米 × 1000 毫米　1/16
印　　张 / 16.75
彩　　插 / 3　　　　　　　　　　　　　　责任编辑 / 申玉琴
字　　数 / 251 千字　　　　　　　　　　　文案编辑 / 申玉琴
版　　次 / 2019 年 9 月第 1 版　2019 年 9 月第 1 次印刷　　责任校对 / 周瑞红
定　　价 / 58.00 元　　　　　　　　　　　责任印制 / 李志强

图书出现印装质量问题，请拨打售后服务热线，本社负责调换本书是北京市教育科学"十三五"规划课题"中学化学基于证据意识的学生学习方式的研究"的阶段性研究成果。课题研究团队的主要成员有夏添、任娟、纪艳苹、王珍珍、刘姣姣、郭子亮、张凯等。

前　　言

随着教育部《关于全面深化课程改革，落实立德树人根本任务的意见》以及《普通高中化学课程标准》（2017年版）的颁布，以化学学科核心素养为导向的基础化学教育改革新时代正式开启。在化学学科教育教学实践过程中，落实立德树人根本任务，培养德智体美全面发展的社会主义建设者和接班人，发展化学学科的核心素养，成为当今教育改革的首要任务。学科核心素养的培养蕴含了现代教育环境下学生学习方式和教师教学方式的变革，化学学科核心素养不是空洞的、高高在上的口号，必须落实在课堂教学中，转化为学生自身的关键能力和必备品格。如何将核心素养从一套理论框架落实到具体的教育教学活动中，如何建立化学学科核心素养与化学教学之间的联系，是一个现实而紧迫的命题。

化学是一门以实验为基础的自然科学，其理论体系是在科学家对无数事实材料概括的基础上，进行严密的逻辑推理而形成的。在化学学科背景下，"证据推理"对应的学科素养就表现为依据有关事实或材料推理出新的判断或结论，从而获得新的知识或实现问题的解决。

化学学科的知识内容有很多值得探究的问题，在进行科学探究之前，我们可以先对研究问题进行猜想假设，再根据"证据推理"加以证实或证伪。化学教学活动中的"证据推理"是基于基本理论和化学实践的推理，具有很高的科学性和趣味性，对于激发学生的学习兴趣、拓展学生的思维、提升教学质量都有极大的促进作用。因此可以说"证据推理"是化学课堂促进学生核心素养发展的"催化剂"，在化学教学中运用"证据推理"学习模式进行学习是落实化学核心素养进课堂的一个重要举措。

本书聚焦了"证据推理"核心素养视域下的学生学习方式，基于实践研究了在化学实际教学中如何更好地落实核心素养的培养，如何聚焦化学学科核心素养要素采取合适的教学策略设计教学方案、提出教学问题、设置教学情境、选择教学素材、组织教学活动、设计教学评价等。教学活动在与现实生活紧密关联的、真实性的问题情境中展开，采用基于问题、基于证据、基于体验式的、合作探究的建构模式进行学习，在不断尝试问题解决的过程中形成学科观念、学科能力和学科品格，切实落实学科核心素养的培养任务。

本书以理论研究为基础、问卷调查为评价手段、教学案例与评价分析为实践研究，综合运用多种方法、多视角、系统地展开对"证据推理"核心素养视域下学生的学习方式的解读与分析。本书共包括五个章节的内容：

第一章主要讨论基于"证据推理"的学习方式的研究背景，认识在发展核心素养背景下改变学习方式的重要性，了解国内外视野中基于证据意识的学生学习方式的研究进展，介绍本书的研究方法等。

第二章分别介绍"证据推理"、"学习方式"的内涵界定，梳理归纳"证据意识"的培养方法与策略、学习方式的种类、考察学习方式的维度、以及基于"证据推理"的学习方式的培养策略，厘清核心概念的关系，形成对证据推理和学习方式的准确认识和与定位。

第三章是基于"证据推理"的学习方式的教学实践研究部分，以精心筛选的22个优质教学案例研究为基础，在文献研究和调查问卷分析的基础上，在教学实践中积极探索培养学生证据推理核心素养的策略和学习方式。这些跨越不同年级的实践研究，教学内容涵盖整个中学阶段，有很强的现实性和针对性。有结合工业生产以及生活实际创设真实情境解决实际问题的案例，有以实验和手持技术为特色培养证据收集能力的案例，有深入理论研究、培养模型建构能力的案例，也有突出学生自主学习方式的阅读和课外实践活动的案例，还有结合项目式学习，体验"做中学，学中做"的体验式研究案例等。

第四章是基于证据推理的学习方式的教学评价。在理论研究的基础上，构建新的基于"证据推理"的学习方式的教学评价体系，并对典型的课堂教学案例进行客观量化评价，突破以往凭主观印象评价课堂教学的评课模式。

第五章是本书的结论与反思，通过对核心素养视域下学习方式的变革以及基于"证据推理"学习方式的培养进行梳理和总结,提出落实和推行核心素养的建议与启示。

在教学中进行"证据推理与模型认知"核心素养的培养,能够帮助学生掌握化学核心知识、提高化学核心能力、培养化学核心态度。此外,本研究只是对化学学科"证据推理与模型认知"核心素养的初步探索,还希望更多初高中化学教师能加入到研究中,将研究更加完善更加深入。

由于水平有限,书中难免有疏漏与不妥之处,敬请读者批评指正!

笔 者

2019年7月

目 录

第一章 导论 ··· 1
 第一节 问题的提出 ·· 1
 第二节 国际视野中基于证据意识的学生学习方式的研究进展 ············· 2
 第三节 国内视野中基于证据意识的学生学习方式的研究进展 ············· 6

第二章 证据推理与学习方式的基本内涵 ······································· 9
 第一节 证据推理 ··· 9
  一、证据及证据的来源 ·· 9
  二、证据意识的内涵 ·· 10
  三、证据意识的培养方法与策略 ·· 11
  四、"证据推理与模型认知"核心素养的内涵 ···························· 13
 第二节 学习方式 ·· 14
  一、学习方式的内涵 ·· 14
  二、学习方式的种类 ·· 15
  三、考察学习方式的维度 ·· 16
 第三节 基于"证据推理"的学习方式 ······································ 16
  一、基于"证据推理"的学习方式的内涵 ································ 16
  二、基于"证据推理"的学习方式的培养策略 ··························· 16

第三章 基于"证据推理"的学习方式的培养 ······························· 18
 第一节 学生学习方式的调查及分析 ··· 18
  一、初中学生学习方式的调查及分析 ······································ 18
  二、高中学生学习方式的调查及分析 ······································ 22
 第二节 培养基于"证据推理"的学习方式的教学实践 ··················· 26
  一、利用学科阅读,培养证据获取能力 ··································· 26

二、创设真实情境，培养证据推理能力 …………………………… 32
　　三、重视实验过程，培养证据分析能力 …………………………… 98
　　四、深入理论研究，培养建构模型能力 …………………………… 199

第四章　基于证据推理的学习方式的教学评价研制 ……………………… 233
　第一节　基于证据推理的学生学习方式的教学评价理论 …………… 233
　　一、评价的内涵 …………………………………………………… 233
　　二、教学评价 ……………………………………………………… 234
　　三、评价类型 ……………………………………………………… 235
　第二节　基于"证据推理"的学习方式的教学评价标准 ……………… 236
　　一、教学评价指标体系 …………………………………………… 236
　　二、指标体系的构建 ……………………………………………… 237
　　三、指标体系设计的原则 ………………………………………… 237
　　四、设定标准的原则 ……………………………………………… 238
　　五、评价量表设计 ………………………………………………… 240
　第三节　基于"证据推理"的学习方式的教学评价实例 ……………… 243

第五章　研究"证据推理"核心素养视域下的学习方式的启示 ………… 247
　第一节　核心素养视域下学习方式的变革 …………………………… 247
　第二节　培养基于"证据推理"的学习方式的意义 …………………… 248
　　一、基于"证据推理"的学习为问题解决学习提供了坚实的
　　　　价值依据 ……………………………………………………… 248
　　二、基于"证据推理"的学习有利于培养学生实事求是的科学态度 … 248
　　三、基于"证据推理"的学习是推进教育创新的重要手段 ……… 249
　第三节　培养基于"证据推理"的学习方式的启示 …………………… 249
　　一、培养基于"证据推理"的学习方式要勤于实践 ……………… 249
　　二、基于证据的"教"和基于证据的"学"相互促进 ……………… 250
　　三、学习方式应为传统与新型学习方式的有机融合 …………… 250

参考文献 ……………………………………………………………………… 251

后记 …………………………………………………………………………… 257

第一章 导论

第一节 问题的提出

2014年3月,由教育部颁发的《关于全面深化课程改革,落实立德树人根本任务的意见》明确提出"核心素养体系"的概念,指出学生应具备适应终身发展和社会发展需要的必备品格和关键能力,突出强调个人修养、社会关爱、家国情怀,更加注重自主发展、合作参与、创新实践。2016年9月,"中国学生发展核心素养"研究成果正式发布,对学生发展核心素养的内涵、表现、落实途径等作了详细阐释。核心素养以培养"全面发展的人"为核心,以科学性、时代性和民族性为基本准绳,分为文化基础、自主发展、社会参与三个方面,综合表现为人文底蕴、科学精神、学会学习、健康生活、责任担当、实践创新六大素养,具体细化为18个基本要点。2017年,《普通高中化学课程标准(2017年版)》的发布,标志着以化学学科核心素养为导向的基础教育改革新时代正式开启。学科核心素养是学科育人价值的集中体现。化学学科的核心素养主要体现在以下五个方面:宏观辨识与微观探析、变化观念与平衡思想、证据推理与模型认知、科学探究与创新意识、科学态度与社会责任。其中,"证据推理与模型认知"科学素养的培养要求学生具有证据意识,能基于证据进行分析推理,建立认知模型,并能运用模型解释化学现象,揭示现象的本质和规律。《普通高中化学课程标准(2017年版)》指出:"要重视开展'素养为本'的教学,倡导真实问题情境的创设,开展以化学实验为主的多种探究活动,重视教学内容的结构化设计,激发学生学习化学的兴趣,促进学生学习方式的转变，培养他们的创新精神和实践能力。"实践证明，培养学生分析、处理数据，建立证据意识，并从中获取信息、加工信息的能力，无论是在高考还是未来学生从事科学研究中都有重要的作用。

学习方式是学生在完成学习任务时基本的行为和认知的取向，是学生在自主性、探究性和合作性方面的基本特征。根据教育心理学的知识，学生的学习方式有接受和发现两种。两种学习方式都有其合理性和存在价值，彼此也是相辅相成的关系。传统的学习更多的是机械重复、简单训练、接受学习，学生真正的探究、实质性参与教学过程以及学生之间的互动与合作、交流与分享太少。近年来，各国在课堂教学和学生学习领域积极推进改革，出现了一些新的教与学的方式和方法。通过研究性学习、参与性学习、体验性学习和实践性学习等，实现学习方式的多样化，实现由被动接受性学习向自主学习、合作学习、探究学习等多样化的学习方式转变，以此激发学生的学习兴趣和学习动机。其中，基于证据推理的学习方式越来越受到重视。

中学化学新课程倡导学生通过以化学实验为主的多种探究活动，体验科学探究的过程。科学探究包括提出问题、猜想假设、设计实验、收集数据、评价交流等环节，而在这每一步中都包含了一个重要的因素：证据意识。证据是科学探究过程中材料、数据、原有认知的总称，是科学探究的根本，是用以认识和解释已有知识经验和客观世界的依据。证据意识是人们对于证据事物的认识和反映。科学是一种实证系统，不懂得科学的本质是"严谨和证据"，就不可能真正地走近科学。可证据意识在很多人的脑海里还是很模糊，甚至被忽视，且使用证据也常常有以偏概全的现象，收集、保存、运用证据的意识淡薄。因此迫切需要"基于证据的研究"来改变这种现状，这将对改变学生的学习方式和评价方式产生积极的影响。

第二节　国际视野中基于证据意识的学生学习方式的研究进展

学习方式是影响学生学习的一个重要因素，学习方式的变革是目前我国教育教学改革比较关注的一个问题。国内外相关的研究成果也不断增加。

国外关于学习方式的研究起步较早。学习方式的概念最早是由美国学者哈伯特·塞伦（Herbert. Thelen）于1954年提出的。美国学者纽曼从学生的活动方式角度提出学习方式是指学生在教学活动中的参与方式，它应表现为学生在学习活动中的行为参与、情感参与、认知参与及社会化参与的有机组合。多年来，学习方式成为教育心理学、学习论、课程论等学科共同关注的一个重要课题。西方学者对其各有独特的解释，观点纷呈。尽管这些学者对学习方式界定的角度不同，但在本质上有许多共同之处，大致表现在以下几方面：一是认为学习方式的实质是学习者经常使用的学习策略或倾向；二是认为学习方式的本质特征是稳定性和独特性。稳定性是学习者在长期的学习过程中逐渐形成的，很少因学习内容和学习环境的改变而改变，独特性是指学习方式具有鲜明的个性；三是认为学习方式受社会、家庭、学校教育方式的影响。

在学习方式类型的研究方面，奥苏伯尔提倡有意义的接受学习：接受式学习并不都是机械的和被动的，奥苏伯尔所主张的是有意义的接受式学习。有意义的接受式学习是指学生以思维为核心的一种理解性的学习。其特点是学生身与心、认知与情感、逻辑思维与直觉等的和谐统一以及在学习过程中的投入。这种接受式学习的过程，实质上是学生积极主动地对教师所传授的知识进行选择、理解、整合和内化的过程，并在这一过程中使新知识纳入自己原有的认知结构之中，以达到对新知识的把握和理解。奥苏伯尔认为，有意义的接受式学习是主动的、有效的。布鲁纳则主张学生通过发现学习的方式建构自己的知识结构。他认为，在发现学习中，学生的主要任务不是接受和记住现成的知识，而是参与知识的发现过程；教师的主要任务也不是向学生传授现成的知识，而是为学生发现知识创造条件和提供帮助。他还认为，在教学过程中，传授知识固然重要，但更重要的是学生获得知识的体验，是学生是否进行充分的智力活动。他特别主张培养学生探究问题的精神和独立解决问题、预见未知的能力。发现学习的基本特征是，学习的主要内容不是现成地给予学生，而是在学生的内化之前，必须由他们自己去发现这些内容。

在学习方式与学习结果的关系研究方面，格斯提出了3P（Presage、Process、

Product)模型,该模型描述了课堂学习的前提、过程和产物。在 3P 模型中,学生自身的特点和教学环境发生相互作用,产生了以任务为导向的学习方式,不同学生在学习过程中有不同的学习方式,会形成不同的学习结果,学习方式和学习结果存在密切的关系。

在学习方式的相关性研究方面,瑞典的马顿(Marton)和萨利(Salia)最早进行了学习的表层方式和深层方式的研究。表层式学习方式是指学习者的学习由外部动机产生,为应付教师而学习,主要采用机械学习策略,用尽可能少的时间和精力去重复学习可能要考的内容和要点,是一种量的学习概念,缺乏元学习。深层式学习方式是指学习者的学习由内在动机或好奇心产生,为满足兴趣、探究意义而自发、主动学习,主要采用建构主义的编码和有意义学习策略,能持之以恒地进行广泛的学习,是一种质的学习概念,其学习结果水平也是较高的,能认识并监控、管理自己的学习。Biggs 在马顿等人研究的基础上通过总结,归纳出第三种学习方式即成就式学习方式,既解释了学习背后的心理原因,又弥补了马顿的两极化之间的空白,说明了现实学习中更具普遍意义的一种方式。

科学教育的主要目标之一是提高学生的科学素养,即希望学生具备发现问题、提出观点、搜集和分析资料以获得证据、具备与他人进行交流沟通的能力。Kuhn 探讨了个人基本推理论证能力,发现许多儿童和成人缺乏将论据和理论产生联系的能力,而这恰好是构成论证的必要因素。Driver 等指出,若要帮助学生形成科学的观念,科学教育就必须通过适当的教学活动向学生提供论证的机会。近年来,基于论证的科学学习效率得到了大量教学实践研究的证实,教学实践亦表明,基于论证的教学效果显著优于传统教学效果。

目前,科学教学领域中的论证多以图尔敏论证模型为结构框架而展开。图尔敏(Toulmin)在 1958 年提出的图尔敏论证模型,在众多论证架构中,最具有代表性。图尔敏论证模型包括资料、主张、论据(理由)、支持、限定和例外或反驳等六个基本要素,各要素之间的联系如图 1-1 所示。

图尔敏认为论证是论证者从资料中经过推理有证据地提出在一定条件下成立的主张。图尔敏论证模型展示了论证中各要素及其联系,它除了可以为课堂实施

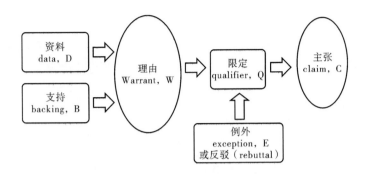

图 1-1　图尔敏论证模型

论证教学提供帮助，还能够用于分析学生的论证过程、评价学生论证的程度。但是图尔敏论证模型也具有一定的局限。它没有考虑论证者与他人进行论证过程中的相互关系和相互影响。因此，在使用图尔敏论证模型时还需要结合具体的情况或者背景进行分析。

Victor Sampson 等人根据图尔敏论证模型提出新的科学论证框架，如图 1-2 所示。这个框架包括主张、证据、理由三个要素。

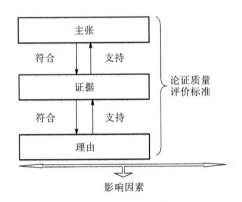

图 1-2　Sampson 科学论证框架

主张可以是对问题的解答，可以是在资料中获取的一种描述性关系，或者是提供一种因果机制。证据用来支撑主张，说明主张的正确性，它可以是实验所得数据、所观察到的现象或科学理论。理由则是说明证据支持主张或者证据能够解释主张的原因。框架中同时包含了论证质量评价标准，如证据和主张的符合程度，证据是否充分等。Browne 和 Keeley 提出："论证是两个陈述形成的组合，一个是结论,另一个是用来支持结论的理由"。当理由与结论相互结合就形成了论证。结论和理由的关系可以是一对一,也可以是一对多,即可以是一个理由或者多个理由支撑某个结论。Browne 认为不同的议题需要的理由类型是不同的。许多理由是证据的陈述,而证据是论证者用来"证明"自己所陈述的是真实的特定资料。这些证据包括数据、观察的现象、科学理论、权威的话等。他特别强调结论本身不是证据,有时候,论证者用证据去支持某个结论,再用这个结论去支持另外的结论。以上评价框架为教师提供了论证教学需具备的重要因素。

第三节 国内视野中基于证据意识的学生学习方式的研究进展

新课程改革的大趋势是,教师不是大量地传递知识,而是越来越多地激励学生思考。学生必须集中更多的时间和精力去从事那些有效果的创造性的活动。在学习中发现问题,在探究中解决问题。我国学者在学生学习方式的研究方面也做了大量工作。国内关于中学生学习方式的研究主要集中在学习方式现状、学习方式与学习结果的关系、学习方式的影响因素及学习方式的变革等几个方面。对学习方式的特点的探索,不同学者有不同的见解。钟祖荣教授指出学习方式的四个特点:第一,社会历史性(最本质特点);第二,整体性、抽象性和概括性;第三,价值判断性;第四,多样性(内在特点)、差异性和可选择性。孔企平教授则通过分析有关文献概括出学习方式的特点:学习方式是教学过程中的基本变量;学习方式是一个组合概念;学习方式反映了学生完成认知任务时的思维水平。孔企平教授认为转变学生的学习方式就是要转变当前在课堂中存在的单一、他主与被动的学习方式,提倡和发展多样化的学习方式,推广研究性学习、动手做的活动、在计算机环境中学习、小课题与长作业等,强调学习的自主性、合作性和探究性。余文森教授则提出发现学习、探究性学习和研究性学习共同的本质特征,即问题性、过程性、开放性。在以上基础上,王振平在其硕士论文中提到,现代学习方式还具有主动性、独特性、独立性和体验性的特点。

国内开始关注教学中的证据意识始于 20 世纪 90 年代初，当时侧重介绍西方教学情况，如首都师范大学叶小兵教授翻译的英国学者蒂姆·洛马斯（Tim Lomas）所著《历史理解的教学与评价》一书中的"证据"一章、陈新民的《英国历史教学中的史料研习》、《英国历史教学中史料教学的经验及启示》等。20 世纪 90 年代中期以后，由于受到当时高考的教育制度的影响，学生证据意识的培养问题越来越引起历史教师与专家的关注。然而针对化学教学中证据意识的研究相对较少，相关的研究成果也不多。

近年来，世界各国在课堂教学和学生学习领域积极推进改革，出现了一些新的教与学的方式和方法。其中，基于证据的学习为其中之一。北京师范大学教授杨明全、吴娟指出，基于证据的学习的基本特征是：学习目标具有发展性；学习内容具有问题指向性；学习活动具有综合性。基于问题的学习是一种小组合作的教学方式，在这种方式中，学生要综合运用信息解决问题，他们在学习上更加积极并能够发展各种技能，因此它要比阅读或听讲更加有效。

纵观目前国内外对学习方式及证据意识的研究，可以发现具有一些共同点。在理论方面目前研究较多的是：对学习方式的含义进行界定；探讨学习方式划分的标准；根据不同的标准将学习方式进行分类；探究学习方式的特点；对各类型的学习方式的含义进行界定，分析其特点和实施方法等。在学习方式的变革方面研究较多的是：探讨学习方式变革的原因；提出学习方式变革的方向和原则；探索学习方式转变的策略。现有较多相关的证据意识的研究集中在历史学科，主要研究方向是证据意识的培养，提出有效的策略和方法，对其价值和意义也进行了比较深入的论述，这体现出了学术界对中学历史教学中证据意识培养问题的关注。然而，关于证据意识的研究现在还没有专门的论著问世，将化学学科学习方式与证据意识结合起来研究的更是鲜有报道。

本书尽量以较多的教学实践为基础来研究中学化学中基于证据意识的学生学习方式。在新课程标准的教育理念下，改革传统课堂教学模式，运用先进的教育手段与方法，促进学习者的学习方式做出相应的转变，让学习者经历一种主动参与、合作交往、创新实践的学习过程。

在学习方式多样化的环境下，手持技术开始进入课堂教学。我国将手持技术仪器引进中学教学只有不到 20 年的时间，且大多数研究主要集中于数学、物理与化学等学科教学领域。其中化学领域的研究多侧重于手持技术在研究性学习中的应用。而在新课程背景下，越来越多的教师开始将手持技术整合于化学常规教学中，作为培养学生证据意识的一种方法。随着现代信息技术的高速发展，大数据时代学校教育教学面临新的挑战和机遇，基于大数据、云计算、物联网等新一代信息技术建立新的学习方式，利用大数据技术分析和改进学习行为、变革传统课堂，构建基于动态学习数据分析的智慧学习模式，已成为一种必然趋势。

第二章 证据推理与学习方式的基本内涵

第一节 证据推理

一、证据及证据的来源

（一）证据

证据是判定事实的依据，是人们从未知达到已知的认识过程中用来推断未知事项的既知材料。证据是科学探究的根本，证据必须是客观事实，具有客观性、可重复性以及与科学结论之间具有关联性等特点。

在不同的学科领域，根据不同的标准，证据有很多种分类方法，一般来说，可分为直接证据和间接证据两大类。直接证据是客观存在的事实，如自然现象、实验现象、实验数据等。直接证据不需要与其他旁证相关联，直接就可以说明问题、证实事实。间接证据是经过他人观察和研究得出的有关规律以及被无数实验事实证实的原理、定律、结论和推论等，这类证据一般需要与事实本身相关联，配合其他相关证据使用，起到辅助证明的作用，如文献中的证据可称作间接证据。

（二）证据的来源

证据来源指证据从何处发现和如何取得。证据可以来源于直接经验，包含自身的生活经验、体验，也可以来源于文献资料、期刊、科学书籍、公认的化学概念原理等。

化学学科的证据依据来源不同可以分为以下几类：

（1）源自生活经验的证据，例如夏天饭菜易变质，放在冰箱里则可以保鲜，体现了温度对反应速率的影响。

（2）源自自然现象的证据，如火山口存在硫黄，体现了硫元素能以游离态稳定存在。

（3）源自与生活有关的重大事件，如工业酒精勾兑白酒事件，体现了甲醇与乙醇性质的不同，工业产品与食品的界限问题。

（4）源自化学科学发展成就的证据，如石墨烯的发现等，丰富了对碳的同素异形体的认识。

（5）源自化学科学应用的重大成果的证据，如导电塑料，丰富了对导电材料的认识。

（6）源自化学史的证据，如湿法炼铜，涉及铜的冶炼。

（7）源自化学实验事实的证据，如铜片与浓硫酸共热，铜片逐渐溶解，产生刺激性气味气体，体现了浓硫酸的酸性与强氧化性。

（8）源自文献资料、期刊、科学书籍中公认的化学结论、概念、原理等证据，如有关物质的性质与转化关系，有关反应的规律——质量守恒、能量守恒、勒夏特列原理等。

二、证据意识的内涵

证据意识是人们在社会生活和交往中对证据作用和价值的一种觉醒和知晓的心理状态，是人们在面对纠纷或处理争议时重视证据并自觉运用证据的心理觉悟，简单来说，就是人们对于证据事物的认识和反映。

证据意识的概念源于法律，是法律思维的一项重要内容。证据意识是以证据心态、证据观念、证据理论三个层次的心理活动的形成与结果存在的，包括收集、保存和运用证据的意识。教学中的证据意识问题始于历史学科。目前，在化学教学中提倡的证据意识也越来越引起人们的关注。

20世纪90年代以后，美国颁布了《国家科学教育标准》，强调"使用证据和策略来发展或修正解释""视科学为论证和解释""沟通科学解释""应用实验的结果到科学的论证和解释"。由此"论证"被提到了科学教育中相当重要的位置,并成为科学教育及其研究领域的一种新的发展趋势,也就是本书证据意识的前身。

美国著名科学哲学家 G. 萨顿在《美国百科全书》中把科学理解为:"科学为系统化的实证知识"。我国学者郭湛在《中国大百科全书·哲学》中认为:"科学是以范畴、定理、定律形式反映现实世界多种现象的本质和运动规律的知识体系"。众多对科学本质的理解中一致认同的是:科学是一种实证的系统。可见收集各种证据、基于证据进行分析推理、解释证据与结论之间的关系、阐述形成科学结论所需要的证据和获取证据的途径等对科学本质的认识都属于证据意识的范畴。

证据意识不仅包含了必要的逻辑推理、分析与比较等能力,还蕴含着更深层的求真精神与态度,体现了科学对事实的尊重、对观察的依赖、对结论的谨慎、对错误的勇于修正等。

证据意识的培养就是"尊重证据、寻找证据、解释证据"的过程,正如南京师范大学著名教授刘炳昇所说:"提出问题要讲依据,猜想假设要有依据,实验设计要有过程,交流评价要有证据,一句话,证据意识贯穿在探究教学的始终。"

三、证据意识的培养方法与策略

新的知识观强调学习者对知识的主动性建构,学习方式也由接受学习向发现学习转化,发现学习最本质的特征是强调探究过程而不是现成的知识,而这个建构过程越来越需要相应的证据予以支撑。在开展基于证据的学习过程中,学生需要主动收集、提供并分析有关的信息和资料,提出解决问题的假设并予以验证。我们要通过培养学生的证据意识来培养其质疑精神,把尊重事实作为一种科学的基本态度,让讲证据、相信证据成为一种课堂文化,使学生更好地树立求真、求实的科学态度,养成自主探究的学习习惯。

(一) 分层次培养学生的证据意识

学生的证据意识不是一步到位的,是逐渐培养的。初中阶段初步认识证据,了解证据的获取方式，高中阶段进一步培养学生的证据推理与模型认知意识，使学生不仅能看到、找到证据，更要实现用证据解释关键问题的目标。要让学生具有证据意识，不能凭空想象，跟着感觉走，首先要初步学会搜集各种证据，对所要学习物质的性质作出假设，然后进行分析与推理，或者设计实验进行验证，对自己的假设是否正确作出判定，从而让学生建立证据、推理和结论之间的逻辑关系。

（二）教学设计中处处彰显证据意识

证据意识培养需要的学习方式主要是探究式学习。探究式学习中的核心环节是学生利用各种探究手段和工具获取相关资料和证据，进而研究解决问题。对于化学这门与生产生活紧密联系的学科，收集证据的途径和方式很多，穿插于探究过程中的活动可能有：对自然现象的观察、资料信息的查询、实验的设计与数据的处理、讨论与辩论等。在教学设计中，处处体现探究意识，创境质疑，提问有据；假设合情，猜想有据；方案可行，设计有据；收集证据，采集有据；推理丰富，论述有据；延伸拓展，应用有据。

（三）丰富学生的证据获取方式

化学教学中的证据包括实物、材料、基础实验、史料、数据、模型等。基于宏观表征、微观表征和符号表征的化学三重表征已成为国际上公认的化学科学不同于其他科学最有特征的思维方式，它作为一种统摄性的、突出本学科特点的整体性认知方式，帮助学生找到"学会学习"的捷径。然而，很多时候微观表征很难理解，只靠常规的基础实验寻找证据也比较困难。手持技术能以信息技术手段和常规实验相结合的方式获取证据，具有很强的现实性、针对性，而且通过学生和教师的积极探索形成基于手持技术、大数据等多种手段的数据采集分析手段，能帮助学生深入理解微观表征，深入认识各种核心化学概念，并进一步构建微粒观。此外也可以和高校联合，让学生参观或体验大学实验室，了解现今常用的实验仪器与作用。

（四）开展更广泛的课堂，加强培养证据意识

形成课前、课上、课后大贯通，开展更广泛的证据意识的培养。在课前布置任务，完成相关资料的整理与收集，初步寻找和课程内容相关的证据。在课内，通过运用多媒体信息技术营造生活化学习情境，激发学生学习热情，通过信息技

术提供课堂交流的新型工具以提高"师—生"和"生—生"交互的效率,给证据的寻找与收集提供更多的时间。课后则通过网络推动学生的课外自主学习,对证据进行进一步的解释与评价,激发学生学习化学的持续热情。

(五) 在试题评价中引领证据意识的形成

不可否认,中高考对我们的教学依然起着指挥棒的作用。我们也可以在解题中培养学生的证据意识。新课程改革以来,中高考试题对提出问题、猜想以及数据处理、评价等多有涉猎,对于"证据意识"的关注越来越强烈。命题人努力创设陌生情境,考查学生在陌生情境中获取有效信息、证据,并利用它们考查学生解决问题的能力。试题源于化学与生活的情境或化学与技术的情境,最终考查又落在运用所学知识,利用题目信息分析问题、解决问题的能力上,关注的是考生最本质的化学能力。信息的提供方式多样,除了文字叙述,还有工作示意图、表格数据、装置图等多种信息提供方式。要求教师在解题中引领同学进行模型建构,探索找证据、用证据的思路与方法。

(六) 鼓励学生开展研究课题,开展研究性学习

除了正规课程,还要重视化学校本课、化学社、研究性学习等补充课程,参与其中的学生大都基础知识扎实、对化学研究充满兴趣。针对这部分学生,开展合适的研究课题,如研究实验中各种异常现象出现的原因,研究一种核心元素形成的新物质的制备与性质,研究物质氧化性、还原性的差异和影响因素等。教师只在安全问题上加以监督,真正放手让学生去开展研究,让学生充分体会科学研究的全过程,并形成书面研究报告或论文,这样会快速提升学生的证据意识,这部分学生也会对全体学生产生很好的带动作用。

四、"证据推理与模型认知"核心素养的内涵

"证据推理与模型认知"是化学学科五大核心素养之一。"证据推理"即基于证据的推理,要求学生具有证据意识,初步学会收集证据的方法,确定形成科学结论所需要的证据和寻找证据的途径,能基于证据对物质的组成、结构及其变化提出可能的假设;能基于证据进行分析推理,证实或证伪假设;能解释证据与结论之间的关系,建立观点、结论和证据之间的逻辑关系。

"模型认知"即基于模型的认知，要求学生知道可以通过分析、推理等方法认识研究对象的本质特征、构成要素及其相互关系，建立认知模型，并能运用模型解释化学现象，揭示现象的本质和规律。要求学生能认识化学现象与模型之间的联系，能运用多种认知模型来描述和解释物质的结构、性质和变化，预测物质及其变化的可能结果；能依据物质及其变化的信息建构模型，建立解决复杂化学问题的思维框架。

"证据推理与模型认知"核心素养要求学生在化学学习的过程中，必须形成化学学科思想和方法，学会"收集证据→利用证据→分析推理→解决问题"以及"事实积累→归纳整理→建立模型→规律认知"的路径。

第二节　学习方式

一、学习方式的内涵

教育学视角下的学习方式，侧重于学习过程中所采用的途径、形式和手段。例如，谢新观主编的《远距离开放教育词典》认为"学习方式是指学习者在学习知识和技能时所采用的途径、形式和手段"（谢新观，1999）。Pashler等学者认为"学习方式的概念由于每个人选择最有效的教学和学习模式不同而具有个体差异。心理学视角下的学习方式，侧重于个体获取或处理信息的方式"。James等认为"学习方式是个体在学习过程中自然或习惯性地获取和处理信息的模式，其核心概念是个体如何学习的差异性"（James和Gardner，1995）。庞维国认为，从学习心理学的角度看，"学习方式泛指学习者在各种学习情境中所采用的具有不同动机取向、心智加工水平和学习效果的一切学习方法和形式"（庞维国，2010）。郝贵生认为"学习方式是学习主体在学习过程中形成的一种相对稳定的形式、程序和定式，它包括学习的动机、态度和方法等"（郝贵生，1994）。孔企平认为"学习方式是指学生在完成学习任务时表现出来的基本的行为和认知取向。学习方式不是指具体的学习策略和方法，而是指学生在自主性、探究性和合作性方面所体现出来的基本特征，它高于策略和方法层面，影响并指导学生对具体策略和方法做出选择"（孔企平，2001）。桑新民认为"从教育技术学的视角看，学习方式是指学习者在学习活动中所采取的手段、措施或策略，是学习活动的基本形式。学习方式揭示了不同时代学习内容与形式的特点，有助于人们从总体上认识和把握人类学习活动的特点和发展规律"（桑新民，2004）。

二、学习方式的种类

从古至今，从最早的口口相传，到建立私塾、书院，再到现在从幼儿园到大学的流程化学习，人类的学习方式在不断发生变化。

中华文化源远流长，其中有很多值得借鉴的学习方式，也成为今天考察学习方式的一些经典维度。学习动机如为中华之崛起而读书；学习意志与毅力如头悬梁、锥刺股；学习资源与环境如借书苦读、凿壁偷光；学习态度与品质如勤于思考、以勤补拙；学习方法与策略如刨根问底、仔细推敲。

随着近现代学习理论的发展、课程与理念的更新、媒体与技术的进步等引发了学习方式的发展与变革。可从多维角度对学习方式进行分类（表2–1）。

表2–1 学习方式分类

分类依据	学习方式分类
学习的信息化程度	传统学习方式、信息化（数字化）学习方式
学习的主动性	被动学习、主动学习（自主学习、合作学习、探究性学习、研究性学习）
学生学习场所	面对面学习、远程网络学习、混合式学习
学习借助的媒体	语言、书本、多媒体、试管实验、数字化实验等多种新的实验仪器与手段
知识的来源	程序性学习、经验性学习、体验性学习
新媒体新技术新理念的角度	多媒体课堂学习、网络学习、微课程学习、翻转课堂学习等

随着科技、互联网、人工智能的飞速发展，人类获得信息、资源、知识的途径和方式将不断增多，学习方式也势必会变得更加多元化、国际化、便捷化。

三、考察学习方式的维度

考察学习方式有四个维度：
① 学习对象是什么？
② 学习者以什么样的方式与此类对象进行接触？
③ 学习所运用的信息媒体是什么？
④ 学习者所采用的信息加工方式或思维加工方式是什么？

第三节 基于"证据推理"的学习方式

一、基于"证据推理"的学习方式的内涵

基于"证据推理"的学习不是某种具体的学习方法，它是为解决特定问题而运用一些证据来呈现学习结果并由此证明学习活动已经发生的所有学习方式的统称。因此，在本质上，它是一种学习范式，是一种有关学习的理论模式和实践范式。这种学习范式的核心在于，它通过运用一定的证据来反映学习的过程并呈现学习结果，正是通过证据的呈现，人们可以判断学生的学习真正发生了，亦即"运用证据来提升学习结果，由此证明个体的能力和学习绩效的持续提升"。

二、基于"证据推理"的学习方式的培养策略

基于"证据推理"的学习方式培养需要循序渐进、分层进行。

第一层次，通过课堂学习，学生认识到化学学科知识体系的建立源于"证据"。化学是一门科学，是通过探索或收集证据认识物质与反应、通过证据归纳原理与创建概念的。如在氯气的教学中，通过进行氯气与金属单质（铁、铜）、非金属单质（氢气）、水、碱、盐、红纸（干、湿）等物质的实验研究，依据实验证据归纳出氯气的化学性质；根据钠与水反应时"浮、熔、游、响、红"等实验现象和已有知识进行有关推理，对钠的密度、熔点等物理性质，钠与水反应时

的速率、产物以及能量变化形成相应的判断，获得钠的有关知识；在离子反应概念教学中，通过对水、硫酸溶液、氢氧化钡溶液的导电性实验创建电离概念，通过同步测定在硫酸溶液中滴加适量氢氧化钡溶液后的电导率实验创建离子反应概念；根据乙醇的分子式及各原子的成键特点推理乙醇结构为 $CH_3—CH_2—OH$ 或者 $CH_3—O—CH_3$，然后通过乙醇与水反应的实验对上述推理进行证实或证伪，从而得出乙醇含有羟基的结论。再如对勒夏特列原理的教学，是通过对无数个可逆反应进行实验研究，改变反应物或生成物浓度、改变温度、改变压强，分析实验所得证据，归纳总结出平衡移动原理。总之通过学习，学生初步认识到化学基于实验探究、源于事实证据。

第二层次，理解设计实验的原则、方法，即明确获得可靠证据的方法手段。

通过对课堂实验的分析及教师的讲解，学生理解实验目的、实验原理、实验仪器、实验操作、实验要点、如何观察实验现象、准确描述实验现象、做好实验记录、分析实验并得出结论。同时，明确实验设计原则：科学性、安全性、可行性、简约性。对比实验设计时，应明白如何控制变量，如何排除干扰因素等。

第三层次，模仿课内所学，寻找证据，完成简单验证性或探究性任务。

知道为什么做、如何做之后就要依靠所学尝试去做。首先，学生要学会模仿，模仿课内所学，尝试寻找证据解决问题。这一阶段可以通过逆向思维进行课内规律的验证，也可以更进一步探讨类似于课内问题的新问题。如自选反应，完成对勒夏特列原理、质量守恒定律、阿伏伽德罗定律、元素周期律的验证；完成对碘单质、亚硫酸钠化学性质的探究；验证可逆反应、验证氧化还原反应、验证弱电解质等。

第四层次，应用证据推理，解决实际复杂问题。

如探究 Fe^{3+} 与 SO_3^{2-} 反应，包括反应类型多样，反应速率有快有慢，反应顺序有先后，反应关系有竞争、协同等。再如以二氧化锰与盐酸反应为例探究影响氧化性、还原性的因素；加热亚硫酸钠溶液，绘制 pH 随温度的变化曲线，分析原因并对结论进行验证。

总之，问题的提出源于事实证据与认知的冲突；问题的分析与猜想源于对理论的分析；猜想的证实或证伪需要寻找与借助证据；结论的提出需要依靠证据。学生在问题解决过程中逐渐建立证据意识，完成基于"证据推理"的学习方式认知模型的建立。

第三章 基于"证据推理"的学习方式的培养

第一节 学生学习方式的调查及分析

采用问卷调查的形式了解当前学生真实的学习方式。分别选择初三、高一、高三共3个年级包括实验班和普通班在内的253个学生进行调查,样本全部收回。统计调查结果并分析从哪些方面可以加强基于证据推理的学生学习方式的培养。

一、初中学生学习方式的调查及分析

(一)初中学生学习方式的调查(表3-1)

表3-1 初中学生学习方式调查表

分类	问题	选项	答案
学习目标	你有学习目标吗	A. 有长远的规划和明确的学习目标 B. 会阶段性地制定短期的学习目标 C. 没有目标,跟着老师走	
课前准备	你的化学课预习情况是	A. 每节课前都进行预习工作 B. 有时进行预习工作 C. 从来不做预习工作	
	如果预习,你是怎样预习的	A. 预习课本相关内容 B. 查阅资料,预习相关内容 C. 同学交流,预习相关内容	

续表

分类	问题	选项	答案
课堂学习	你最感兴趣的课堂环节	A. 听老师讲解知识和疑难问题 B. 做实验或看演示实验 C. 同学交流	
	做学生实验时参与情况	A. 喜欢自己独立完成 B. 与同学合作完成 C. 看别人做自己不动手	
	你运用证据情况	A. 经常用证据解释自己的疑问 B. 有时用证据解释自己的疑问 C. 从来不用证据解释自己的疑问	
	你认为最能帮助你建立证据意识的学习方式	A. 以学生自主学习为主 B. 教师讲授为主 C. 教师引导下的师生互动学习	
	在课堂上你对老师讲课的内容质疑吗	A. 老师是权威,没有质疑 B. 有自己的观点,偶尔会有质疑 C. 不知道老师讲的对错	
	学习交流情况	A. 喜欢独立思考,不爱与人讨论 B. 喜欢主动参与学习讨论 C. 喜欢听别人的讨论,自己不参与讨论	
课后学习	课后你是如何复习的	A. 每节课后及时复习 B. 有时能复习 C. 基本不复习	
	在学习过程中遇到难题或困难时怎么解决	A. 先自己思考,不行再和同学讨论或请老师帮助 B. 直接问同学或老师 C. 不会就放弃	
学习方式	你最喜欢的学习方式	A. 传统的讲授式学习方式 B. 自主、合作、探究式学习方式 C. 课外学习互助小组	

(二) 初中学生学习方式的调查统计及分析

1. 学习目标

由图 3-1 可以看出，在学习目标方面，55% 的学生会阶段性制定短期的学习目标，38% 的同学有长远的规划和明确的学习目标，只有 7% 的同学没有目标，跟着老师走。图 3-1 很好地反映了不同学生对于学习目标制定的情况。

2. 课前准备

由图 3-2 和图 3-3 可以看出课前准备情况。大多数同学会课前预习，从来不做预习工作的只有 11%。进行预习时，大多数同学是预习课本相关内容。通过查阅相关资料进行预习的占 25%，通过同学交流进行预习的占 18%。从课前准备上来看，学生主动获取知识的手段比较单一，主动获取知识的意识不强，对课本的依赖性比较大，倾向于知识的被动接受。

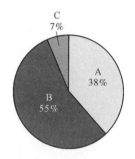

图 3-1　学习目标

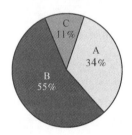

图 3-2　化学课预习情况

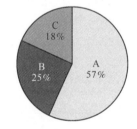

图 3-3　怎样预习

3. 课堂学习

从图 3-4 可以看出，77% 同学最感兴趣的课堂环节是做实验或看演示实验。这也正是化学课堂的魅力所在。从图 3-5 看出，在学生做实验时，67% 的同学喜欢与同学合作完成，27% 的同学喜欢自己独立完成，只有 6% 的同学看别人做，自己不动手。

从图 3-6 可以看出，在课堂上，有 83% 的同学有自己的观点，偶尔会对老师讲课的内容质疑。学习交流情况如图 3-7 所示，73% 的同学喜欢主动参与学习讨论，17% 的同学喜欢独立思考，不爱与人讨论，10% 的同学喜欢听别人的讨论，自己不参与讨论。总体来看，同学们有一定的独立思考能力，但更喜欢交流与合作式的课堂。

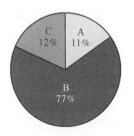

图 3-4　感兴趣的课堂环节

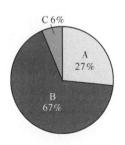

图 3-5　实验参与情况

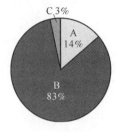

图 3-6　质疑情况

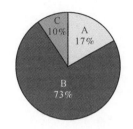

图 3-7　交流情况

4. 证据意识

关于证据的使用情况如图 3-8 所示，绝大多数的同学（93%）能用证据解释自己的疑问，其中约一半的同学能做到经常用证据解释自己的疑问。仅有 7% 的同学从来不用证据解释自己的疑问。从图 3-9 可以看出，同学们不喜欢教师讲授式的教学，更愿意（49%）在教师的引导下进行师生互动式学习。

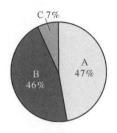

图 3-8　运用证据情况

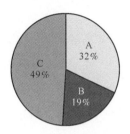

图 3-9　建立证据意识的学习方式

5. 课后学习情况

从图 3-10 可以看出，对于课后学习，能做到每节课都能及时复习的同学仅占 32%，57% 的同学只能做到有时复习，11% 的同学基本不复习。从图 3-11 可以看出，遇到问题时 86% 的同学能做到先自己思考，不行再和同学讨论或请老师帮助。

6. 学习方式

从图 3-12 可以看出，大多数同学（70%）喜欢自主、合作、探究式学习方式，传统的讲授式学习方式和课外学习互助小组各占 15%。

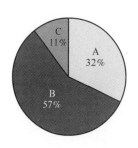

图 3-10　课后复习

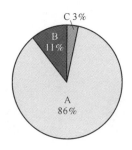

图 3-11　问题解决方式

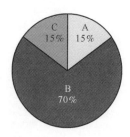

图 3-12　学习方式

二、高中学生学习方式的调查及分析

（一）高中学生学习方式的调查统计（表 3-2）

表 3-2　高中学生学习方式调查统计

分类	问题	选项	统计结果百分比
学习目标	你有学习目标吗	A. 有长远的规划和明确的学习目标	17.5
		B. 会阶段性地制定短期的学习目标	71.9
		C. 没有目标，跟着老师走	10.6
课前准备	你的化学课预习情况	A. 每节课前都进行预习工作	8.8
		B. 有时进行预习工作	78.6
		C. 从来不做预习工作	12.6
	如果预习，你是怎样预习的	A. 预习课本相关内容	81.3
		B. 查阅资料，预习相关内容	12.5
		C. 同学交流，预习相关内容	6.2

续表

分类	问题	选项	统计结果百分比
课堂学习	在化学课堂教学中,你喜欢教师采用哪种方式	A. 以教师讲授为主	28.8
		B. 以学生自主学习为主	6.8
		C. 教师引导下的师生互动学习	64.4
	你认为有无必要实施"学案导学"教学	A. 可以实施	31.2
		B. 只在部分章节实施	56.3
		C. 没有必要实施	12.5
	在课堂上你是如何学习的	A. 边听边记	82.5
		B. 只听不记	5.0
		C. 边听边做自己的事	12.5
	在课堂学习中你的笔记情况	A. 老师写什么记什么	10.6
		B. 有选择性地记录	71.9
		C. 联系自己的感悟记录	17.5
	你最感兴趣的课堂环节	A. 听老师讲解知识和疑难问题	38.1
		B. 做实验或看演示实验	51.9
		C. 同学交流	10.0
	观察实验时你的想法	A. 化学实验好玩、有趣	53.1
		B. 通过观察实验能更好地学习化学知识	43.8
		C. 化学实验没什么意思	3.1
	做学生实验时	A. 喜欢自己独立完成	21.9
		B. 与同学合作完成	71.9
		C. 看别人做自己不动手	6.2
	在课堂上你对老师讲课的内容质疑吗	A. 老师是权威,没有质疑	9.4
		B. 有自己的观点,偶尔会有质疑	83.1
		C. 不知道老师讲的对错	7.5
	学习交流情况	A. 喜欢独立思考,不爱与人讨论	11.3
		B. 喜欢主动参与学习讨论	75.6
		C. 喜欢听别人的讨论,自己不参与讨论	13.1

续表

分类	问题	选项	统计结果百分比
课后学习	课后你是如何复习的	A. 每节课后及时复习	13.8
		B. 有时会复习	74.3
		C. 基本不复习	11.9
	课后你是如何完成作业的	A. 认真复习后再做作业	33.8
		B. 边看书边做作业	36.8
		C. 从不复习直接做作业	29.4
	你的作业完成情况怎样	A. 独立按时完成	58.8
		B. 交流合作完成	28.7
		C. 不能完成	12.5
	在学习过程中遇到难题或困难时怎么解决	A. 先自己思考，不行再和同学讨论或请老师帮助	87.5
		B. 直接问同学或老师	9.4
		C. 不会就放弃	3.1
	愿意采用什么方式求助问题	A. 问老师	30.6
		B. 问同学	37.5
		C. 上网查	31.9
	你在学习中的解题策略	A. 仔细阅读，弄清题意再做	48.8
		B. 大致浏览题目，快速开始答题	18.8
		C. 边看题目边做题	32.4
	课后你会自己看书或找习题做吗	A. 经常	31.9
		B. 很少	61.2
		C. 从不	6.9
	课后你总结归纳学过的知识及解题策略吗	A. 很少总结	21.9
		B. 偶尔总结	51.2
		C. 经常总结	26.9
课外学习	在校外你获取知识的途径是什么	A. 课外辅导班	31.2
		B. 看书	12.5
		C. 网络或其他途径	56.3
	你认为课外学习互助小组对你的学习有帮助吗	A. 有很大帮助	35.0
		B. 有一点帮助	59.4
		C. 没什么帮助	5.6

续表

分类	问题	选项	统计结果百分比
学习方式	你最喜欢的学习方式	A. 传统的讲授式学习方式	48.1
		B. 自主、合作、探究式学习方式	42.5
		C. 课外学习互助小组	9.4

结合你自己的实际情况，说说你对学习方式的认识＿＿＿＿＿＿＿＿＿＿
＿＿＿＿＿＿＿＿＿＿＿＿＿＿＿＿＿＿＿＿＿＿＿＿＿＿＿＿＿＿＿＿。

（二）高中学生学习方式的调查结果分析

1. 学习目标

大多数同学（71.9%）会阶段性地制定短期的学习目标，17.5%的同学有长远的规划和明确的学习目标，还有10.6%的同学不会制定目标。

2. 课前准备

大部分同学（78.6%）只是有时进行预习工作，而预习内容也多是课本相关内容。

3. 课堂学习

在化学课堂教学中，64.4%的同学喜欢采用教师引导下的师生互动学习方式，也有28.8%的同学喜欢以教师讲授为主的学习方式，但很少学生喜欢自学。接近31.2%的学生认为可以实施"学案导学"教学（或部分时间实施），大部分同学上课会选择性记笔记。51.9%的同学最感兴趣的是做实验或看演示实验。83.1%的同学对老师讲课的内容大多数认同，也偶尔会有质疑。有75.6%的同学喜欢主动参与学习讨论，也有少部分同学只喜欢听，不愿积极主动参与讨论。

4. 课后学习

74.3%的同学有时课后会复习，多数同学不能做到每节课后及时复习，33.8%的同学能认真复习后再做作业，29.4%的同学从不复习直接做作业，也有36.8%的同学边看书边做作业。大多数同学在作业不会时会先问同学。课后6.9%的同学不会自己看书或找习题做。在校外获取知识的途径有网络、课外辅导班和看书等。

5. 学习方式

有48.1%的同学喜欢传统的讲授式学习方式，42.5%的同学喜欢自主、合作、探究式学习方式。

（三）调查问卷引发的关于基于证据意识的学生学习方式研究的思考

（1）在学习过程中，有哪些证据有助于知识的获取？

（2）从哪些方面可以获取证据？

（3）从调查统计结果看，学生对"自主、合作、探究式的学习方式"很认可。在学习方式由接受学习向发现学习转化的过程中，如何引导学生在通过探究获取知识的建构过程中找到相应的证据支撑，如何进一步引导学生提高自主学习的效率？

（4）如何在基于证据的学习方式的培养中有效渗透化学核心素养的培养？

第二节 培养基于"证据推理"的学习方式的教学实践

一、利用学科阅读，培养证据获取能力

（一）阅读的意义

广义的阅读是通过书面材料来获取信息、认识世界、发展思维，并获得审美体验的活动。它是从视觉材料中获取信息的过程。书面材料主要是指语言文字，也包括符号、公式、图表等。阅读是一种主动的过程，是搜集处理信息、认识世界、发展思维、获得审美体验的重要途径。阅读是一种理解、领悟、吸收、鉴赏、评价和探究文章的思维过程，也是培养"证据推理"核心素养的重要过程。阅读可以改变思想，从而改变命运。

阅读在化学学习上也具有非常重要的作用。有些学生读不懂化学教材的内容，或读不懂化学题目的含义，阅读能力低下已经成为有些学生学习化学的障碍。

苏联著名教育实践家和教育理论家苏霍姆林斯基曾说过："让学生变聪明的方法，不是补课，不是增加作业量，而是阅读，阅读，再阅读。"中国阅读学会理事长曾祥芹认为："阅读是未来教育的一块基石，阅读是语文教育之根，阅读是学习之母，阅读是教育之本，阅读能力是可持续发展的学习动力。学会阅读，才能生存，才能发展。"的确，当今信息社会，阅读成为个体终身学习的有效途径和必备的技能。学生将随时面临着阅读对象的选择和阅读信息的处理问题，而这一能力也将直接影响个体的终身发展。阅读已是一门社会科学技术，它既是一种直接的精神生产力，又是一种间接的物质生产力，更重要的是精神生产力的生产力，即"元生产力"。

（二）培养化学学科阅读的目的

当今社会，要求人们具有的阅读能力不再是单纯的语文阅读能力，而是一种以语文阅读能力为基础的全学科阅读。

化学阅读是指人们通过视觉从化学材料中获取与化学知识有关的信息，从而认识掌握、分析解决、归纳总结化学问题的过程。化学阅读是学习化学的出发点，对学生成长有很强的教育功能。化学阅读能力是指学生通过阅读化学资料，获取化学知识，并应用这些知识解决化学问题的能力，它包含化学学习中的观察能力、形象思维能力、抽象思维能力、逻辑推理能力、空间想象能力甚至某些数学能力，如运算能力、识图能力等。化学阅读能力是学生发展核心素养中的关键能力，是学生自主发展、学会学习的核心素养形成的基础。

培养化学学科阅读的目的：

（1）阅读有利于学生更好地掌握化学知识，提高思维能力。

（2）培养学生获取各种信息资料的能力，并能从信息中及时有效地发现证据，培养"证据推理"的核心素养。

（3）阅读有利于培养学生的自主学习能力，不再依靠教师的单纯灌输。多渠道的阅读能丰富学科课程的教学内涵，改变以往从"书本、教参、练习册等"获取课程资源的局限性，带来了新的学习方式的变革。

（三）化学学科阅读能力的培养方法

培养学生化学阅读能力的关键是培养学生的阅读兴趣和阅读习惯。

1. 激发学生的阅读兴趣

爱因斯坦说过："兴趣是最好的老师。"激发学生的阅读兴趣能够形成阅读的原动力，使学生享受阅读的乐趣。

2. 培养良好的阅读习惯

（1）边阅读边思考。

阅读仅停留在"读"是不够的，只"读"不"思"，仅能获得化学事实的表象知识，而无法感知化学事实的深刻内涵。阅读中积极的思考能提高对阅读材料的理解。阅读文本时要带着问题阅读，将阅读内容内化为自己的知识，在阅读中解决问题，并能将所学知识进行迁移应用。

（2）边阅读边记录。

阅读时可对重难点、关键词等进行适当圈注，或在笔记本上记录重要内容。如在元素及其化合物知识的学习中，边阅读教材边在笔记本中有规律地记录元素及其化合物的物理性质、化学性质及用途等，形成读记结合的阅读习惯。

（3）边阅读边总结。

在阅读时要重视通过阅读认识事物的本质规律。如易混淆的基本概念，可以通过概念的比较找出其内涵的不同之处，对比加以区分。归纳每章重点知识，做出思维导图，促进化学知识结构化等，这也是学生化学学科核心素养形成和发展的重要途径。

（四）培养化学学科阅读的策略

化学阅读活动的开展主要解决读什么，怎么读的问题。读什么？读好书！"择真而读，择善而读，择美而读。"我们可以引导学生读化学知识，学习新知，拓宽视野；读化学史，了解历史发展，站在前人的肩膀上思考问题；读学习方法，读新科技等。如何阅读？就是"善读书"，熟练技法，争取高效，要学会精读、略读和快读三大方法，全面提高阅读的深度、广度和速度。

1. 重视教材功能的开发和利用

化学教材是学生获得知识的重要来源，具有极高的阅读价值，教师应引导学生重视对化学教材中的阅读。化学教材设置了功能各异的多种栏目，其中【科学视野】、【资料卡片】、【科学史话】等栏目提供了丰富多彩的阅读材料。最新人教版高中化学教材中还增加了【化学与职业】、【科学·技术·社会】等栏目，为学生进一步全方位认识化学学科提供了充足的证据。

在阅读时要重视文字叙述，尤其是化学概念教学时的阅读，要注意概念的严密性和准确性，对于关键的字和词，教师在讲解的基础上，应引导学生字斟句酌地读，深入理解，明确化学概念的具体含义，不得任意删改。如电解质和非电解质概念中的"和""或"。同时，还要重视表格和插图等，化学课本中的表格十分重要，它给我们提供了大量的数据、材料，而这些数据、材料往往是说明化学概念、原理的重要依据。化学课本中的插图则由于简单明了，突出重点，比起实物更加一目了然，从而更容易理解所学的化学知识。所以，教师在课堂教学中，一定要指导学生认真阅读课本中的各种表格、插图。

化学史是化学家认识世界、改造世界、创造发明的奋斗史。阅读化学史，能使学生在科学家成长与成功的事迹中受到教育，学习科学家严谨治学的态度和为科学事业献身的精神。

在近几年的高考化学试卷中，由于试卷长度的增加和信息给予题的大量使用，对学生化学阅读能力的要求越来越高。因此还要重视习题的阅读问题。《普通高中化学课程标准（2017年版）》指出："习题应具有开放性，鼓励学生从不同角度分析和解决问题，培养学生的发散思维和创新精神。"习题具有考查指向明确的特点，最初用来检验学生知识掌握的程度。随着学生学习的深入，习题将不同知识有机融合，最终作为评价学生学业水平的有效手段。因此，在习题课的教学中，在注重阅读题目的同时进行解题思维能力的训练，培养学生通过读题抓住关键词，找到突破点，运用相关知识解决问题。

2. 积极开展课外阅读，开阔学生知识视野

课外阅读活动的开展，目的是开阔学生的视野，拓展知识，深化对课本知识的理解与认知。教师应给予合理指导，为学生推荐一些适合阅读的化学刊物、书籍等。

3. 交流阅读成果，培养表达能力

开展"制作阅读小报""阅读成果展示"等生动活泼、形式多样的活动，能有效地检查学生的阅读情况，巩固阅读成果，培养表达能力，让学生享受展示自我的快乐。如在学习元素化合物性质时，可让学生自己画元素性质二维图；在学习同位素时，可让学生"通过各种渠道收集资料，了解放射性同位素在能源、农业、医疗、考古等方面的应用，并制作小报"。图3-13是同学们制作的小报。

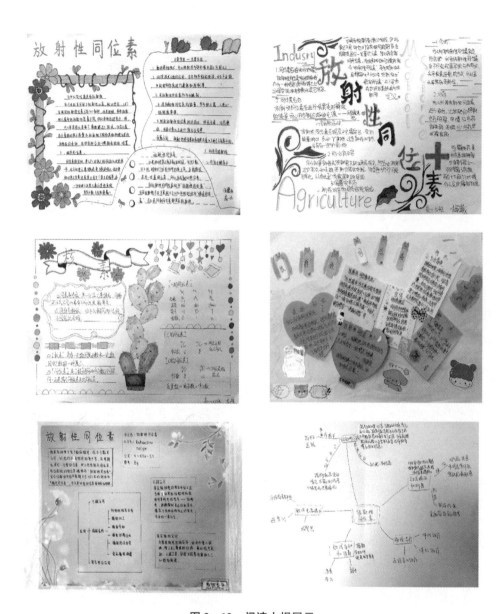

图 3-13 阅读小报展示

此外，我们在高一学生中开展了"阅读成果展示"活动，同学们非常积极，精心选取演讲内容，制作 PPT。学生从"什么是化学""生活中的化学""化学实验""化学的发展""化学知识解读""最新高考试题中的疑惑""化学的应用""化学新科技"等诸多方面进行了阅读展示。活动后，我们做了调查统计，结果如图 3-14 所示。

1. 你是从几岁开始进行阅读的?

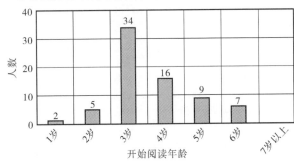

可以看出,现在家长对孩子的阅读教育还是比较重视的,大多数孩子在 3~4 岁,甚至更小就开始接触阅读了。

2. 你喜欢阅读吗? 为什么?

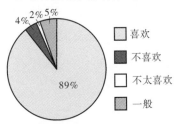

是否喜欢阅读

喜欢的原因有:增长知识(56%),开阔眼界,腹有诗书气自华,有趣(21.3%),感悟道理,陶冶情操,丰富生活,放松身心,忘记烦恼等。

喜欢并享受阅读的原因:阅读很有意思,可以增长见识;阅读使人明智,懂得社会上立足的一些道理;可以了解一些与我们生活不同的人们的生活;可以在阅读中体会不同的生活,感知不同的世界;在阅读的过程中可以摒除杂念,放松地沉浸在书的世界;读书还可以充实自己,学习他人的思想结晶。

不喜欢的原因:没有养成阅读习惯,阅读过于枯燥,读不下去,还有更有趣的事情;有些阅读是任务性的,所以不太喜欢;没时间大量读书。可见,大多数同学喜欢阅读,而不喜欢的可能是从小没有培养良好的阅读习惯。

3. 阅读对你最大的影响是什么?

增长知识,拓宽视野,丰富精神世界;足不出户了解世界各处的故事;了解历史;积累词汇和写作素材,提高写作能力;思维发散,丰富人生;提高情商,学会做人,与他人交往;放松身心,获得快乐;提高阅读能力,加快审题速度,增加审题准确度,提高成绩等。

4. 近年来,阅读方式不断变迁,从纸质传统图书阅读到数字化阅读到设想"未来学习"背景下的阅读(如"三维图书"等)。其中,你常用的阅读方式是什么?

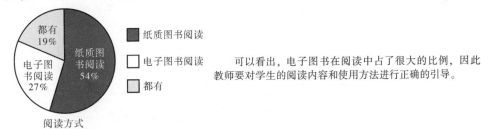

可以看出,电子图书在阅读中占了很大的比例,因此教师要对学生的阅读内容和使用方法进行正确的引导。

阅读方式

5. 你阅读的内容是什么?

科幻小说,中外小说,文学小说类,历史书籍,专业性知识,十万个为什么,科普类,短诗,议论文,励志类、鸡汤类,经典名著,时政新闻,自然科学成果,心理学,自然常识,名人传记,故事,教辅资料,画册,体育杂志,时尚杂志。

6. 你阅读的关于化学学科的内容是什么?

化学书,教参;科普类、百科全书;古代化学故事、历史发展;无机化学;有机化学;普通化学原理;化学竞赛教程;化学论文。

图 3-14 阅读调查问卷及统计

7. 你在准备阅读展示的过程中有什么体会？

能与同学交流，很有意义；了解更多知识，对化学有更多的认识；丰富知识，提高"演讲"的能力；查阅资料，增加自我思考；查阅资料时收获了更多有趣的课外知识。

8. 你在观看别人的阅读展示时有什么感受？

了解更多知识，学习他人长处；见识到了未所耳闻的知识，感到自己所不了解的还有很多；觉得自己读书少了，阅读真的能提高修养。

9. 你对阅读活动还有什么建议？

多举行此类活动；增加阅读时间，使活动更加多彩；增加趣味性；增加同学们之间的交流，帮助更多人养成阅读习惯；多与同学互动，一个同学展示时，其他同学有问题可以积极提出来；希望有更多的展示机会。

图 3-14　阅读调查问卷及统计（续）

实践表明，阅读能力的培养使学生成为学习的主体，学生由被动学习变为主动学习，这不仅培养了学生的学习兴趣，也提高了学生的证据意识，还让学生学会了证据推理的方法。培养学生的阅读能力是发展其自学能力、提高其科学素养的重要途径。

二、创设真实情境，培养证据推理能力

核心素养离不开知识和技能，但单纯的知识和技能又不等于素养。只有在真实的情境中，用于解决实际问题时所形成的知识和能力，才是核心素养。真实、具体的问题情境是学生化学学科核心素养形成和发展的重要平台。以"真实情境问题"为驱动，把深度学习融入问题的分析与解决过程之中，可以为学生深入理解知识、发展思维技能、学会运用知识解决实际问题提供有力支持。因此，教师在教学中应重视创设真实且富有价值的问题情境，促进学生化学学科核心素养的形成和发展。

真实情境可以是生活中常见的情境，例如"月饼盒中为什么要放一个小包装袋？""包装袋里面有什么物质？""这种物质能起怎样的作用？"真实的生活情境引发学生的共鸣，让学生倍感亲切的同时产生了实验探究的欲望，使学生从生活世界走进化学世界，从而感受化学的魅力。

真实情境可以是真实的问题。例如，"氧化还原反应"的教学，教师可以提供有关"汽车尾气及其危害"的素材，提出问题："汽车尾气的主要成分有哪些？""如何将有毒有害物质转化为无毒无害物质？""什么是绿色化处理？""如何根据氧化还原原理对汽车尾气进行绿色化处理？"这些真实的问题促使学生查

阅文献、设计方案和讨论交流，并在这一过程中让其体会化学科学的社会价值，增强其学好化学造福人类的信念。

真实情境可以是科学史话，如德国军队在比利时战场第一次大规模使用化学武器——氯气，芳香族化合物与苯，炼铁高炉尾气之谜，侯德榜和侯氏制碱法，原子结构模型的演变，元素周期表的发展等。充分运用化学史材料，准备切实可行的教学方案，模拟化学家经历过的探究历程，重现证据推理过程，让学生亲身感受探究性研究在化学学习中的价值，使化学史更加有效地发挥其教育价值，真正融入化学教学中。

真实情境可以是生产实际问题，如氯碱工业、电解精炼铜、工业制铝、自然资源的开发利用、合成氨工业、硫酸工业、硝酸工业、污水的处理等。课程的学习来源于生活，又服务于生活，通过化学工业的学习，将化学方法和原理运用到实际工业中，既能对概念和工作原理进一步深化理解，又关注了化学的工业应用价值，使学生认识到理论与实际结合的重要性，提高实践能力，培养社会责任感。

真实情境也可以是项目式学习等。例如，最新鲁科版高中化学教材中，在每章设置了"微项目"栏目，介绍了"探秘膨松剂""科学使用含氯消毒剂""论证重污染天气'汽车限行'的合理性""海带提碘与海水提溴""研究车用燃料及安全气囊""自制米酒"等。通过分析和解决真实问题任务，化学学科素养得以培养和发展。

布鲁姆的发现教学分为四个教学阶段：创设问题情境→根据材料提出假设→验证假设→分析、得出结论。第一阶段，教师设计某种教学情境使学生产生认知冲突，并引导学生提出问题；第二阶段，教师为学生提供答疑所需的材料或证据，学生自己提出解答的假设；第三阶段，学生根据已有知识或实验现象验证自己的假设；第四阶段，评价分析得出结论。

杜威的"五步探究教学法"（图3-15）也是从情境中发现问题，通过探究解决问题。

基于真实情境的问题教学，在情境中建构知识，在情境中实现知识的迁移和问题的解决。解决这些具体问题的任务，促使学生查阅文献、设计方案、实验探

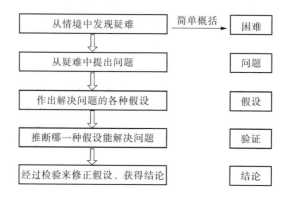

图 3-15 杜威"五步探究教学法"

究等，正是在这样的问题解决过程中学生的化学学科核心素养得到了提升，生态文明的意识得到了增强。

（一）结合生活实际创设问题情境，提高真实问题解决能力

案例1 真实情境背景下的基于"证据推理"的教学
——以"化学反应的选择和条件的控制"为例

北京市通州区潞河中学 孟祥雯

一、指导思想与理论依据

国务院办公厅最新公布了《关于新时代推进普通高中育人方式改革的指导意见》，其中（第十条）"深化课堂教学改革"指出，要积极探索基于情境、问题导向的互动式、启发式、探究式、体验式等课堂教学，认真开展验证性实验和探究性实验教学。

适宜的教学情境不仅能提供生动、丰富的学习材料，还可以提供在实践中应用知识的机会，可以激发学生学习的兴趣和愿望，促进学生情感的发展，促使学生主动学习，从而有利于学生认知能力、思维能力的发展。

本节课以普通高中化学课程标准中的化学学科素养和课程目标为指导思想。通过深入挖掘、整合教学内容，促进学生认识发展，帮助学生逐步形成正确的价值观念，培养必备品格和关键能力。

二、教学背景分析

1. 学习内容分析

本节课内容选自人教版高中化学必修2的第二章"化学反应与能量"第三节"化学反应的速率和限度"之化学反应条件的控制。化学反应的快慢和限度是认识化学反应必不可少的维度,是解决"如何更加有效地利用化学反应"这一问题的重要依据。本节内容是对前两节所学内容的拓展和延伸。通过学习,学生对化学反应特征的认识会更加深入、全面。

本节课的设计指导思想是从日常生活中的化学现象入手,通过科学探究和深入学习构建化学反应中物质变化与能量变化的完整、合理的知识体系,学习从能量转化、反应速率以及反应进行程度等视角全方位认识反应规律,学会控制反应条件,使化学反应能按预期的效果进行,从而为人类服务。

2. 学习者分析

已有基础:学生在初中从燃料的角度初步学习了"化学与能源"的一些知识。通过高中化学必修2第二章"化学能与热能""化学能与电能"的学习,知道化学反应可以实现化学能与其他能量形式的转化。通过"化学反应的速率和限度"的学习,知道外界条件如温度、浓度、催化剂等对化学反应速率的影响,对化学在提高能源的利用率和开发新能源中的作用与贡献有了初步认识。学生对生活中的化学现象有浓厚的兴趣,有一定的实验动手能力。

发展进阶:学会运用多种证据综合分析化学反应,从化学反应与能量、化学反应速率、化学反应限度等方面完善认识反应规律的视角,建立对化学反应的认知模型,并学会运用模型解决实际问题。

学习障碍:学生对化学反应的认识角度是孤立的,不能建立多角度之间的相互联系。如果没有完整系统分析化学反应的思路,遇到实际问题时,解决的方式就会具有片面性。

三、教学目标

(1) 学会多角度分析化学反应的方法,能根据实际用途选择合适的化学反应。

（2）认识化学变化是有条件的，了解控制反应条件在生产和科学研究中的作用。

（3）学会运用实验事实、数据等证据进行分析和推理。

（4）完善认识反应规律的视角，建立对化学反应的认知模型，并学会运用模型解决实际问题。

（5）养成严谨求实的科学态度和安全意识，能对与化学有关的社会热点问题作出正确的价值判断。

四、教学重点和难点

重点：多角度分析化学反应，建立认知模型。

难点：综合运用认知模型选择和调控化学反应以解决实际问题。

五、教学流程图及教学过程

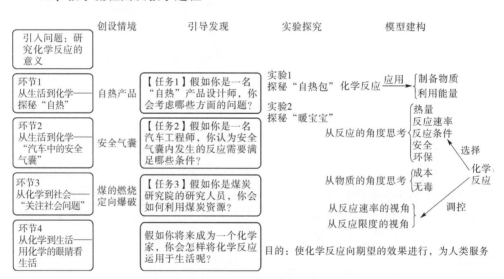

"化学反应的选择和条件的控制" 教学流程图

"化学反应的选择和条件的控制" 教学过程

教师活动	学生活动
引入：研究化学反应的意义。	【思考、回答】制备新物质、利用能量等。
活动意图说明： 认识化学反应中的物质变化及伴随发生的能量变化是化学反应的两大基本特征。	

续表

环节一：从生活到化学——探秘"自热"	
教的活动1 【问题】在化学反应中，物质中的化学能会转化为热能、电能等。你能举出生活中"化学能转化为热能"的实例吗？ 【任务1】假如你是一名"自热"产品设计师，你会考虑哪些方面的问题？	学的活动1 【回答】燃烧等。 我们身边有琳琅满目的"自热"产品，如自热米饭、自热火锅、暖宝宝等。 【行动1】我为"自热"产品选反应。 【讨论】如何选择合适的化学反应？ ①反应产生的热量多 ⎫ ②反应发生的速度快 ⎬ 从反应的角度思考 ③反应条件容易（易实现）⎭ ④安全 ⑤环保、无污染 ⑥成本低 ⎫ 从物质的角度思考 ⑦无毒 ⎭ …… 参看资料信息后作出进一步判断。

【资料】1 mol 物质参加反应时放出的热量

反应物	反应方程式	放出热量
C	$C(s,石墨) + O_2(g) = CO_2(g)$	393.5 kJ
Na	$Na(s) + H_2O(l) = NaOH(aq) + 1/2H_2(g)$	184.35 kJ
Mg	$Mg(s) + 2H_2O(l) = Mg(OH)_2(s) + H_2(g)$	352.9 kJ
Mg	$Mg(s) + 2HCl(aq) = MgCl_2(aq) + H_2(g)$	461.96 kJ
Fe	$Fe(s) + 2HCl(aq) = FeCl_2(aq) + H_2(g)$	89.1 kJ
CaO	$CaO(s) + H_2O(l) = Ca(OH)_2(s)$	66.2 kJ
HCl	$HCl(aq) + NaOH(aq) = NaCl(aq) + H_2O(l)$	57.3 kJ
Fe	$Fe(s) + 3/4O_2(g) + 3/2H_2O(l) = Fe(OH)_3(s)$	395.5 kJ

【实验安全提示】
①实验过程中戴上护目镜和乳胶手套
②不能用手直接接触药品
③废液回收

【行动2】验证反应，感受反应中的物质、能量变化
实验1　探秘"自热包"
实验探究、安全教育。
实验2　探秘"暖宝宝"
（从物质和能量两个角度分析反应）
①设计实验进行物质探究。

	使用前	使用后
颜色		
使用磁铁吸引		
滴加 HCl 溶液溶解后检验		
加入 KSCN 或铁氰化钾溶液		
加入亚铁氰化钾溶液等		

②感知热量：利用数字化实验探究暖宝宝发热原理。分别在两个烧杯中放入铁粉和碳粉的混合物，然后在其中一个烧杯中再加入食盐固体，使用温度传感器对比测量热量变化。

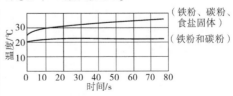

【行动3】动手实践：自制"加热包"

活动意图说明：
1. 创设真实且富有价值的问题情境，引导学生关注生活，体现化学的学科价值。
2. 设计多样化的学习任务，引导学生通过小组合作、实验探究、讨论交流等方式解决真实情境下的陌生问题，发展对化学实验探究活动的好奇心和兴趣，培养"实验探究与创新意识"的科学素养。
3. 运用实验事实、数据、资料等素材，开展基于"证据与推理"的学习活动。通过对证据进行分析推理，加以证实和证伪，建立基于证据的认知模型。
4. 使用点滴板或滤纸进行微型实验，节约药品，减少污染。
5. 数字化手持技术的特点是能精确、定量的测出实验数据。使用温度传感器通过对比实验可知，铁粉、碳粉和食盐混合后会放出热量。该反应温度变化不算太明显，用器官感知或用温度计测量效果不太好，而使用数字化手持技术测量效果比较明显，体现了优势。

环节二：从生活到化学——"汽车中的安全气囊"（翻转课堂）

教的活动2	学的活动2
【史实】安全气囊的来历。	【翻转课堂】课前观看"智慧学伴"中的视频资料《汽车安全气囊中化学反应的设计》。带着问题进入课堂的学习。
【任务2】假如你是一名汽车工程师，现在要设计一款安全气囊。你认为安全气囊内发生的反应需要满足哪些条件？	【思考、讨论、回答】
【问题】某汽车安全气囊的气体发生剂主要含有NaN_3等物质。其中，NaN_3发生的反应如下：$2NaN_3 = 2Na + 3N_2$（放出热量）NaN_3分解释放出大量的氮气形成气囊，从而保护司机及乘客免受伤害，但同时会带来一定的安全隐患。请你从物质变化和能量变化角度进行安全隐患分析，并给出合理性解决方案。	【思考、讨论、回答】

活动意图说明：
1. 利用化学史实引导学生认识化学反应在科学发展中的重要作用，培养学生积极思考、勇于创新的科学态度。
2. 通过【翻转课堂】形式的学习，丰富学生的学习方式，培养学生的自学能力和独立思考能力。
3. 针对"安全气囊"中化学反应的独特性，使学生学会综合利用反应特点进行选择和调控，提升分析和解决问题的能力。
4. 通过分析"安全气囊"可能会带来的安全隐患及解决办法，学会运用认知模型从物质变化和能量变化角度全面分析反应。

续表

环节三：从化学到社会——"关注社会问题"	
教的活动3 【任务3】假如你是煤炭研究院的研究人员，你会如何利用煤炭资源？ 【问题1】如何充分利用煤燃烧后烟道废气中的热量？ 【问题2】如何解决污染问题？ 【时事分析】视频：密云火灾 【阅读课本】定向爆破 【思考】你从中得到什么启示？	学的活动3 【分析、回答】 【思考、回答】
活动意图说明： 1. 以"提高煤的燃烧效率"为例，体会如何通过控制反应条件，使化学反应按人们预期的速率、限度和方向进行。 2. 通过"时事分析""阅读课本"等环节，进一步认识提高对人类有利反应的速率，降低对人类不利反应的速率以及调控条件使反应达到预期效果的重要性，完善对化学反应的认知模型。 3. 引导学生关注社会问题，培养社会责任。	
环节四：从化学到生活——用化学的眼睛看生活	
教的活动4 【问题】假如你将来成为一个化学家，你会怎样将化学反应运用于生活呢？	学的活动4 【思考】结合本节课所学内容谈学习体会。
	享受成果，体验学习的快乐 下课了，正值下午放学时间，学生品尝用自制"加热包"煮好的火锅、米饭，体验学习、劳动的快乐。
【课后思考】选取一个生活或生产的实例，用你学过的化学反应的知识进行综合分析。	
活动意图说明： 引导学生学会运用化学反应的模型认知、解决生产生活中的实际问题，感受化学的学科价值。	

"化学反应的选择和条件的控制"板书设计

附件 学习效果评价设计

1. "化学反应的选择和条件的控制"前测

(1) 下列对实验室或生活中现象的解释中，不正确的是（   ）。

选项	现象	解释
A	糕点包装袋内通常会放有抗氧化剂来延长保存时间	抗氧化剂消耗包装袋中的氧气，降低氧气浓度，减缓变质速率
B	夏天，食品更容易变质	温度升高，反应速率加快
C	实验时，通常要将两种块状或颗粒状的固体药品研细，混匀后进行反应	颗粒越细，固体的接触面积会越大，反应的速率越快
D	在炭粉中加入氯酸钾（$KClO_3$），点燃时燃烧更旺	木炭是氯酸钾（$KClO_3$）分解的催化剂，加快反应速率

(2) 尽可能多地举出你所知道的"化学能与热能相互转化"的实例。

(3) 你知道哪些"自热"产品？如果你是一名"自热"产品设计师，你会考虑哪些方面的问题？

(4) Mg 与盐酸的反应要比 Fe 与盐酸的反应更加剧烈，请用你学过的知识说明为什么。

(5) 有 A、B、C 三种燃料，查阅资料可知，三种燃料在空气中发生燃烧反应的能量变化示意图如下，你会选择哪种燃料作为汽车燃料使用，并说明你的选择依据。

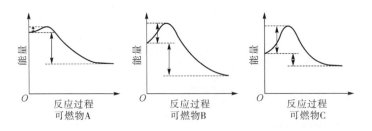

"化学反应的选择和条件的控制"前测

2. 课后访谈

问题 1. 通过本节课的学习，你对化学反应的选择和条件的控制有什么新的认识？

问题 2. 你觉得获取信息的方法有哪些？

问题 3. 通过本节课基于真实情境问题的学习，你有什么体会？

六、教学思考

本节课的设计思路是基于真实情境的背景下，通过思考、实验、分析和总结，梳理一套完整的"化学反应的选择和条件的控制"的思路。教学设计突出"提供证据支持、建立认知模型、培养核心素养"的核心思想，主线是化学反应的选择（基于真实情境从反应和物质两个角度分析）——化学反应条件的控制（从化学反应速率和化学反应的限度两个角度分析）——建立多角度认识化学反应的模型——运用模型分析真实情境下的问题)，突出基于真实情境的体验式课堂教学，调动学生热情，激发学生兴趣，引导学生关注化学与生活、社会的紧密联系，感受化学学习的重要性。

在教学中，以问题"研究化学反应的意义"引入，设置了以下教学环节：从生活到化学—从化学到社会—再从化学到生活，学会用化学的眼睛看生活。在教学中，以生活和社会中的化学现象如"自热产品""安全气囊""煤的燃烧""定向爆破""森林火灾"等创设情境，以一系列的"角色扮演"引导发现，以实验探究的方式探秘生活中的化学现象。通过深入思考，建构认识化学反应的模型。

完善对化学反应的认知运用了以下渠道：首先，根据用途和反应需求以及反应的特点，选择合适的化学反应。

化学反应的选择

用途	反应需求		选择反应
	从反应角度分析	从物质角度分析	
自热火锅 自热米饭	反应速率快 产生热量高 反应易发生	无毒 无害 环保 成本低	$CaO + H_2O = Ca(OH)_2$ 或 $Mg + 2H_2O = Mg(OH)_2 + H_2\uparrow$
暖宝宝	反应放热 放热持久 反应易发生 不能选择燃烧或有酸参与的反应等	无毒 无害 环保 成本低	铁的吸氧腐蚀的反应

续表

用途	反应需求		选择反应
	从反应角度分析	从物质角度分析	
安全气囊	产生大量气体 反应易发生 反应速率快（反应的独特性）	气体无毒无害	$2NaN_3 = 2Na + 3N_2$

其次，从化学反应速率和化学反应的限度两个角度分析控制化学反应的条件以及注意环保等问题。

化学反应的控制

用途	化学反应速率角度	化学反应限度角度	环保角度
定向爆破	化学反应速率快	希望反应进行的程度大	减少污染
煤的燃烧	化学反应速率适宜	希望反应进行的程度大	
森林灭火	希望化学反应速率慢或无	尽量减少反应进行的程度或阻止反应的发生	

再结合影响化学反应速率和化学平衡的因素讨论具体措施。经过对以上基于真实情境的化学反应的深入分析，学生学会多角度全面认识化学反应的特征，并能根据反应特点综合分析，选择和调控化学反应。

在教学中开展了一系列基于"证据与推理"的学习活动，渗透"证据推理与模型认知"核心素养的培养，建立基于证据的认知模型。证据的获取有多种形式，如：

(1) 源自文献资料的证据，如 1 mol 物质参加反应时放出的热量。

(2) 源自阅读的证据。

● 阅读信息资料：

Fe^{2+} 遇 $K_3[Fe(CN)_6]$（铁氰化钾，黄色）溶液生成蓝色沉淀；

Fe^{3+} 遇 $K_4[Fe(CN)_6]$（亚铁氰化钾，红色）溶液生成蓝色沉淀。

● 阅读课本资料：定向爆破。

(3) 源自网络学习的证据：课前观看视频资料《汽车安全气囊中化学反应的设计》。

第三章 基于"证据推理"的学习方式的培养 43

（4）源自化学史的证据："安全气囊"的历史。

（5）源自化学实验事实的证据：通过实验感知"加热包"溶于水时反应放出的热量；通过检验"暖宝宝"使用前后的成分变化，猜测、验证"暖宝宝"的成分。

学生实验　　　　　　　　　源自化学实验事实的证据

（6）源自数字化定量实验的证据。

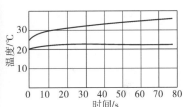

数字化定量实验

（7）源自生活经验的证据：森林灭火的方法等。

同时，对教师而言，设计教学环节也需要证据的支持。课前使用前测问卷，了解学生学情，依据学生认识障碍点设计教学环节。课后根据访谈情况，分析教学目标的达成情况等。

附件　前测分析与课后访谈

前测分析：

（1）大多数同学能熟练运用化学反应速率原理解释实验室或生活中的某些现象。

（2）学生能够举出一些"化学能与热能相互转化"的实例，如燃烧、自热产品、煅烧石灰石等。

（3）知道"自热米饭""暖宝宝"等自热产品，但在自行设计产品时，只有碎片式想法，无系统的思路。

（4）关于化学反应速率的内容，有82%的同学回答得较好。知道通过对比金属活动顺序判断化学反应进行的剧烈程度。

（5）多数同学只从单一角度进行分析，没有从物质（燃料的来源、价格；生成物对环境的污染等因素）和能量（化学反应所能提供能量的多少；断开反应物中的化学键需要能量的多少等因素）两个角度进行综合分析以选择合适的反应。

测评整体情况分析如下图：

	平均分	最高分	最低分
本班平均	8.42	10	6

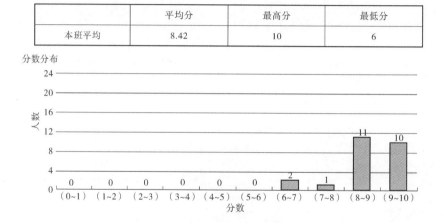

测评整体情况

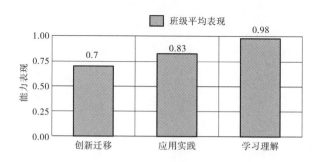

测评能力表现情况

从能力表现可以看出，学习理解方面表现较好，但应用实践和创新迁移方面还有待加强。

课后访谈记录：

问题1. 通过本节课的学习，你对化学反应的选择和条件的控制有什么新的认识？

学生A：在选择化学反应时更有条理性了。如为"自热"产品选反应时，课前只会无规律地想到某些放热反应，现在知道要从几类放热反应中去筛选。

学生B：对，而且选的时候可以分别从整体反应的角度思考热量大小、反应快慢、条件的难易等，以及从参加反应的物质的角度考虑安全性、成本等问题。

学生C：主要是在选择反应时有方向性了。

学生D：条件的控制也有规律，可以从反应速率和限度两个角度考虑。

学生E：特殊反应的选择考虑特殊性，如汽车安全气囊的反应，既要选择能产生大量气体的反应，又要考虑气体的安全性等。

学生F：以前学习的知识是零碎的、片面的，现在初步学会系统、全面的分析问题。

问题2. 你觉得获取信息的方法有哪些？

学生A：实验。

学生B：查阅网上的资料。

学生C：有些生活常识就是信息。比如灭火的方法，这些初中都学过。

学生D：新学了一种方法——利用数字化手持技术获取信息。这是种神奇的方法，用器官感知或用温度计测不出来的温度变化，用温度传感器能很轻松地测出来。在体验吸氧腐蚀的反应放热时，可以通过对比实验，测量在铁碳混合物中加什么物质时反应的温度变化会更明显点，这个定量的实验数据很有说服力。

问题3. 通过本节课基于真实情境问题的学习，你有什么体会？

学生A：化学与生活息息相关。

学生B：化学源于生活又服务于生活。

学生C：以前不太关注生活中的化学问题，现在会多想想其中的化学反应、原理等。

学生D：去超市买食品时，会多看看成分，像什么防腐剂、干燥剂、色素、甜味剂等，想想这些成分的作用，有没有不利健康的东西。

从课后访谈可以看出，通过真实情境背景下的基于证据推理的学习，学生初步学会了运用多种方法获取信息，寻求证据，多角度系统分析化学反应的方法，基于真实情境的学习不是空洞的学习，而是具有鲜活生命力的学习。

案例2　基于"真实生活情境"下有价值的学习
——以必修2"基本营养物质 糖类"教学为例

北京市通州区潞河中学　夏　添

一、指导思想和理论依据

《普通高中化学课程标准（2017年版）》关于必修课程"主题4：简单的有机化合物及其应用"中明确要求：结合实例认识高分子、油脂、糖类、蛋白质等有机化合物在生产、生活中的重要应用。提倡采用观察实验现象、联系生产生活实际、归纳总结等策略对典型的有机化合物的结构、性质及应用进行教学，建议以食物中的糖类、油脂、蛋白质在人体内的转化，常见体检指标中的有机化合物为情境素材开展活动。本教学设计在"体检尿糖超标—尿糖为什么超标—怎样合理饮食控制尿糖"的系列情境问题解决过程中，促使学生体会化学知识的形成过程，学会多途径、多方法获取信息，进而感受运用化学知识分析、解决实际问题的快乐，凸显知识的社会价值与学科意义。

二、教学背景分析

1. 学习内容分析

人教版教材中，"基本营养物质 糖类"隶属于必修2"第三章有机化合物"第四节。糖类、油脂、蛋白质作为人体不可或缺的基本营养物质，不仅为生命维持的化学反应提供了原料，还为有机体维持生命活动提供了热量，相关知识与生物、医疗等学科还有着非常丰富的交叉和融合。教材中依次重点介绍了"糖的存在及分类—葡萄糖的结构—葡萄糖的检测—糖的水解"，考虑到糖类作为生活中学生熟悉的物质，在"真实生活情境"解决背景下，进行知识的整合，既有利于进一步发展学生认识有机化合物的一般思路和方法，还有利于学生"科学态度与社会责任"核心素养的培养。即以情境素材"体检尿糖超标—尿糖为什么超标—怎样合理饮食控制尿糖"为主线，采用实验探究、社会调查、市场调研、查阅资料、汇报展示等多种学习方式，逐步认识葡萄糖的检测、糖的分类、糖的代谢、糖的存在等学科知识，进而引导学生学会用化学的眼光看生活，践行可持续的生活方式。

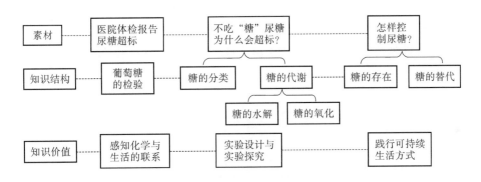

基于"真实生活情境"下的"基本营养物质 糖类"教学结构图

2. 学习情况分析

课前，学生通过制作调查问卷，对 47 名同学进行了调查分析。调查问卷涵盖了糖的组成、糖的存在、糖的性质、糖的用途、无糖食品、代糖、合理膳食等多方面问题，以下展示其中部分调查及结果。

（1）面粉、棉花、糖果、大米，你觉得哪些含有糖（可多选）？

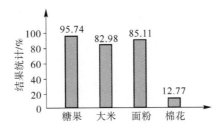

对糖的存在的调查统计

（2）下列哪些物质是维持人体生命活动最主要能量来源？

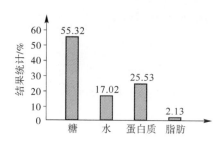

对维持人体生命活动最主要能量的调查统计

（3）吃饭时，你会不会依据营养物质摄入的平衡关系来选择食物？

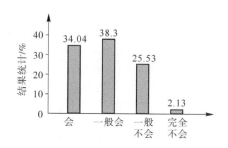

对是否依据营养物质摄入的平衡关系来选择食物的调查统计

从调查问卷中我们可以看到：学生虽然在初中学习了基本营养物质（糖、脂肪、蛋白质、无机盐、维生素、水）的相关知识并能够基本判断其在物质中的存在，但判断不准确、理解不深入，对纤维素类糖的理解尤其模糊；对糖在人体供能方面重要意义了解不够，甚至误认为水会提供能量；不能正确认识和处理生活中饮食、营养、健康等日常问题，未形成正确、健康的生活方式。因此在教学中，还需将化学知识与生活情境紧密联系，促使学生学会从生活中学化学，并运用化学知识、观念指导生活。

3. 教学方式与教学手段说明

教学方式：实验探究、社会调查、市场调研、查阅资料、汇报展示等。

教学手段：PPT 呈现和实验探究相结合。

技术准备：课件用 PPT，相关实验仪器，手持数字化实验装置。

三、教学目标

（1）联系已有生活经验并进行相关化学实验探究，了解糖的存在、糖的分类、糖的性质,初步认识食物中糖类物质在人体中的转化。

(2) 能从有机化合物及其性质的角度对有关饮食、健康等实际问题进行分析、讨论和评价。

(3) 采取多样的学习活动,初步树立正确的饮食观,选择可持续的生活方式。

四、教学流程图及教学过程

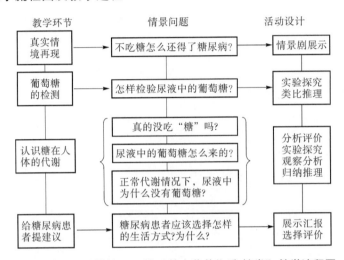

基于"真实生活情境"下的"基本营养物质 糖类"教学流程图

"基本营养物质 糖类"教学过程

教师活动	学生活动
环节一:真实情境再现	
【引入】情景剧欣赏。	多幕剧展示: 1. 生活习惯展示。 2. 去医院进行体检,拿到体检报告。 3. 疑问,不吃"糖"怎么还得了糖尿病?
活动意图说明:通过学生日常真实生活情境的表演再现,引导学生感知化学与生活的联系,激发学生学习兴趣和探究的欲望。	
环节二:葡萄糖的检测	
【问题1】怎样检验尿液中的葡萄糖? 【展示】展示葡萄糖的结构。 【问题2】葡萄糖分子中有哪些官能团?与新制氢氧化铜反应的官能团是什么?反应后转变成什么官能团?	完成探究实验:葡萄糖与新制氢氧化铜的反应。 分析葡萄糖中的官能团,对比乙醇的性质,判断其与新制氢氧化铜反应的官能团是醛基;并迁移乙醇氧化变成乙醛再变成乙酸的事实,推测葡萄糖的醛基被新制氢氧化铜氧化变成了羧基。

续表

活动意图说明：通过实验探究、类比推理了解葡萄糖的检测方法，认识葡萄糖中的官能团及转化。	
环节三：认识糖在人体的代谢	
【问题3】情景剧中的患者真的没吃"糖"吗？ 【展示】糖的分类 【问题4】尿液中的葡萄糖怎么来的？ 【问题5】正常代谢情况下，尿液中为什么没有葡萄糖？ 【演示实验】 模拟葡萄糖的代谢 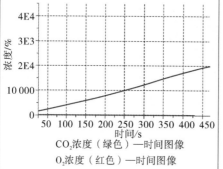 CO_2浓度（绿色）—时间图像 O_2浓度（红色）—时间图像 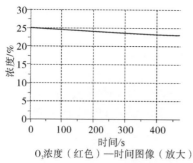 O_2浓度（红色）—时间图像（放大） **氧气浓度较高情况下葡萄糖溶液中加入酵母菌后 CO_2 浓度、O_2 浓度—时间图像**	对食物是否含糖进行评价。 认识糖的分类，了解糖的组成。 模拟人体多糖代谢过程，分组完成蔗糖溶液、淀粉溶液水解实验。并通过展示汇报，了解蔗糖不具有还原性，其水解产物具有还原性；淀粉可以水解，其水解产物具有还原性。 学生通过手持数字化实验结果很快能够分析出，在氧气浓度较大情况下，往葡萄糖中加入酵母菌，氧气含量迅速减小，二氧化碳含量迅速增大，据此推断发生反应：$C_6H_{12}O_6$（葡萄糖）$+6O_2 \rightarrow 6CO_2+6H_2O$。

续表

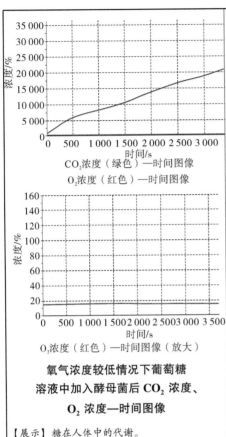 CO_2 浓度（绿色）—时间图像 O_2 浓度（红色）—时间图像 O_2 浓度（红色）—时间图像（放大） **氧气浓度较低情况下葡萄糖溶液中加入酵母菌后 CO_2 浓度、O_2 浓度—时间图像**	通过手持数字化实验结果很快能够分析出，在氧气浓度较低情况下，氧气含量几乎不变，二氧化碳含量持续增大，据此推断发生反应：$C_6H_{12}O_6$（葡萄糖）$\rightarrow$ $2C_2H_5OH + 2CO_2\uparrow$。
【展示】糖在人体中的代谢。	了解其他代谢途径。

活动意图说明：通过对真实情境的逐层剖析，在真实问题的解决中，认识糖的分类，了解糖在人体中的代谢（多糖、二糖的水解、单糖的氧化等）。手持数字化实验的开展将葡萄糖缓慢氧化（有氧呼吸、发酵）的过程直观显示出来，强化了学生微观探析过程。

环节四：给糖尿病患者提建议

【问题6】糖尿病患者应该选择怎样的生活方式？你有什么建议，为什么？	学生分小组PPT展示： 1. 调查问卷：展示人们对糖的认识。 2. 市场调研：食物中含糖量知多少？ 3. 市场调研：调查市面上常见的代糖。 从饮食、锻炼、医药等角度为糖尿病患者提简单建议，并说明提这些建议的依据。如需少吃糖，如淀粉含量高的食物，原因是淀粉在人体中能代谢生成葡萄糖；需要加强体育锻炼，因为体育锻炼能促进葡萄糖的氧化变成二氧化碳和水；服用药物，注射胰岛素等，因为胰岛素等在糖代谢中起着非常重要的作用。

【问题7】糖尿病患者少吃糖，那能随便吃富含蛋白质、油脂的食物吗？	自觉选择健康的生活方式。
活动意图说明：通过学生课前自主设计调查问卷，实地调研了解人们对糖、代糖认识的现状，感受运用化学知识分析、解决实际问题的快乐；并在解决实际问题的同时关注学生证据推理意识的强化训练。	
 "基本营养物质 糖类" 板书设计	
作业与拓展学习设计 三大基本营养物质——糖、蛋白质、油脂之间还可以进行相互转化，请查阅相关资料，并完善你对糖尿病患者的建议。	

五、教学效果评价

在教学实践中广泛采用了前后测、课后访谈、论文（短文）书写、汇报展演、实验探究等评价手段。

学生通过课前分小组，进行了文献查询、社会调研、网络搜索、交流讨论，完成了PPT（"糖"的那些事、生活中的糖、代糖），并进行了课堂展示。从展示情况看，学生在"具体问题解决"的任务中，进行了合理分工协作，有效地进行信息的寻找、收集、分类处理、整合，并对相关材料进行了合理分析与评价。

在课堂教学最后部分，尝试让学生给糖尿病患者提建议，同时要求学生回答为什么提这样的建议。这个简单的课堂评价，也是对学生在思考问题时"证据意识"体现的一个有意识的检测。学生能够很好地将"新知识"作为证据再运用于对具体生活的分析，从对比、反思中强化证据推理意识的训练与自觉运用。

"基本营养物质 糖类" 课堂学生展示

六、教学反思

1. 真实生活情境下的化学教学，凸显了知识的社会价值与学科意义

在高一化学必修阶段，教师对基本营养物质的教学研究长期处于忽视阶段，近 10 年来鲜有文献资料。长期教学实践中，这块知识或者淡化处理，只介绍基础知识；或者将选修知识下放，讲得过深、过难。与以往教学不同，本节课的教学设计最大的特点是基于"真实生活情境"下的化学教学。笔者在本次教学实践中，尝试凸显该部分知识的社会价值及学科意义，即通过情境化的教学处理，将生活情境与化学知识关联，培养学生用化学眼光认识、分析真实问题的思路和方法，促使学生能主动运用化学知识正确认识和处理生活中饮食、营养、健康等日常问题，最终形成可持续的生活观念。

爱因斯坦曾经说过："教育，是忘掉学校所学后剩下的东西。"剩下的是什么，就化学学科而言，剩下的应该是化学学科的核心素养，即用化学的眼光看世界，用化学的模型分析解决实际问题，用化学的观念指导生活。

2. 加强课外引导，将证据意识的引导延伸到课下

学生在课堂中的学习是有限的，更多自主学习的时间在课下。教师可通过课前、课后布置开放性学习任务，引导学生进行文献查询、社会调研、微课学习、网络搜索、交流讨论，并促成他们用 PPT 将学习结果外显出来。

在教学实践中,我尝试让学生在课下进行了三部分知识的学习,分别是:①社会调研:人们对糖的认识。②市场调研:食物中含糖量知多少?③市场调研:调查市面上常见的代糖。学生有目的的信息获取过程正是寻找、收集证据的过程,也是对证据进行分类处理并进行进一步解释与评价的过程。教师将教学活动由课中延伸到课下,有效地促使了学生证据意识培养的持续性。

当然由于课堂开放度非常大,对教师的课堂把控能力也提出了更多挑战,如何有效地把控课堂,合理运用学习材料,提高课堂效率,还需要我们不断探索与尝试。

案例3 核心素养视域下的教学设计
——以"铁盐和亚铁盐"为例

北京市通州区潞河中学 郭子亮

一、指导思想和理论依据

2016年9月,教育部发布了《中国学生发展核心素养》,进一步强化以核心素养为导向的基础教育课程改革。核心素养是学生在接受相应学段的教育过程中,逐步形成的适应个人终生发展和社会发展需要的必备品格和关键能力。《普通高中化学课程标准(2017年版)》指出化学学科核心素养主要包括以下五个方面:宏观辨识与微观探析、变化观念与平衡思想、证据推理与模型认知、科学探究与创新意识、科学态度与社会责任。

学科核心素养的实现必须以知识教学为载体。课堂教学是发展学生学科核心素养的主阵地。教材是学生学习的重要文本。教师要结合教学内容,根据学生的实际状况,为实现发展学科核心素养的目标,创造性地开发和使用教材,这就要求教师必须围绕化学学科核心素养精心设计教学内容。本文以人教版高中化学必修1第三章第二节"铁盐和亚铁盐"的教学为例展开探讨。

二、教学背景分析

1. 课程标准

《普通高中化学课程标准(2017年版)》对本节内容的要求是:"结合真实

情境中的应用实例或通过实验探究，了解钠、铁及其重要化合物的主要性质，了解它们在生产、生活中的应用。"

2. 教材分析

作为人体必需的微量元素和最常见的变价金属，铁在生命领域、现代社会均发挥着尤为重要的作用。教学中将铁的化合物分为氧化物、氢氧化物和盐，突出物质分类观；在学习不同价态的含铁元素的物质及其相互转化时，突出氧化还原反应的应用；在分析 Fe^{3+} 和 Fe^{2+} 的性质及转化中，还要注意从离子角度进行化学反应的本质分析。这部分内容不仅起到了巩固氧化还原反应和离子反应理论的作用，而且让学生体验到了化学知识与生命健康的紧密联系。

3. 学生分析

学生在日常生活中接触过很多含铁元素的物质，在上节课认识了铁的氧化物和氢氧化物，初步建立了铁元素的二维图，具备一定的实验基础和实验技能。但是，学生知识基础和学习能力还比较薄弱，尤其对刚学过的离子反应、氧化还原反应知识还不能熟练运用，严密的逻辑推理和完整的实验探究能力还有待培养和加强。在心理层面上，学生对化学实验、化学现象兴趣浓厚，有较强的探求欲、表现欲和成就欲，有极大地解决实际问题的热情，却不知实际问题的处理远比书本知识复杂。

三、教学目标

"铁盐和亚铁盐"教学目标

化学核心素养	宏观辨识与微观探析	了解 Fe^{2+}、Fe^{3+} 的检验方法，掌握 Fe^{2+}、Fe^{3+} 的化学性质，能书写重要的化学方程式和离子方程式
	变化观念与平衡思想	运用氧化还原反应理论分析 Fe、Fe^{2+} 与 Fe^{3+} 相互转化
	证据推理与模型认知	能依据实验证据推出合理的结论，构建"铁元素的二维图"关系模型，运用模型解释化学问题
	科学探究与创新意识	设计 Fe^{2+} 与 Fe^{3+} 相互转化探究实验方案，与同学合作完成实验探究
	科学态度与社会责任	了解铁及其化合物的重要应用，通过"补血剂""亚硝酸钠中毒""蓝黑墨水"等事件，初步学会从化学视角观察生活、生产和社会中的有关问题

四、教学重点、难点

教学重点：Fe^{3+}的检验方法；Fe^{2+}与Fe^{3+}的相互转化。

教学难点：化学方程式和离子方程式的书写；研究物质性质的基本思路和方法。

五、教学过程

"铁盐和亚铁盐"教学过程

教学环节	教师活动	学生活动	设计意图
环节1：课堂引入	【师】这是一张真实的验血报告单，数据显示患者的血红蛋白含量明显偏低。 【师】什么是血红蛋白？ 百度知道：血红蛋白是高等生物体内负责运载氧的一种蛋白质，是使血液呈红色的蛋白，血红蛋白由四条链组成，每一条链有一个包含一个亚铁离子的环状血红素。如果铁氧化为三价状态，血红蛋白则转变为高铁血红蛋白，就失去了载氧能力。	阅读，思考。 倾听，阅读，思考。	用生活中的事例引起学生的兴趣。 让学生了解铁是生命的动力。

第三章 基于"证据推理"的学习方式的培养   57

续表

	【师】我们看看医生的诊断——缺铁性贫血，缺铁就要补铁。补的是二价铁还是三价铁？ 【师】医生开的是"硫酸亚铁片"。	【生】二价铁。 【生】观察、思考。	让学生实际了解补血剂。
环节2：补血剂的"红外衣"——有什么作用？	【师】硫酸亚铁片为什么一定要有糖衣？ 【师】如果被氧化了，怎么检验三价铁？ 【师】PPT列表对比Fe^{3+}的三种检验方法并进行评价。 Fe^{3+}的检验方法 		方法	现象	评价
物理方法	观察法	溶液颜色为棕黄色	一般
化学方法	氢氧化钠	红褐色沉淀 $Fe^{3+}+3OH^{-}=Fe(OH)_3\downarrow$	较好
	硫氰化钾	血红色溶液 $Fe^{3+}+3SCN^{-}=Fe(SCN)_3$ 硫氰化铁	最好 | 【师】大家检验一下长期露置的硫酸亚铁片中是否有Fe^{3+}？ 【师】由铁元素二维图推断三价铁还有哪些性质？ 铁元素的二维图（化合价的改变，氧化还原反应原理；物质类别改变，复分解反应原理）	【生】防止二价铁被氧化。 【生】讨论三价铁的检验方法。 【生】分析对比三价铁的不同检验方法。 【生】将药片溶解后加入硫氰化钾，溶液变红色，说明二价铁被氧化了。 【生】铁离子有氧化性，可以与还原剂反应生成亚铁离子。 【学生实验】铁离子与还原剂（铁粉、铜粉）的反应。 【生】学生上讲台板书铁离子与还原剂（铁粉、铜粉）的反应的离子方程式。	让学生了解二价铁性质。 复习、归纳、小结三价铁的性质。 从氧化还原的角度认识三价铁。

续表

环节3：探究补血剂的"绿身体"——硫酸亚铁	【师】蓝绿色的药片的成分一定是硫酸亚铁吗？ 【师】请用二维图分析，预测亚铁离子可能具有哪些化学性质？ 【师】PPT 列表对比 Fe^{2+} 的三种检验方法并进行评价。 Fe^{2+} 的检验方法 	方法		现象	评价
物理方法	观察法	溶液颜色为淡绿色	一般
化学方法	氢氧化钠	白色→灰绿色→红褐色 $4Fe(OH)_2+O_2+2H_2O=4Fe(OH)_3$	较好
	硫氰化钾	(1)滴入硫氰化钾无现象 (2)加氧化剂后溶液变红色	最好 | 【师】Fe^{3+} 和 Fe^{2+} 的主要性质。 归纳小结：Fe^{3+}、Fe^{3+} 主要性质 （化合价的改变，氧化还原反应原理；物质类别改变，复分解反应原理的二维图） 【师】结合上述性质，你能用简洁的语言归纳铁离子与亚铁离子相互转化的条件吗？	倾听、思考。 思考、讨论。 讨论、归纳、小结。 思考、讨论、归纳、小结。 【生】还原剂能使铁离子转化为亚铁离子，而氧化剂能使亚铁离子转化为铁离子。	从氧化还原的角度认识二价铁。 从复分解角度认识二价铁。 二维图总结二价铁和三价铁的性质。 提高学生对氧化还原反应的认识水平。
环节4：拓展知识	【师】以上我们研究了铁离子和亚铁离子的性质，我们把目光回到硫酸亚铁片上。 硫酸亚铁片服下后，在胃中既产生了亚铁离子也产生了铁离子，但只有亚铁血红蛋白才具有携氧功能，怎么办？ 【师】铁是人体需要的微量元素，人吃铁粉可以吗？这个创意不错，一些麦片中就通过加少量铁粉来补铁，但是直接吃较多铁粉，不仅滋味不好受，而且过量的铁摄入会导致中毒。	【生】可以吃铁粉。	加强理论知识在生活中的应用。

续表

	品牌：雀巢 配料：谷物55%（玉米粉，全小麦粉，大米粉，全燕麦粉，全大麦粉），白砂糖，蜂蜜（>4%），淀粉，食用植物油，红糖，矿物质（碳酸钙，氧化锌，还原铁），食盐，净含量150 g 保质期：365 天 储存方法：存储于阴凉干燥处 类别：其他 包装：盒装 生产许可证：121613010002 产品标准号：GB 10769—2010	【生】阅读说明书，思考维生素C的作用：维生素C是抗氧化剂，具有还原性，可以将人体无法吸收的铁离子变成易被人体吸收的亚铁离子。	了解维生素C是重要还原剂，可以代替铁粉还有三价铁离子。
	【师】我这里有一瓶神奇的药物可以起死回生。我们把它加入滴有硫氰化钾的铁离子溶液中看看有什么现象。 【师演示实验】Fe^{3+}与维生素C的反应。 【师】资料显示：如果误食$NaNO_2$，会使人中毒，因为$NaNO_2$会使Fe^{2+}转化为Fe^{3+}，生成高铁血红蛋白而丧失与O_2的结合能力。	【生】可以服用维生素C解毒。	
环节5： 收获与质疑	【师】本节课同学们通过一系列的实验探究了补血剂——硫酸亚铁片中两种价态的铁元素，你能谈谈你有哪些收获吗？ 【师】本节课，我也有很大的收获，看到大家积极地参与探究，我感到很快乐！谢谢大家。	【生】①通过实验认识了Fe^{3+}、Fe^{2+}的性质、转化及检验。 ②进一步加深了对氧化还原反应的理解与运用。 ③体验了实验探究的一般过程：发现问题→提出猜想→设计实验→探索研究→解决问题。 ④认识了一些新物质，如KSCN、VC等。 ⑤化学是一门实用的科学……	从理论上系统归纳和总结本次课所学知识，帮助学生建立系统的知识结构，形成研究问题的习惯和方法。

六、教学反思

本节课以现实生活中"补铁"问题作为情境线,引导学生在生活中发现问题、分析问题,最后利用化学知识来解决生活中的问题。可以说是从生活到化学,又从化学回到生活,生活情境成为本节课的明线,而化学知识成为暗线。

本节课采用了启发式、讲授式教学与探究式教学相结合的教学方法。根据教学实施过程来看,既提高了课堂效率,又给了学生足够的自主学习、自主探究的空间。

创设开放的质疑提问空间,突出学生的独立思考、自主学习的品行。教学中创设开放、民主的学习氛围,将一部分提问的自主权交给学生,学生善于发现问题并敢于、勇于提出问题。本节课中学生多次提出了有探究价值的问题。例如,学生针对补铁药品使用说明提出问题"为什么本品与VC同服更有利于吸收"。

本节课的有待改进之处:如何把控学生实验操作的内容与时间,以便学生有充分的时间思考、讨论、交流?强调转化的思路与方法占的时间多,而对于化学方程式书写的指导与落实不够。

(二) 结合工业生产创设问题情境,提高理论联系实际能力

案例4 创建合成氨工厂:心"氨"理得

——化学反应速率和化学平衡观的实际应用

北京市通州区潞河中学　王珍珍

化学选修4关于化学反应速率和化学平衡知识的工业应用部分没有在课本中设计具体的章节。化学核心素养意在培养学生用已有的知识和经验解决实际问题的能力。本案例结合化学反应速率和化学平衡的知识,将工业合成氨的具体问题实际化,借助创建合成氨工厂这一问题情境,根据所学知识,利用网络资源,借助手持终端技术(Pad辅助教学)进行合成氨工厂的可行性报告的制作,从"纸上谈兵"到实际应用。这一课例的设计意图,充分体现了证据意识在实际工业生产中的重要意义和价值。

一、指导思想与理论依据

十三五规划提出要"深化教育改革,把增强学生社会责任感、创新精神、实践能力作为重点任务贯彻到国民教育全过程。"课程标准倡导将学生已有的化学知识与材料、环境、工业生产、生活应用相结合,注重提高学生解决在社会生活、科学技术、环境中出现的化学问题的能力;从学生已有的经验和将要经历的社会生活实际出发,帮助学生认识化学与人类生活的密切关系,关注人类面临的与化学相关的社会问题,增强学生的社会责任感、参与意识和决策能力。课堂教学要创设研究性情境和氛围促进学生的创新精神和实践能力的发展。

依据建构主义学习理论,学生的知识不是通过教师传授获得的,而是在一定社会文化背景或情境下,利用学习资源,与他人(教师和学习伙伴)协作、会话和进行有意义建构(理解事物的性质、规律及事物之间的内在联系)而获得的。教师的主要作用,就是创设和利用学习环境要素,充分发挥学生的积极性、主动性和创造性,使学生初步学会收集各种证据,对物质的性质及化学变化提出可能的假设;基于证据进行分析推理,证实或证伪假设;能解释证据与结论之间的关系,确定形成科学结论所需要的证据和寻找证据的途径。

二、教学背景分析

1. 学习内容分析

本案例是选修四"第二章化学反应速率与化学平衡"理论学习的实践应用。学生在学习完"第二章化学反应速率和化学平衡"的知识后,教材并没有涉及具体的化工生产内容。本案例是针对学生学习理论后解决实际问题而设计的课程。

通过对理论的学习,引导学生分析选择实际化工生产中最适宜的条件,培养学生全面思考问题的意识,兼顾各种条件的相互影响,如温度对速率和平衡的影响,压强对平衡的影响和对设备材料的要求,在比较中趋利避害,取得最优化的条件,使学生了解化学理论对生产实际的指导作用,认识化学反应速率和化学平衡的调控在生活、生产和科学研究领域的重要作用。通过亲身感受实际工厂建立的过程,体会经济效益和环境保护的相互协调、平衡,做良心产业,既要追求经济效益,更要注重绿色化学的理念,增强学生的社会责任感。同时,本节课的学习渗透了创新思维的培养，也可能对学生未来的升学和就业方向产生一定的影响。

2. 学习者分析

已有基础：学生在第二章学习了化学反应速率和化学平衡的理论知识，对化学反应速率的影响因素和化学平衡的影响因素进行了探究和讨论，能利用原理知识解决化学反应中出现的问题。学生有较活跃的思维和探究能力，已具有一定的自学能力、动手能力，问题意识强，能够灵活运用互联网，进行信息检索和信息分析整理。

学习障碍：通过课前的调研，85%的学生表示已经能掌握化学反应速率、化学平衡及其影响因素等基础理论知识，但对化学反应速率和化学平衡移动具体应用于实际工业生产（合成氨"良心"工厂的创建）的能力在学习中有待进一步提高；15%的学生表示对于化学反应速率和化学平衡的影响因素等知识还需加强，尤其是化学平衡移动在具体反应中的应用还不太了解，需要教师精心设计学生活动来帮助其全面深刻认识反应速率和化学平衡原理，并帮助其建立基于证据的解决实际问题的思路和方法。

3. 教学方式与教学手段说明

通过"问题情境"引导学生思考、质疑、合作讨论，在提问中回答，交流中归纳，整理出合成氨最佳的生产条件，形成基于证据的解决问题的思路和方法。采用小组合作、探究、讨论式教学、Pad教学、绘制合成氨生产技术的可行性报告，小组评价，讨论等教学方式。

技术准备：多媒体设备、Pad教学设备。

三、教学目标

（1）应用化学反应速率和化学平衡原理分析合成氨的适宜条件，了解合成氨生产的主要流程。通过化学反应原理在合成氨工厂中的实际应用，学会分析化工生产条件的思路和方法，掌握实际生产的条件选择与理论分析的差异。

（2）通过选择最佳的氨生产条件，学会用互联网获取信息的方法，学会收集和处理信息、互动交流、合作讨论。通过设计、分享合成氨的可行性报告过程，学会从科学、经济利益、社会利益多方面综合考虑问题。通过对合成氨适宜条件的分析，认识化学反应速率和化学平衡的调控在工业生产中的重要作用。

（3）体会辩证唯物主义观点，在面对诸多因素影响的复杂问题时，知道如何进行综合性考虑，在关心经济效益的同时关心环境、能源等社会问题，提高生存素养。

四、教学重点和难点

教学重点：结合化学反应速率和化学平衡理论进行合成氨工业条件的选择。

教学难点：基于"证据推理"解决实际问题的思路和方法。

五、教学流程图及教学过程

可行性报告的任务驱动　　基于"证据推理"的解决实际问题的思路和方法　　能力提升

　（问题线——明线）　　　　（认知线——暗线）　　　　　　　　（能力线——暗线）

| 环节一
创设情境
任务驱动 | 心"氨"理得——
创建合成氨工厂 | → | 心：良心厂
氨：合成氨
理：反应速率和化学平衡原理
得：解决实际问题的思路方法 | → | 学生参与的热情，参与意识，激发学生解决实际问题的热情 |

环节二 证据收集 完成报告	任务一：如何获得原料——氮气和氢气？	→	搜集资料，对比分析，归纳总结	→	通过查阅资料、归纳整理、找到理论和实际的差异，解决冲突，辩证的讨论、研究出最佳生产条件。 Pad教学方式，基于证据解决问题的研究方法，择优获得最佳方案能力的培养。 体现绿色化学、化学的可持续思想，增强学生社会责任感
	任务二：如何选择最佳的生产条件？	→	最佳压强的选择 最佳温度的对比分析 选择合适的催化剂		
	任务三：如何在合成氨工厂中体现绿色化学的思想？	→	原料的配比 液氨的分离方法 原料的循环使用 创建一些副产品工厂		

| 环节三
可行性报告
展示评价 | 任务四：汇报可行性报告、小组评价 | → | 方案设计展示（表格形式、流程形式、文字形式、画图等形式） | → | 互相借鉴、取长补短、集思广益，促进学生的发展 |

| 环节四
可行性报告
展示评价 | 化"纸上谈兵"为"身临其境"，创新思想，创建未来的合成氨工厂 | → | 再看心"氨"理得——与引入呼应 | → | 感受理论对指导工业生产有重要的作用和意义，能通过本节课的学习延伸到其他工业生产和合成的应用中，学以致用 |

"创建合成氨工厂"教学流程图

"创建合成氨工厂"教学过程

教学环节	教师活动	学生活动	设计意图
环节1：创设情境 心"氨"理得——创建合成氨工厂	身边的事件：我的同学想创建一座合成氨工厂，同学们能否用所学知识帮助他解决实际生产问题。 提出合成氨的反应方程式，使用反应速率和化学平衡原理。 关于建厂方面，这位老板要创建良心厂，做百姓心中的品质产业。帮助他设计生产技术的可行性报告。 【提问】：从哪些方面考虑氨工厂生产技术的可行性报告？ 氨气结构式中N、H原子合成氨的三个讨论方面。	聆听老师的陈述。 接受任务。 回答合成氨化学方程式。 $N_2 + 3H_2 \rightleftharpoons 2NH_3 \quad \Delta H < 0$ 学生理解"良心厂"的含义，既要追求经济效益，又要注重环保，体现可持续发展。 讨论回答：原料的获得、反应条件的选择、设备的要求、工业副产品的处理、环境保护等方面。 原料、生产条件、绿色化学。	以自己的同学要创建氨工厂为情境，既能激发学生参与的热情，又使学生身临其境地感受到用已有化学知识来解决的具体事件，提升学生的参与意识，激发学生解决实际问题的热情。 本节课的标题是心"氨"理得——创建合成氨工厂。 心：良心厂 氨：本节研究的重点 理：速率和平衡原理 得：研究的思路方法 以可行性报告的完成为任务驱动，使学生体会在解决实际工业生产问题时要更全面的考虑，在追求效益的同时也要关注环境，体现化学的可持续思想。
环节2 搜集资料完成可行性报告	任务一：如何获得合成氨的原料氮气和氢气？ 分组汇报：N_2和H_2的来源。	查阅、搜集、整理。 分析优劣。 1. 分离液态空气法：将空气液化、蒸发分离出N_2（优点：非常便宜、纯净、规模大、产量高）；将空气中的O_2与碳作用生成CO_2，除去CO_2后得N_2（产生温室气体）。 2. 天然气制氢气（清洁环保、价格较低、技术成熟、可作为燃料）；电解法制氢气（成本高）；电解饱和食盐水（与氯碱工业联合建厂，互惠互利）；剩菜剩饭发酵的副产物是H_2（环保、易得、但产量低）。	不同小组获得不同获取原料的途径和方法，通过小组合作、讨论，确定最佳的合成方案。对学生决策能力的提高有一定帮助。 选择液化空气法制取氮气，采用的是物理法，根据沸点不同获得产物，得到纯净氮气，体现跨学科思想；选择使用碳除去氧气获得氮气的方法采用的是化学中的燃烧法。对比分析，体现学科之间的融合。

续表

教学环节	教师活动	学生活动	设计意图
	总结一：获得原料的方案 【板书】分离液态空气法制氮气、除氧气制氮气；天然气制氢气、氯碱工业合作制氢气。	各组讨论，得到最优的氮气和氢气的获得方案，落实在可行性报告上。	通过查阅资料、归纳整理、分析比较不同的方案，选择最佳途径，充分考虑到环境因素、成本、工艺等方面。 通过互联网进入课堂，Pad 教学方式，使学生实时查阅自己存在的问题和疑问，及时解决。通过比较分析的方法，择优获得最佳方案能力的培养。
	任务二：如何选择最佳的合成氨条件？	搜集资料和数据证据。 将学生分为压强组、温度组、催化剂组、投料比组和氨分离组。 根据 $N_2 + 3H_2 \rightleftharpoons 2NH_3 \quad \Delta H < 0$ 学生回答：从速率和转化率两个方面同时考虑。 不同学生的讨论结果 学生1：压强越大越好。 学生2：温度越高越有利于速率，温度越低越有利于转化率。 学生3：要使用催化剂。 学生4：改变反应物和生成物浓度，促进转化率提高。	既使得合成氨利益最大化，又符合绿色化学的思想。本节课的核心知识是要用所学化学反应原理中的化学反应速率和化学平衡的知识来解决实际工业生产中合成氨的最佳反应条件。任务二的讨论是本节的重点和难点。
	【任务分配】分小组"认领"选择讨论的条件。 1. 温度组汇报	汇报结果，各小组互相质疑、讨论得到最佳的生产条件。 学生通过考虑速率和转化率关系，分析可能的压强，再查阅目前工厂对压强的选择，分析原因。 回答：200 ℃最佳，转化率高。 其他同学反驳：速率太慢。（慢到什么程度？查阅资料）	根据不同小组的查阅和讨论，分析理论和实际的差异，体会如何建立解决冲突的方法。 搜集选择资料数据能力的培养。部分学生只考虑到转化率，没有考虑速率过慢的问题，综合考虑问题，并能利用网络数据支持自己的观点。

续表

教学环节	教师活动	学生活动	设计意图
		资料：温度对合成氨反应速率的影响 **温度对平衡体系的影响** | $c(N_2)$/(mol·L^{-1})	温度/K	活化能/(kJ·mol^{-1})	平衡时各组分浓度/(mol·L^{-1}) N_2	H_2	NH_3	到达平衡的时间/s | |---|---|---|---|---|---|---| | 1 | 473 | 50 | 0.160 | 0.480 | 1.680 | 29 040 | | 1 | 573 | 50 | 0.195 | 0.585 | 1.610 | 5 783 | | 1 | 673 | 50 | 0.224 | 0.672 | 1.552 | 2 408 | 200 ℃的转化率是400 ℃的2.5倍，但是速率是400 ℃的十分之一！综合考虑温度的影响，选择一个最佳值。有学生提出催化剂的适宜温度为500 ℃左右。	结合具体的数据比较反应温度对速率和平衡的影响，选出最佳的温度。 通过转化率和速率的"竞争比较"辩证地选取合适的温度，既能保证速率又可使转化率较高。培养学生综合分析解决问题的能力。
	【结论】综合考虑：确定温度范围为400 ℃~500 ℃如果改变催化剂，温度有可能会发生变化。 【提问】合成氨催化剂的种类有哪些？ 2. 催化剂组汇报	资料：采用铁触媒（以铁为主，混合的催化剂），铁触媒在500 ℃时活性最大。最终将合成氨温度选择在500 ℃。 催化剂组补充回答。 资料查阅： 铁是合成氨工业中广泛使用的催化剂。 资料：铁催化剂具有价格低廉、稳定性好等特点，以磁铁矿和铁为主要原料，添加各类助剂化合物，经电阻炉熔炼后再冷却、破碎筛分成不同颗粒的铁催化剂。研究表明，最好的熔铁催化剂应该只有一种铁氧化物（单相性原理），任何两种铁氧化物的混杂都会降低催化活性。 钌基催化剂：目前研究开发的氨合成钌（Ru）基催化剂，由于在低温低压等温和条件下具有较高的活性，被誉为第二代合成氨催化剂。	确定温度400 ℃~500 ℃并不是速率最快的，也不是转化率最高的，这是一个权衡速率和平衡的温度。要全面地考虑问题，兼顾多个角度确定。 具体证据和数据支持所表达的观点，小组之间讨论质疑，促进学生对新知识的渴望。通过学生自己上网查阅催化剂的种类，了解最新的研究情况和研究前景。比较、实证分析，更有说服力。 铁催化剂介绍，学生自学新知识。 了解金属钌是稀有贵金属，不能普及在工业生产中，为学生寻找新型催化剂提供了动力和方向。

续表

教学环节	教师活动	学生活动	设计意图
		资料：在工业合成氨条件下，钌和助剂会使催化炭载体发生甲烷化反应，影响了钌催化剂的稳定性，从而对钌催化剂的工业化应用产生了不利影响。此外，钌较高的价格也是催化剂工业化应用的一大障碍，因此寻找其他价格低廉且活性较高的氨合成催化剂也成为新的研究方向，其中合金型催化剂被认为是最有希望成为继熔铁催化剂和钌催化剂之后的新一代合成氨催化剂。 资料：中科院大连化学物理研究所复合氢化物材料化学研究组陈萍研究员和郭建平博士等在催化合成氨研究方面取得重要进展。他们提出了"双活性中心"催化剂设计理论，并由此开发了过渡金属-氢化锂复合催化剂体系，实现了氨的低温催化合成。	新型催化剂 LiH 在合成氨工业中的应用，为学生提供了更广阔的研究前景。通过几种催化剂的对比分析，帮助学生提升比较择优的能力，培养创新思维，寻求更好的催化剂为未来合成氨工业创造更广阔前景。
	【结论】根据现状选择催化剂：铁。	有学生提问：什么是催化剂中毒？ 介绍催化剂中毒。 资料：但对于合成氨反应中的铁催化剂，O_2、CO、CO_2和水蒸气等都能使催化剂中毒。但利用纯净的氢、氮混合气体通过中毒的催化剂时，催化剂的活性又能恢复，因此这种中毒是暂时性中毒。工业上为了防止催化剂中毒，要把反应物原料加以净化，以除去毒物，这样就要增加设备，提高成本。因此，研制具有较强抗毒能力的新型催化剂，是一个重要的课题。	催化剂中毒问题的提出为今后致力于化学研究的学生指出了新的研究方向和课题，也为原料气的净化，产品的分离提出了要求。完善原料气获得的方法和途径。
	3. 压强组汇报	讨论回答：压强大有利于提高转化率和速率，但是对设备和能耗有要求：具体数据支持。查阅数据，多组同学比较确定最佳压强。	通过查阅资料，提高学生查阅和读取的能力，能从数据信息中获得为实际氨工业生产中有价值的信息。一部分学生对速率和平衡知识还存在混淆问题，通过压强这一因素理清这两者的关系。

续表

教学环节	教师活动	学生活动	设计意图
	【提问】压强对设备有什么要求？ 讲授合成塔简单构造，确定压强的选择。 【结论】考虑实际因素：选择压强范围15~20 MPa	资料：有研究表明，在400 ℃，压强超过200 MPa时，不使用催化剂，氨便可以顺利合成。缺点：太大的压强需要的动力就大，对材料要求也会增高，这就增加了生产成本，因此，受动力材料设备影响。 查阅分析：在公屏中推送合成塔图片。 并流双套式氨合成塔 资料：H_2与设备钢中的碳反应 在工业化生产的实验中，钢壁厚达3 cm的耐高压的反应塔仅使用3天以后就破裂损坏。博施对破损的碎片进行研究后大吃一惊，没想到的是在高温、高压条件下，小分子H_2会渗透到钢壁内部，与碳粒发生反应生成甲烷，减弱了钢的内部结构强度，导致钢材破裂。 怎么办？博施巧妙地将反应塔的内衬改为耐腐蚀性能强的合金材料，外层采用钻有小孔的钢板。这种双层构造，使反应塔能够经受起高温、高压和高腐蚀性的考验。博施在1931年获得诺贝尔奖时说："合成氨的整个发展，很大程度上是依靠这个简单的解决办法。"	基于证据的解决实际问题的思路和方法贯穿于压强的选择中，压强有利于提高转化率，但是对设备有要求，学生需要搜集证据支持设备在高压时能发生的反应，提升学生的应变能力，同时也锻炼学生的表达能力和小组合作能力。 综合考虑资料数据，确定最佳压强范围，"良心产业"的宗旨是即使降低生产效率也要权衡能耗和环境因素，节约资源、爱护环境。

续表

教学环节	教师活动	学生活动	设计意图
	4. 投料比组汇报	资料：过去为了追求产量合成氨压力由低压向高压发展，现在从降低能耗的角度又向低压发展，目前已成功运用 15 MPa，10 MPa 正在试验中，这样可以做到电耗最低，又能确保合成的效率。 在氮气和氢气的浓度比是 1:3 时，平衡转化率最高。 （图：横轴 $N_2:H_2$ 从 1:1 到 1:6，纵轴 $NH_3\%$ 从 0.1 到 0.6，曲线在 1:3 处达到最高约 0.55） 资料：实验研究表明，在特定条件下，合成氨反应的速率与参与反应的物质的浓度的关系式是： $$v = kc(N_2)c^{1.5}(H_2)c^{-1}(NH_3)$$ 合成氨反应的速率与氮气浓度的 1 次方成正比，与氢气浓度的 1.5 次方成正比，与氨气浓度的一次方成反比。在反应过程中，随着氨浓度的增大，反应速率降低。为了保证足够高的反应速率，应在达到一定转化率时，将氨气从混合气体中分离出去。 氮气在催化剂上的吸附为总反应中最难发生的步骤，即影响反应速率的关键步骤，实验表明适当提高氮气的比例，氮气和氢气的比例为 1:2.8。	从转化率和速率两个角度全面考虑。 转化率角度：从化学平衡移动的角度解释增大反应物浓度和减小生成物浓度对转化率的提高。原料气的比例确定考虑了原料的成本和在催化剂表面的吸附能力，最终确定 N_2 过量。 速率角度：从速率公式可看出各物质浓度对速率的影响。其中，氮气难吸附在催化剂表面，会影响速率，因此确定提高 N_2 的浓度。
	【结论】确定原料气氮气和氢气的浓度比例是 1:2.8。		
	5. 液氨分离组汇报 冷却分离液氨，增大转化率。	查阅分离液氨的方法，小组交流，促进新信息的学习和掌握。	结合物理知识，加压或者降温使氨气液化，体现学科融合；了解目前科技前沿及工业实际生产的操作，理论联系实际。

续表

教学环节	教师活动	学生活动	设计意图
	总结二：通过查阅和讨论，确定合成氨的条件。 压强：10~20 MPa， 催化剂：铁 温度：400~500 ℃， $N_2:H_2$ 比例为 1:2.8，液氨加压或降温及时分离。	总结回顾之前结论。	对任务二小结：总结合成氨的最优化条件，查阅科学文献，结合实际生产。
	任务三：绿色化学的思想：既要提高产量又要注重环境保护，化学的可持续发展，如何在合成氨工厂中体现？	讨论：合成氨产率较低，原料的循环使用问题。 创建一些副产品工厂。 资料：与其他产品联合生产。合成氨生产中副产生大量的二氧化碳，不仅可用于冷冻、饮料、灭火，也是生产尿素、纯碱、碳酸氢铵的原料。如果在合成氨原料气脱除二氧化碳过程中能联合生产这些产品，则可以简化流程、减少能耗、降低成本。中国开发的用氨水脱除二氧化碳直接制碳酸氢铵新工艺，以及中国、意大利等国开发的变换气气提法联合生产尿素工艺，都有明显的优点。	情感态度价值观的教育，绿色化学思想的渗透，既要追求经济效益，更要注重对环境的保护和资源的节约，体现化学的可持续发展。 良心厂的体现：即使降低经济效益也要注重环境保护，尤其对于一些副产品工厂的建立是对学生的理论用于实际的考查。用所学化学知识，解决在工业生产中出现的实际问题。这对大部分学生都是一种能力的检验和提高。
环节3 可行性报告的展示和评价	任务四：各小组设计完成合成氨工厂生产技术的可行性报告，相互评价。	讨论：废气废渣的处理等。 不同的小组设计不同形式的方案（表格形式、流程形式、文字形式、画图形式等）。	通过展示不同小组的设计成果，集体评价每个小组在分析讨论和设计过程中的优点和不足，帮助学生完善自己的报告，集思广益，促进学生的发展。
环节4 总结提升	从"纸上谈兵"到"身临其境" 【视频】观看实验室模拟合成氨的视频。 【图片】实际合成氨工厂图。	感受本节课的核心知识的应用，体会学习后的喜悦，深思知识的力量。	将"纸上谈兵"转到"身临其境"，感受化学在实际工业生产中的重大意义。通过实际视频的观看，感受化学反应速率和化学平衡理论对指导工业生产有重要的作用和意义，体会化学理论学习和实际应用的联系。通过本节课的学习，延伸到其他工业生产和合成的应用中，学以致用。

续表

教学环节	教师活动	学生活动	设计意图
作业布置	【创新思想】未来的合成氨工厂是什么形式的？	充分发挥所学知识和想象力，创建不同形式的未来氨工厂。回答：开发新型催化剂，例如生物酶，常温常压合成氨气。根瘤菌的提取等。	了解氨工业现状和发展趋势，培养学生的社会责任感和创新意识。
	【学以致用】设计合成硫酸工厂。【研究性学习】调查中国对氨气需求的产业。	通过本节课的学习，延伸到其他工业合成，并通过研究性学习调查了解我国对氨的需求现状。	学以致用。

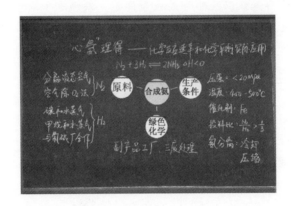

"创建合成氨工厂" 板书设计

附录　学习效果评价设计

（一）学生学习效果评价

后测

1. 纸笔评价

（1）合成氨工业有下列生产流程：①原料气的制备；②氨的合成；③原料气的净化和压缩；④氨的分离。其先后顺序是（　　）。

A. ①②③④　　　B. ④③②①　　　C. ①③②④　　　D. ②③④①

(2) 工业上合成氨采用 500 ℃ 左右的温度,其原因是（　　）。

①适当加快 NH_3 的合成速率；②提高 H_2 的转化率；③提高氨的产率；④催化剂在 500 ℃ 左右时其活性最好。

A. ①　　　　B. ①③　　　　C. ①④　　　　D. ②③④

(3) 合成氨所需的氢气可由煤与水反应制得,其中有一步反应为 $CO + H_2O(g) \rightleftharpoons CO_2 + H_2$　$\Delta H < 0$。欲提高 CO 转化率可采用的方法是（　　）。

①降低温度；②增大压强；③使用催化剂；④增大 CO 的浓度；⑤增大水蒸气的浓度。

A. ①②③　　　　B. ④⑤　　　　C. ①⑤　　　　D. ⑤

2. 活动评价

教师参考学生的自评和小组评价,根据学生个体表现和小组合作表现,对学生的学习态度、学习策略以及学习效果等评价,教师除了给予学生等级评价外,还要适当加上激励性评语或希望等,鼓励学生奋发向上。

小组活动评价反馈表

小组活动评价反馈表				
班级		姓名		
等级＼项目	A（优）	B（良）	C（一般）	D（有待改进）
学习主动性				
任务完成				
课堂讨论				
汇报表达				
知识创新				
学生自评（30%）				
小组评价（30%）				
教师评价（40%）				
总评：				
教师评语：（教师填写,主要针对表现突出的个人或小组）				

（二）教师教学效果评价

教师教学效果评价表

分类	要素	评语
师生互动	学生与教师、学生与学生之间是否相互尊重、理解、平等	
	学生对学习是否感兴趣	
	学生和学生、学生和教师、学生和教材之间是否能保持多向、丰富、适宜的信息交流	
	学生是否踊跃地参与各项学习活动	
	学生是否有主动合作的意识	
	是否有的学生还能参与教的活动	
思维状态	学生是否能发现问题	
	学生是否能提出问题	
	学生是否能分析问题	
	学生是否能解决问题	
	学生是否有创新意识	
学习达成状态	每个学生是否都有满足感	
	学生是否掌握了必要的基础知识与技能	
	学生是否获得了进一步发展的能力	
特色		
评价等级	A　　　　　　B　　　　　　C　　　　　　D	
评价结果		

六、教学思考

1. 基于"证据推理"解决实际问题的思路和方法的培养

合成氨工厂的生产技术的可行性报告的提出是这节课的任务驱动。化学反应速率和化学平衡移动理论的学习是这节课的基础，本节体现化学反应的限度、速率等理论在优化选择化学反应条件方面的作用，使学生了解化学理论的学习对生产实际的指导作用。在教学过程中，学生查阅关于合成氨反应实验数据，利用这些资料就合成氨反应的原料选择、条件选择分别展开讨论，初步尝试利用理论分析化工生产中的实际问题，引导学生考虑合成氨生产中动力、设备、材料、生产效率等因素；再结合生产中的数据向学生介绍合成氨的实际生产条件，对合成氨的适宜条件进行选择，使他们在解决实际问题的过程中提升对化学反应的价值的认识；课堂中通过动手、动脑、动口等互动方法完成教与学的任务，达成教与学的目标。

2. 科学精神、创新精神和社会责任

社会责任感：本节课的标题用一个成语概括——心"氨"理得，激发学生的兴趣、参与意识和社会责任感。心：要建良心厂，为百姓谋福利，既要追求经济效益，又要注重环境保护。氨：是本节的核心知识，合成氨工厂的创建。理：利用所学的化学反应速率和化学平衡等反应原理知识来分析实际工业生产中的合成氨情况，理论应用于实际。得：通过查阅资料搜集证据，基于"证据推理"解决合成氨工厂的创建问题，形成和得到解决实际问题的思路和方法。本节课围绕氨的合成条件的讨论，为实际工业生产合成氨提供了可靠的证据，使学生体会实际工厂技术操作的感受，增强学生的社会责任感和参与意识。

科学探究和创新精神：本节采用Pad教学、网络搜集资料、讨论形成最佳方案。数据都是来源于实际的工业生产，学生集思广益，查询的资源丰富、严谨可靠。通过资源共享、讨论互动（生生讨论、师生讨论）、实时查阅展示，及时反馈，提高参与度。本节合成氨的条件选择是速率和平衡理论的实际应用。只有在社会实践中学习，才能不断地激发学生的学习积极性与主动性，探究最佳的合成氨条件，同时对未来合成氨工业的新进展提出希望。从新型催化剂的开发使用到研究根瘤菌对合成氨的新发展，为学生创新思维的发展提供了方向和依据，为学生未来的学习和就业提供了导向，体现了创新思想在化学中的应用。

3. 合作完成可行性报告标题的选取、汇报和展示，集思广益、共同借鉴进步

设计完成合成氨的生产技术可行性报告，经过小组之间的合作、讨论，共同设计完成。学生的参与意识很强，每个小组派出一名同学展示小组的作品。通过表格形式、流程形式、文字形式、画图形式等展示，学生互相学习，互相借鉴，互相评价，共同提高。

4. 课堂的开放度大，不易控制查询资料的时间和可用性

在查阅资料时开放度大，学生在有限时间内能否查阅到相关有效信息？如果可以查到，需要快速对资料进行筛选和鉴别，得出有价值的结论；如果查不到有效信息，则需要教师在教学之前做好充分准备，提供足够的证据资源供学生讨论使用，以便学生得出适当的结论，完成本节课的核心知识。

案例5 "化学反应条件的优化——工业合成氨"教学设计

北京市通州区潞河中学　郭子亮

一、指导思想与理论依据

（一）问题解决思维的培养

"十三五"规划明确提出要"深化教育改革，把增强学生社会责任感、创新精神、实践能力作为重点任务贯彻到国民教育全过程。"培养学生的问题意识是落实创新思维的第一步，培养学生对问题的分析能力并最终掌握解决问题的基本方法是在课堂教学中落实创新人才培养的基本途径之一。课堂教学要创设研究性情境和氛围促进学生的创新精神和实践能力的发展。

（二）建构主义学习理论

着力培养学生的"核心素养"，课堂教学必须以学生为主，学生是学习活动的主体。依据建构主义学习理论，学生的知识不是通过教师传授获得的，而是在一定社会文化背景或情境下，利用学习资源，与他人（教师和学习伙伴）协作、会话和进行有意义建构（理解事物的性质、规律及事物之间的内在联系）而获得的。教师的主要作用，就是创设和利用学习环境，充分发挥学生的积极性、主动性和创造性。

（三）学生的认识发展规律

课堂教学设计要符合学生的认知规律，让学生经历从感知到理解再到应用这一逻辑过程。

二、教学背景分析

化学反应原理是化学的核心，教师要分析推理、规划设计，激发学生学习化

学的兴趣，强化学生科学探究意识，促进学生学习方式的转变，在实践中培养学生的创新精神和实践能力。教师的教学设计要让学生通过讨论，进一步理解合作交流的意义，学习科学探究的基本方法，提高科学探究能力，使学生具有较强的问题意识，能够发现和提出有探究价值的化学问题，敢于质疑，勤于思索，逐步形成独立思考的能力。

"化学反应条件的优化——工业合成氨"是针对我校学生开发的高层课程。这些学生乐于上网，善于搜索，自学能力强，问题意识强烈且有较强的动手能力。本节课主要以问题引导、学生思考讨论、自行设计等环节来培养和强化学生的质疑、思索和创造的能力。

三、教学目标

（1）通过"向空气要氮肥"这一问题的讨论，了解工业合成氨的反应原理；结合影响化学反应速率的因素以及勒夏特列原理理解合成氨的反应条件的选择，了解当前我国合成氨工业的现状以及合成氨工业需要解决的问题。

（2）通过查阅化学史料及化工文献，还原真实的科学研究历史，充分了解合成氨工业发展的主要线索，认识化学现象的本质，形成有关化学科学的基本观念。通过宏观辨识与微观探析，建构变化观念与平衡思想，进行证据推理和实验探究，培养化学核心素养。

四、教学重点和难点

教学重点：结合反应速率和平衡转化率进行合成氨工业条件的选择。

教学难点：如何根据反应的限度和反应速率综合分析合成氨的条件。

五、教学过程

"化学反应条件的优化——工业合成氨"教学过程

教师活动	学生活动	设计意图
一、创设情境，导入新课 [多媒体] 　　猜猜看、他是谁？ 他是魔鬼，因为他打开了化武的潘多拉盒子。 他是备受争议的诺贝尔化学奖获得者。 他是天使，是用空气制造面包的圣人。	观察、倾听、思考、猜想。 学生回答：他是德国化学家哈伯。	创设学习情境，激发学习兴趣。

第三章 基于"证据推理"的学习方式的培养

续表

教师活动	学生活动	设计意图
二、历史上的合成氨 请同学介绍一下哈伯在合成氨工业上所做的贡献。	第一小组同学上台介绍，3分钟。	培养学生对科学的兴趣，理解科学与技术是把双刃剑。
【问题情境1】 如果你是哈伯，面对合成氨会有哪些问题？ 教师点评。	学生讨论、交流、思考、总结、表达。 （化学反应的方向 → 合成氨反应能否自发进行） （化学反应的速率 → 怎样能提高合成氨反应速率）→ 适宜的合成氨条件 → 化学工艺学 / 工艺流程 （化学反应的限度 → 怎样能促使化学平衡向合成氨方向移动） 高压对设备材质、加工制造的要求，温度对催化剂活性的影响等 倾听、思考。	培养学生化学反应原理的应用能力。
三、化学反应原理在工业生产上的应用 【问题情境2】请同学们探究该反应能否自发进行。 教师点评。 【问题情境3】请同学们探究如何提高化学反应速率。	第二小组同学上台介绍，5分钟。 通过PPT展示研究成果。 自发性探究： 探究点一 合成氨反应 1. 合成氨反应是一个可逆反应： $N_2(g) + 3H_2(g) \rightleftharpoons 2NH_3(g)$ 已知298 K时： $\Delta H = -92.2$ kJ·mol^{-1}； $\Delta S = -198.2$ J·mol^{-1}·K^{-1}。 请根据正反应的焓变和熵变分析298 K下合成氨反应能否自发进行。 答案：假设ΔH和ΔS不随温度变化，由$\Delta H - T\Delta S = -92.2$ kJ·mol$^{-1} - T \times (-198.2$ J·mol^{-1}·K$^{-1})/1 000$ J·kJ$^{-1} < 0$ 能自发，得$T < 465.2$ K，故298 K下合成氨反应能自发进行。 倾听、思考。 第三小组同学上台介绍研究成果，5分钟。 通过PPT展示研究成果。	帮助学生深化和理解所学知识。进一步复习和巩固化学反应能否自发进行的判断方法。 学会运用有效碰撞理论解释反应速率的因素及应用。

续表

教师活动	学生活动	设计意图
【问题情境4】请同学们探究如何提高反应物的转化率。	第四小组同学上台介绍研究成果，5分钟。通过PPT展示研究成果。	进一步理解勒夏特列原理及应用。
【问题情境5】请同学们探究如何选择化学反应的条件。【总结】老师总结优化反应条件的思路。工业上利用某可逆反应生产产品 → 一般要使用催化剂／选择合适的温度／选择合适的压强 → 如工业合成氨、工业中SO_2与O_2的反应	第五小组同学上台介绍研究成果，5分钟。通过PPT展示研究成果。倾听、思考、笔记。	培养学生运用辩证思维的方法、综合判断选择反应条件。全面培养综合分析能力，系统思维方法。
【问题情境6】哪位同学说说我国的合成氨工业的现状？	第六小组同学上台介绍研究成果，2分钟。通过PPT展示研究成果。	深化核心价值观的培养，弘扬爱国主义主旋律。
四、问题深化【问题情境7】现行合成氨存在哪些问题，如何解决？五、课后作业智慧学伴单元小测（1）	第七小组同学上台介绍研究成果，2分钟。通过PPT展示研究成果。思考、讨论、交流、表达。	培养学生的科学发展观和不断追求、探索精神。深化和巩固课堂教学成果。

附录　学习效果评价设计

1. 学习效果评价练习

（1）对于合成氨工业，只从提高原料转化率看，从下列条件中选择最适宜的组合是（　　）。

①高温；②低温；③低压；④高压；⑤催化剂；⑥加氨；⑦除氨。

A. ②④⑤　　　B. ②④⑦　　　C. ①④⑤　　　D. ②③⑥

（2）在一定条件下，可逆反应 $N_2 + 3H_2 \rightleftharpoons 2NH_3$ 　$\Delta H < 0$ 达到平衡，当单独改变下列条件后，有关叙述错误的是（　　）。

A. 加入催化剂，$v_正$、$v_逆$ 都发生变化，且变化的倍数相等

B. 加压，$v_正$、$v_逆$ 都增大，且 $v_正$ 增大的倍数大于 $v_逆$ 增大的倍数

C. 降温，$v_正$、$v_逆$ 都减小，且 $v_正$ 减少的倍数大于 $v_逆$ 减少的倍数

D. 加入氩气，$v_正$、$v_逆$ 都增大，且 $v_正$ 增大的倍数大于 $v_逆$ 增大的倍数

2. 学生的接受程度

□全部正确　　□部分正确　　□全部不正确，原因_____

3. 学生的课堂表现

□很积极　　□比较积极　　□一般　　□不积极，原因_____

六、教学反思

本节课在人教版教材中是没有的，但考虑到要学以致用，在应用中加深理解，在应用中体会科学的魅力，于是我们选择北师大王磊教授主编的山东科教版教材增加了这一课时。

（1）为学生提供了明确的学习课题，为学生课下的学习、查阅资料提出了明确的方向。从课堂上的反应看，学生的课下学习是有质量的。

（2）课堂教学中安排了演讲、小组讨论、相互质疑等活动，为充分发挥学生的学习主动性，培养学生科学探究精神和科学探究能力做了很好的探索。

（3）注重在化学课教学中培养学生的人文精神。通过对哈伯在科学上为人类所做出的贡献和他支持纳粹的比较，学生明白了科学是一把双刃剑，科学工作者一定要有良知。

（4）通过对各种影响反应条件的分析比较，帮助学生选择最合适的反应条件。这既让学生明白了合成氨的反应条件，也让学生学会了在比较中选择。

（5）通过对我国合成氨工业发展史的学习，学生增强了对社会主义祖国的自信心和自豪感。

（6）学生自主完成智慧学伴上的单元小测，是对本节课知识的扩展与巩固。

存在的不足：主要是课堂时间有限，一定程度上限制了学生充分讨论，限制了学生对问题的进一步探究，这都是以后需要进一步思考和改进的。

案例6 "以玉米为原料的有机化工'畅想'"教学设计

北京市通州区潞河中学 郭子亮

一、指导思想与理论依据

《普通高中化学课程标准（2017年版）》指出化学学科核心素养主要包括以下五个方面：宏观辨识与微观探析、变化观念与平衡思想、证据推理与模型认知、科学探究与创新意识、科学态度与社会责任。学科核心素养的实现必须以知识教学为载体。课堂教学是发展学生学科核心素养的主阵地。教师要结合教学内容，根据学生的实际状况，为实现发展学科核心素养的目标，创造性地开发和使用教材，这就要求教师必须围绕化学学科核心素养精心设计教学内容。

二、教学背景分析

1. 课程标准

《普通高中化学课程标准（2017年版）》的要求是："通过本课程模块的学习，引导学生建立'组成、结构决定性质'的基本观念，形成基于官能团、化学键与反应类型认识有机化合物的一般思路，了解测定有机物结构、探究性质、设计合成路线的相关知识，发展化学学科核心素养。"

2. 教材分析

本模块设置了有机化合物的组成与结构，烃及其衍生物的性质与应用，生物大分子及合成高分子3个主题，特别强调认识有机化合物的分子结构，认识同一分子中官能团之间存在相互影响，认识在一定条件下官能团可以相互转化。要求学生能基于官能团、化学键的特点与反应规律分析和推断含有典型官能团的有机化合物的化学性质。

3. 学生分析

必修2已经初步学习了有机化学的基础知识，选修1初步学习了糖类、油脂和蛋白质的性质，为学习选修5奠定了很好的基础。本次课是学生学习完选修5后的复习课，因此教学重点是在更高层次上帮助学生建立知识结构，内化结构决定性质、性质决定用途的观念。

三、教学目标

（1）通过问题驱动，学生建立有机物相互转化的关系，强化模型认识能力，深刻理解有机物相互转化的反应条件和官能团反应的特征。

(2) 通过书写有机反应的化学方程式，进一步强化宏观辨识和微观探析，深入理解有机物反应时断键的特征。

(3) 学生能根据有机物结构推断其可能的性质，训练其演绎思维的能力。

(4) 运用所学知识为东北丰富的玉米资源寻找化工出路，培养学生科学探究的精神，了解社会问题，承担社会责任。

四、教学重点、难点

教学重点：各类有机化合物的相互转化关系；官能团类型与有机化合物性质的关系。

教学难点：推断含有典型官能团的有机化合物的化学性质与应用。

五、教学过程

"以玉米为原料的有机化工'畅想'"教学过程

教学环节	教师活动	学生活动	设计意图
【环节1】引入	【师】展示一段东北玉米深加工的视频。	观看，思考。	结合真实情境，激发学生的兴趣。
	【师】玉米的成分是什么呢？	【生】玉米油，蛋白质，淀粉。	
	【师】玉米油和蛋白质中有什么官能团？能发生什么反应？	【生】酯基和肽键，都能水解。	复习油脂和蛋白质中的官能团及性质。
	【师】如何检验淀粉呢？	【生】I_2使淀粉碘化钾溶液变蓝色。	
	【师】淀粉有什么性质？	【生】水解成葡萄糖。	
【环节2】葡萄糖的性质	【师】葡萄糖的官能团是什么？	【生】羟基和醛基。	复习葡萄糖的结构和性质。
	【师】葡萄糖有什么化学性质？	【生】和银氨溶液反应；和氢氧化铜反应；和氢气反应；和乙酸反应；人体内有氧运动，分解成乙醇和二氧化碳。	
	【师】这些反应有什么用途？	【生】暖瓶镀银；检验糖尿病；给人体提供能量；工业制酒精。	

续表

教学环节	教师活动	学生活动	设计意图
【环节3】乙醇、乙烯、乙炔的性质	【师】乙醇有什么用途？ 【师】写出制乙烯的反应方程式。 【师】乙烯如何转化成乙炔？ 【师】写出乙烯转化成乙炔的化学方程式。 【师】乙炔在工业上有什么用途？ 【师】写出反应方程式。	【生】实验室制乙烯。 【生】板书。 【生】先和溴加成，再发生消去反应。 【生】板书反应方程式。 【生】氧炔焰用作气焊，制聚氯乙烯；制聚丙烯腈；制聚丙烯酸钠；制聚乙炔。 【生】板书反应方程式。	复习乙烯的实验室制法，认识双键变三键的方法。
【环节4】芳香族化合物的性质	【师】乙炔不仅可以聚合成高分子化合物，也可以三分子聚合成环状化合物苯。 【师】说出苯有哪些化学性质？ 【师】溴苯可以转化成苯酚。苯酚很好地体现了有机物中官能团相互影响的思想。	【生】倾听、思考。 【生】能发生取代也能发生加成反应。 【生】苯酚有酸性；苯酚能生成三溴苯酚；苯酚能合成酚醛树脂。	复习芳香族化合物性质，深刻理解官能团相互影响的观念。
【环节5】乙二醇、乙二醛、乙二酸的性质	【师】乙醇如何转化成乙二醇？ 【师】写出反应的方程式 【师】乙二醇转化成乙二醛，乙二醛可以转化成乙二酸，反应的条件是什么？ 【师】乙二醇和乙二酸能够形成多少种酯？ 【师】写出4种酯的结构简式。	【生】先消去再加成，再水解。 【生】板书反应方程式。 【生】铜或银做催化剂加热；银氨溶液或新制氢氧化铜或氧气直接氧化。 【生】4种。 【生】板书。	复习烃的含氧衍生物的性质。
【环节6】探究玉米新用途	【师】老玉米的新用途。 【国际商报河南商讯】第八届郑州精品年货博览会已经持续火爆多日。国际商报记者发现，展区内一个不大的展位旁却围满了消费者，有人买，有人问，还有一位阿姨在现场录起了小视频并发到朋友圈里——"玉米做出来的衣服敢不敢穿？"	【生】倾听、思考。	帮助学生建立知识的应用，促进思维的升华。

续表

教学环节	教师活动	学生活动	设计意图
	原来这种玉米服装的面料叫聚乳酸纤维，用玉米纤维制成的衣服吸湿排汗，容易清洗，垂坠感好，不易变形。"玉米服装"不产生静电，对皮肤没有刺激，穿着柔软舒适还能起到抗紫外线的作用。 【师】用玉米怎么生产聚乳酸纤维呢？ 【作业】写出下图中9种物质的结构简式，说出每一步反应的条件和反应类型。 A(C₂H₄) →Cl₂/高温→ B →HOCl/加成→ C(C₂H₄OCl₂) →试剂→ D(C₂H₄O₃) →浓H₂SO₄/Δ→ E(C₂H₄O) →加成→ (苯酚结构) F(C₆H₆O) →→ G(C₆H₅NO₂) →还原→ J(C₆H₇NO)	思考、书写、上台板书。	
	【师】本节课，我们从玉米出发，表面上是为玉米深加工寻找出路，但实际上我们完成了一节高度浓缩的有机化学复习课。学习有机化学不仅可以增长知识、促进思维发展，更重要的是为人类社会更高级发展寻找新的途径。期望本次课能对大家的期末复习起到好的作用，谢谢大家！	【生】讨论、交流，写出反应原理。	

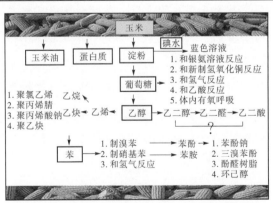

"以玉米为原料的有机化工'畅想'"板书设计

(三) 结合项目式学习，体验"做中学，学中做"

项目式学习（Project – Based Learning，PBL）源自美国教育家杜威（Dewey）倡导的"做中学（learning by doing）"，由克伯屈的设计教学法发展而来。它主张教师围绕真实的问题或挑战设计一系列体验和探究活动，学生需综合运用多种学科知识与技能来解决问题，并将最终的学习成果予以表达、交流与展示；学习过程始终伴随反思、评价、修正和多方支持。

项目式学习主要包括提出问题（项目选题）、规划方案（项目设计）、解决问题（项目执行）、评价反思（项目展示）4 个环节。项目教学法最显著的特点是"以项目为主线、教师为引导、学生为主体"。

基于项目的学习，实质上就是一种基于建构主义学习理论的探究性学习模式。情境是这种学习模式的四大构成要素之一。这种学习模式强调小组合作学习，学习者在学习过程中需不停地与同伴进行交流。同时它又是一种立足于现实生活，对现实生活中的问题进行解决的学习模式。学生通过主动探索现实问题，不断地解决疑难问题，从而获得更深刻的知识和技能，完成对知识的意义建构。

案例 7　基于项目式学习的初中化学单元整体教学研究
——以"做中学，学中做"泡腾片项目研究为例

北京市通州区潞河中学　任　娟

摘要： 项目学习又称基于项目的学习，是以制作作品和产品的形式展示探究所得，从而完成学习目标的一种探究教学模式。本文以制作泡腾片为核心任务，将其作为学习明线，创设真实情境，设置学习任务；将化学基本观念培养作为暗线，研究方法从定性到定量逐步深入，注重从多视角认识物质和化学反应。通过引导学生运用已有知识主动探索未知、设计实验解决问题，最终完成泡腾片的制作与评价，将学科实践活动与学科知识学习有机整合，真正做到"做中学，学中做"，深刻感受化学学科价值。

关键词： 项目学习　核心素养　单元整体教学

项目学习指的是以完成"项目作品"为形式，将知识和技能的学习融于解决真实情境和复杂问题过程的一种新型教学模式。本课程将项目思想引入基础教

育课堂，对于提高学生的协作沟通能力、问题解决能力都会有十分重要的作用。基于项目学习的可选素材很多，情境创设真实可及，学生既熟悉又陌生，既有原知识基础又能得到进一步发展。项目学习有助于提高学生在新的情境下解决问题的能力，有助于学生自我建构学科核心知识、掌握解决问题的思路和方法，有助于学生科学精神和创新能力等核心素养的形成和发展。

《高中化学课程标准（2017年版）》指出化学学科核心素养包括宏观辨识与微观探析、变化观念与平衡思想、证据推理与模型认知、科学探究与创新意识、科学态度与社会责任。宏观辨识能从不同层次认识物质的多样性，并对物质进行分类，能从元素水平认识物质的组成、结构、性质和变化。证据推理是具有证据意识，能基于证据对物质组成、结构及其变化提出可能的假设，通过分析推理加以证实或证伪，建立观点、结论和证据之间的逻辑关系。科学探究是进行科学解释和发现、创造和应用的科学实践活动，能发现和提出有探究价值的问题，能从问题和假设出发，确定探究目的，设计探究方案，进行实验探究；在探究中学会合作，面对"异常"现象敢于提出自己的见解。科学精神与社会责任是具有严谨求实的科学态度，具有探索未知、崇尚真理的意识，对与化学有关的社会热点问题做出正确的价值判断。

项目学习与单元整体教学相融合。单元整体教学是以一个单元为一个整体，引导学生从整体入手、整体把握，紧扣单元训练项目把相关知识连为一条教学线索，使单元整体运转。在教学活动中充分体现以学生为主体，展示学生是学习和发展的主体，引导学生自主学习、自主探究、主动发展，注重能力的培养，促进学生自主实践活动，使学生的个人主体性达到很好的尊重和展现。单元主题教学包括在教材自然单元的基础上确定主题和打破自然单元整合单元主题两种方式。本研究采取的是跨自然单元确定整合单元主题。与项目研究相结合，将跨单元的知识进行整合，在学生初学化学阶段，实现对化学学科本质的认识。

一、项目单元教学设计说明

本项目研究运用泡腾片作为学习明线，创设真实情境，设置学习问题，以问题解决为主要学习方式；将化学基本观念培养作为暗线，研究方法从定性到定量逐步深入，注重从多视角认识物质和化学反应。通过引导学生运用已有知识主动探索未知，设计实验解决问题，最终完成泡腾片的制作与评价，将学科实践活动与学科知识学习有机整合，真正做到"做中学，学中做"，深刻感受化学学科价值。

(一) 项目整体教学思路

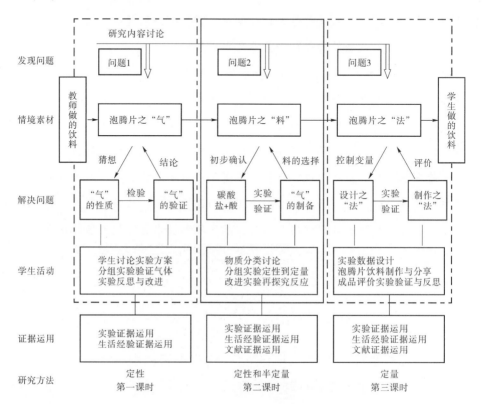

"做中学，学中做"泡腾片项目整体教学思路

(二) 本项目内容与初中化学核心内容的相关性

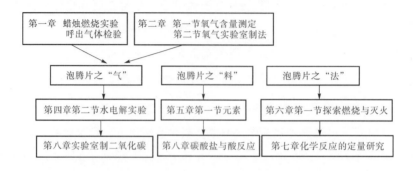

"做中学，学中做"泡腾片项目内容与初中化学核心内容的相关性

二、项目学习目标与重难点

（一）项目学习重点

宏观辨识培养：学生学会多角度认识物质，初步掌握从定性到定量角度研究物质，发展定量观念。

证据推理培养：学生能够初步建立有序分析的思维方法；建立猜想、目的、证据、结论间的关系，提升评价能力。

（二）项目学习难点

科学探究培养：学生能够依据实验目的，运用控制变量法设计方案，进行实验探究。通过泡腾片的制作过程，提升学生动手操作能力。

项目学习目标与重难点

核心素养培养	认识发展
宏观辨识培养	学生学会多角度认识物质，初步掌握从定性到定量角度研究物质，发展定量观念
证据推理培养	学生能够初步建立有序分析的思维方法，建立猜想、目的、证据、结论间的关系，提升评价能力
科学探究培养	学生能够依据实验目的，运用控制变量法设计方案，进行实验探究；通过泡腾片的制作过程，提升学生动手操作能力
社会责任培养	培养学生严谨求实的科学态度，能够主动关注身边的化学物质

三、项目实施过程

核心问题：情境引入品尝自制系列柠檬味饮料，引入核心问题——如何自制泡腾片？

讨论交流问题：自制泡腾片需要研究的内容有哪些？明确研究框架。

第1课时　泡腾片之"气"

"泡腾片项目研究"第1课时的认识发展

单元课题	具体内容	重要概念与方法
第一章	蜡烛燃烧实验	利用物质性质不同，对生成物进行检验
	呼出气体检验	学习对常见气体二氧化碳的检验；初步设计对比实验方案

续表

单元课题	具体内容	重要概念与方法
第二章第一节	空气中氧气含量的测定	体验在化学变化中认识定量的思想
第二节	氧气的制法	初步学习药品选择、实验步骤设计、气体检验方法
泡腾片之"气"	研究意义与内容讨论	对项目研究思路的梳理
	气体的猜想与验证	运用已有知识,对未知气体进行分析与检验
	气体的反应源讨论	初步体会物质分类对于研究化学反应的重要意义

"泡腾片项目研究"第1课时教学过程

教师活动	学生活动
环节一:情境引入,讨论研究框架	
教师活动1 【引入】展示教师自制的柠檬系列饮料。邀请同学们品尝。猜猜老师是怎么自制的呢? 如果我想随时携带,又不想太沉,怎么办? 泡腾片这样的固体饮料有何优点? 小组讨论:我们自制泡腾片,需要研究哪些内容?	学生活动1 【学生品尝】学生品尝饮料,选出自己最喜爱的一杯;猜测饮料的制法。 学生表示可以做成固体携带,如泡腾片。 表达观点,如减少灌装、方便携带、降低成本、保质期长等。 小组讨论、展示自制泡腾片要研究的内容。
活动意图说明:通过情境引入,邀请同学们品尝饮料,既能激发学生探究如何自制泡腾片的热情,又能激发学生想要自制泡腾片的欲望。分析固体饮料的优势以及研究内容的讨论,帮助学生研究项目时,形成一定的研究思路,明确一个项目的研究意义和研究框架。	
环节二:猜"气"	
教师活动2 泡腾片到水中是否发生了反应?"气"是新物质吗? 请同学们设计实验,验证是否发生化学反应。 【演示实验】 	等大片剂		现象
---	---	---
奶片	等量水	无气泡
泡腾片		大量气泡		学生活动2 推测1:发生化学反应有气体生成,有新物质。 推测2:没有发生化学反应,是固体里包裹的气体及水中溶解的气体逸出。 同学们设计对比实验。 依据实验现象,得出结论。 泡腾片在水中反应生成了气体。
活动意图说明:通过对生活中食品的运用,设计对比实验,初步体验运用生活经验这一证据解决问题的快乐。	

续表

环节三：验"气"	
教师活动3 泡腾片到水中产生的气体是什么？ 设计实验，检验生成的气体。 组织学生讨论实验方案设计。 指导学生分组实验。 【反思与评价】小木条不复燃，是否能说明产生的气体里没有氧气？ 【教师演示实验】 教师运用氧气传感器改进实验，测定泡腾片放入水中后，瓶中氧气体积的变化。	学生活动3 学生猜想：二氧化碳、氧气、氮气…… 讨论：最终得出可能是氧气或二氧化碳。 【学生实验】  学生实验方案展示与讨论，重点完善实验设计的细节。 学生分组实验，分别用澄清石灰水和带火星小木条进行气体成分检验。 学生讨论，认为氧气量浓度过小，二氧化碳多，木条也不复燃。需要进一步检验。 观察实验，依据实验数据，确定生成气体没有氧气，只有二氧化碳气体。
活动意图说明：从猜想到实验设计，再到实验验证，并对实验结论进行反思与评价，能够很好地帮助学生体验科学探究的一般过程，学会解决问题的一般思路。	
环节四：生"气"	
教师活动4 我们如果自制泡腾片，请想一想：生成二氧化碳的反应有哪些？ 依据同学们的讨论结果，总结几种物质：盐酸、硫酸、醋、柠檬酸、碳酸钠、碳酸钙、碳酸氢钠。 请试着给这些物质分类。 依据分类，请选出你认为能用于制泡腾片的物质。 组织学生联系实际讨论，初步确定泡腾片中产生二氧化碳气体所需的物质。	学生活动4 猜想：呼吸作用、碳燃烧、蜡烛燃烧、柠檬酸和石灰石、小苏打…… 讨论排除燃烧和呼吸等。 观察物质特点，并分类。 **根据醋源分类** | 酸源 | 盐酸、硫酸、醋、柠檬酸 | |---|---| | 二氧化碳源 | 碳酸钠、碳酸钙、碳酸氢钠 | **根据是否能食用分类** | 可食用 | 醋、柠檬酸、碳酸钙、碳酸氢钠、碳酸钠 | |---|---| | 不可食用 | 盐酸、硫酸 | 依据以上分类，确定制泡腾片可能需要的物质是醋、柠檬酸、碳酸钙、碳酸氢钠。
活动意图说明：由已知引出未知，为更好地认识二氧化碳气体产生的原因，引入分类认识物质的意识。	

第1课时　泡腾片之"气"

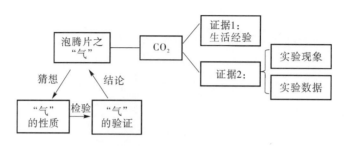

"泡腾片项目研究"第1课时板书设计

第2课时　泡腾片之"料"

"泡腾片项目研究"第2课时的认识发展

单元课题	具体内容	重要概念与方法
第二章第一节 第二节	空气中氧气含量的测定 氧气的制法	体验在化学变化中认识定量的思想 初步学习药品选择、实验步骤设计、气体检验方法
泡腾片之"料"	碳酸盐与酸的反应 分组实验选反应 改进实验再探究反应	依据反应特点及制作目标要求，学会选择反应，选择药品，初步体会定量实验的设计
第五章第一节	元素	进一步学习物质分类，初步构建分类观
第六章第一节	探索燃烧与灭火	掌握控制变量法设计对比实验
第八章第三节	二氧化碳的实验室制法	形成制气体的一般思路以及科学探究的一般方法，初步学习碳酸盐与酸反应

"泡腾片项目研究"第2课时教学过程

教师活动	学生活动
环节一：选择原料	
教师活动1 上节课我们讨论了泡腾片产生的气，这节课我们继续研究泡腾片所用的原料。请同学们再看以下物质，它们有什么共同点？	学生活动1

续表

酸源	盐酸、硫酸、醋酸、柠檬酸
二氧化碳源	碳酸钠（Na_2CO_3）、碳酸钙（$CaCO_3$）、碳酸氢钠（$NaHCO_3$）

学生观察物质组成及命名特点。

得出生成二氧化碳的两类物质：一类是都含有酸，另一类都含有酸根。

物质研究分类：酸与碳酸盐。
再看：可食用类物质可否再次分？

可食用	醋、柠檬酸、碳酸钙（$CaCO_3$）、碳酸氢钠（$NaHCO_3$）、碳酸钠（Na_2CO_3）
不可食用	盐酸、硫酸

学生根据物质特点，理解酸和碳酸盐的概念。
可以将酸和碳酸盐的分类运用到可食用的物质中。

这样分类后，我们发现，酸类与碳酸盐类反应可以生成二氧化碳。

讨论小结：生成二氧化碳的反应，按物质类别选择是酸与碳酸盐的反应。

活动意图说明：通过对物质分类的讨论，认识到酸与碳酸盐这一类物质反应都能生成二氧化碳，从物质类别的角度认识化学反应，拓宽学生的视野。

环节二：定性实验验证

教师活动2
醋酸、柠檬酸和碳酸钠、碳酸钙和碳酸氢钠三种碳酸盐，它们之间反应如何？哪两个物质间反应，最适合用于泡腾片呢？

学生活动2
【学生实验】
思考与讨论：两种酸与三种盐之间的反应如何？
学生分组完成以下实验，记录实验现象。

	醋酸	柠檬酸
碳酸钠		
碳酸钙		
碳酸氢钠		

组织学生汇报实验结果。初步确认碳酸钠、碳酸氢钠与柠檬酸反应更适合制作泡腾片。

汇报实验结果，从反应速度、反应物状态、反应后产物溶解情况等角度分析反应。

活动意图说明：通过实验，从定性的角度初步确认碳酸盐与酸的选择问题。

环节三：定量实验验证

教师活动3
如何比较碳酸钠、碳酸氢钠与柠檬酸反应，哪个更好呢？应该从哪些方面考虑呢？
如何设计实验验证碳酸钠、碳酸氢钠与柠檬酸反应，哪个更快、产气更多呢？
从控制等量的角度，指导学生分组实验。
通过误差分析，进一步改进实验。

学生活动3
学生讨论：针对反应速度、产气量及药品价格等方面进行比较。

学生讨论实验方案，运用控制变量法，从定量角度设计实验药品用量，设计实验装置和步骤。

续表

【教师演示实验】 运用压强传感器和注射器等改进实验,从数据的角度进一步测定两种等量药品产气量的区别。 	【学生实验】 学生分组完成气球实验。  观察数据变化,对比两次反应产生的气体量和反应速率分别从实验现象和实验数据两个角度来解决问题。 确定药品,选用柠檬酸与碳酸氢钠为主要原料。
活动意图说明:从多个角度设计实验、分析实验,能够从宏观现象、实验数据分析,做出主要原料的选择。	
环节四:确定原料	
教师活动4 组织学生们观察多组标签。 通过标签,你还能看到哪些物质?讨论为何还要添加其他物质,并推测这些物质的作用。 揭秘:第一节课学生品尝的饮料中,自制汽水的做法。	学生活动4 看标签再次确认自己的推论。 通过以上活动,确认了泡腾片的主要原料:柠檬酸和碳酸氢钠。 从实际泡腾片制备及物质的应用角度,分析所用辅料作用。 学生思考自制汽水方法,课后自己在家自制一瓶汽水。
活动意图说明:结合生产实际分析,既肯定了学生的探究结果,又拓宽了学生的视野;分析制作泡腾片所需材料,能够使学生很好地体会知识来源于生活又服务于生活。	
环节五:小结	
教师活动5 小结:对泡腾片用料的研究,你有哪些收获? 我们自己制作泡腾片还需要考虑哪些问题?	学生活动5 同学们针对原料选择,提出自己的看法。 同学们课后思考,下节课继续讨论。
活动意图说明:总结提升,培养学生反思、评价的能力以及发现新问题的能力。	

第2课时 泡腾片之"料"

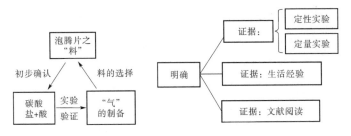

"泡腾片"项目研究第2课时板书设计

第3课时 泡腾片之"法"

"泡腾片项目研究"第3课时的认识发展

单元课题	具体内容	重要概念与方法
第二章第一节 第二节	空气中氧气含量的测定 氧气的制法	体验在化学变化中认识定量的思想 初步学习药品选择、实验步骤设计、气体检验方法
泡腾片之"法"	实验数据设计 泡腾片饮料制作与分享 成品评价实验验证与反思	确定设计方案,初步运用控制变量法从定量的角度确定泡腾片的原料用量。通过反思与评价的角度,确定最佳设计
第六章第一节	探索燃烧与灭火	掌握控制变量法设计对比实验
第七章	化学反应的定量研究	进一步从定量计算的角度认识化学反应

"泡腾片项目研究"第3课时教学过程

教师活动	学生活动
环节一:选择"方""法"	
教师活动1 一边是原料,一边是泡腾片,实现由原料到成品,我们还需要考虑哪些问题? 原料:柠檬酸 碳酸氢钠 乳糖 聚乙二醇6000 请同学们说一说确定泡腾片的各原料用量的思路。	学生活动1 思考:确定所用原料比例以及制作方法。 先确定一片质量→确定主料与辅料质量→确定主料辅料比例。 观察图片,确定每片质量4 g。

续表

活动意图说明：依据成品特点，整理制作思路，帮助学生建立量的设计思路和成品制作方法，全面提高分析问题的能力。	
环节二：确定配"方"	
教师活动2 依据一片泡腾片总质量4 g，填写表格，完成主料与辅料质量设计。 组织分享讨论设计之法。	学生活动2 填写表格，设计各原料用量。 小组代表分享设计。
小结学生的设计思路与设计方法。 【参考文献】辅料添加量的实验数据。控制辅料质量比例，分别为乳糖20%、聚乙二醇6000 5%。 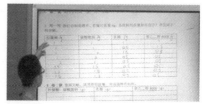	学生结合文献计算：乳糖质量20%×4 g = 0.8 g 聚乙二醇6000质量5%×4 g = 0.2 g
主料碳酸氢钠与柠檬酸的投入量如何确定？ 引导学生从数据间隔度看设计，体会科学研究中的实验数据的设计。	学生讨论设计多种比例，分享自己设计依据。 
最终选定五组比例为本次实验的数据。	最终确定数据比例如下（单位：g）：

柠檬酸:碳酸氢钠	乳糖	聚乙二醇6000
1.0:2.0	0.8	0.2
1.2:1.8	0.8	0.2
1.5:1.5	0.8	0.2
1.8:1.2	0.8	0.2
2.0:1.0	0.8	0.2

活动意图说明：数据设计中由单一变量控制到多变量控制，训练灵活运用控制变量法，依据实验目的，自主设计实验方案；提升整合知识、发展思维，解决实际问题的能力；通过分组讨论展示、对比分析，总结科学研究过程中的实验数据设计思路。

续表

环节三：确定配"法"制作泡腾片	
教师活动3 如何进行原料的混合？混合的步骤怎样设计？ 【文献资料】分别制粒法和一相混合湿法制粒。 普洱茶茶粉(云南省农科院提供)、葡萄糖、蔗 茶粉 酸源 碳酸氢钠 → 过0.11mm筛 → 混匀 → 无水乙醇 → 制粒 → 干燥 → 整粒 → 压片 → 成品 糖分 PVP 无水乙醇做黏合剂。 指导学生动手制泡腾片。 注意事项：不能加水。 各组完成制作，组织展示自制的泡腾片。	学生活动3 制作步骤的讨论。 称量→分别制粒→压片 观察文献合成方法，了解制粒细节。 【学生实验】 各组按所领比例，动手自制泡腾片。  展示泡腾片成品。
活动意图说明：已有经验与文献阅读相结合，体会工业操作与家庭操作的不同。通过亲自动手实验，提升对原料的认识，体会实操的乐趣。	
环节四：反思评价	
教师活动4 请思考：可以通过哪些方面来评价自己做的泡腾片品质如何？ 产品外观与口感，各小组间互相品尝。 崩解时间与气体量，请同学们测一测。 请选择气体量的测定方法。 指导分组实验。	学生活动4 学生思考、讨论：可以看产生的气体量，片的结实度，崩解时间，口感…… 各小组互相品尝自制的泡腾片。 口感各有不同，体会添加辅料的必要性。 多种气体量的测定方法讨论 【学生实验】学生们使用下图装置测气体量。 

续表

指导学生分组展示数据，从数据中选出最优比例。	学生分组实验，并填写以下表格。			
	所选比例	加水量	气体量	崩解时间
	依据各组实验结果，推测最佳比例。			

活动意图说明：通过对泡腾片品质的讨论，提升学生对自己成果反思与评价的能力。同时通过实验设计，提升灵活运用控制变量法的能力。通过互相分享，相互合作，养成友善的品格。

环节五：总结与提升	
教师活动5 反思与评价：1. 在制作泡腾片过程中，需要注意哪些问题？ 2. 在制作泡腾片的过程中你的收获有哪些？ 小结：多角度认识物质。 师生回顾整个项目学习，共同梳理。 布置作业：1. 请同学们利用假期时间，走入超市或者药店，调查泡腾片种类、用途及其成分特点，做好记录工作，争取完成一篇小论文。 2. 请以泡腾片为中心绘制手抄报。	学生活动5 从原料的选择到制作工艺，再到产品质量，不同角度，阐述自己注意到的问题。 畅谈自己的收获。 总结多角度认识物质。 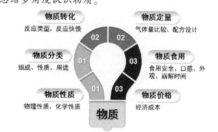 小组分配任务，协同合作。

活动意图说明：通过整个项目研究，提升学生实际运用化学知识的能力，提升学生将所学知识与社会、环境等相联系的能力，提升学生的责任担当。

第3课时 泡腾片之"法"

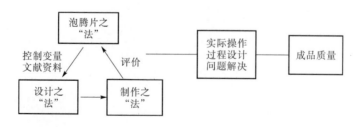

"泡腾片项目研究"第3课时板书设计

四、项目教学反思

第一课时主要是在泡腾片研究的大背景下开展的，主要涉及气体的检验和鉴别。在进行实验设计时，采取图示的方式，将图像展示与实践结合在一起，能够很好地帮助学生注意实验细节，加深对该知识的印象，提高了其化学学习的兴趣。这样就达到了在学习中得到快乐、在快乐中学习知识的目的。

学生在讨论过程中，思维非常活跃，其中有很多非常好的思路。对于泡腾片保质期的考虑，可以很好地与后续课时中辅料的添加与学习对接；对于泡腾片的原料进行选择，提出了考虑物质溶解性的问题，既有从反应物的角度又有从生成物的角度考虑的，非常全面。这一问题的探究，在原来教学设计中，考虑到学生并没有学习溶液的相关知识，本不想过多探讨。但又考虑到学生的思维发展，因此在设计第二课时时，在药品的选择方面，进行了多组实验，其中的影响因素分析，就涉及溶解性内容，进一步落实了多角度认识物质和反应的学习目标。

第二课时主要是通过实验的方式，选出适合制作泡腾片的主要原料，通过初步定性实验多角度认识碳酸盐与酸的反应。学生能够通过物质状态以及溶解性等问题进行讨论，初步选出原料，再通过定量实验，确定主要原料。此过程，既锻炼了学生的动手实践能力，也提升了学生对实验信息进行加工和改进实验的能力，做到了尊重实验事实和证据。

第二课时的设计，依据学生的实际情况也可以做以下调整，更好地解决学生对加水与不加水反应的认识问题。

第二课时设计修改方案

现有设计	修改设计
碳酸盐与酸反应原理讨论。主要从反应特点、宏观现象进行分析。 学生对水在其中的作用，容易产生误区，认为水参与了反应	碳酸盐与酸反应原理讨论。随着学生对物质构成以及溶液的进一步学习，学生能够更好地建立对反应实质的认识。教学中可以设计有关物质水中电离、发生离子反应的讨论

第三课时因为时间有限，对于泡腾片的制作步骤的讨论未展开，如果时间允许还可以再展开些。

第三课时设计修改方案

现有设计	修改设计
制作步骤讨论，阅读文献，选择步骤	两相混合制粒的原理分析。 设计对比实验，如不同的制作步骤，制作成品比较

对于辅料的添加与否、添加量的选择，也可以通过实验获得结论。

实验设计修改方案

现有设计	修改设计
辅料用量数据设计，阅读文献，确定用量	控制变量法，设计实验； 添加聚乙二醇 6000 不同量，压片粘冲程度不同； 添加乳糖不同量，压片结实程度不同； 加一组添加白砂糖调味的实验； 不加辅料的实验，很难压片

制作的延续性。学生可以在家里，添加不同味道的果珍粉或白糖等制作不同味道的泡腾片。随着不断学习化学知识与方法，学生还可以尝试制作不同功能的泡腾片。

自制泡腾片的展示与评价，能够很好地激发学生的积极性。评价角度的多样化，让学生既有知识的成长，又能收获成功的喜悦。在测定气体量装置的评价过程中，学生能够从操作、物质性质、定量等角度进行分析，思路非常活跃。

开展基于项目的学习。创设真实情境，设置学习任务，以问题解决为主要学习方式，开展学科实践活动。通过引导学生运用已有知识主动探索未知，设计实验解决问题，最终完成泡腾片的制作与评价，将学科实践活动与学科知识学习有机整合。项目式的学习提高了学生的参与度，提供了获得更多知识的学习机会，发展了综合技能，学生获得更大的收获。

三、重视实验过程，培养证据分析能力

（一）基于实验探究的教学实践

化学是一门以实验为基础的学科，化学实验是学生最感兴趣的化学学习

方式之一。在教学中，可以通过创设实验问题情境，提高学生实验探究能力。化学实验具有深刻的认识论、方法论和教学论功能。化学实验能为学生认识化学科学知识提供实验事实，学生通过感知物质及其变化的实验现象，获得化学实验事实，从而在此基础上形成化学概念，认识化学理论，这就是化学实验的认识论功能。化学实验不仅是一种实践活动，还是一种重要的感性认识方法，是落实科学探究与创新意识素养的重要手段。化学实验可以使学生经历科学实验的一般过程，学习实验方法，这是化学实验的方法论功能。化学实验能够通过创设生动活泼的化学教学情境激发学生的化学学习兴趣，促进学生探究物质及其变化规律，具有较强的动机功能，这是化学实验的教学论功能。

化学实验教学主要包括演示讲授式、实验归纳式、实验演绎式和实验探究式等。其中实验探究是最常用、最主要的一种形式。实验探究是一种以科学证据为基础，综合运用所学的化学科知识与化学实验技能、科学过程与科学方法来展开的一种活动。实验探究是研究事物的重要方法，通过获取证据、分析证据，来进行预测和推理，以及做出合理的解释，得出探究结论，因此实验探究对于发展学生"证据推理"素养具有重要价值。在这一活动中，学生要秉持科学观念，要具有良好的科学态度和科学精神，要客观求实和避免偏见。因此，实验探究对于学生促进科学素养的全面发展，具有不可替代的作用。

案例8 基于实验探究的证据意识的培养："慧眼"识离子
——未知溶液中离子的检测和判断

北京市通州区潞河中学　王珍珍

一、指导思想和理论依据

离子反应的相关内容属于化学基本概念范畴。以学生认识素养发展为核心注重化学知识认知功能的实现，同时也要注重对具体性知识的学习和思考，因为最终目的是把具体知识作为载体和工具，帮助学生建构和形成对化学的认识。关注"离子反应的发生条件""离子方程式的书写方法"等内容对于学生从微粒及其相互作用的角度认识溶液中的化学反应有促进作用，有助于初步建立起研究水溶液系统的思路方法。

二、教学背景分析

1. 学习内容分析

离子反应是高中化学的核心概念，它研究的是水溶液中物质微粒间的相互作用及其规律，其上位概念是微粒间的相互作用。在高中化学必修1中，离子反应讨论的是酸、碱、盐在水溶液中反应的特点和规律，包括离子反应的本质、发生条件、表示方法等主要内容，涉及除杂、离子检验、离子共存等。

"失标签问题"是离子反应的具体应用，本案例设计真实情境，将失去标签的八种离子提供给学生，要求学生用已学知识设计实验方案，并动手进行分离和鉴别。在实验中通过对异常现象的分析和判断，资料的查阅和辅助，学生进一步分析出解决实际问题的方法，形成思路。

2. 学习者分析

学生感觉离子的鉴别、除杂顺序等内容较难。因此本节教学既要完善离子反应的发生条件，也需要关注学生解决问题能力的提升。为此在教学中以"失去标签的试剂鉴别"为素材，将离子反应的知识置于真实的情境中，使学生在识别离子的过程中掌握离子鉴别方法。

三、教学目标

（1）熟悉各离子的颜色；培养学生观察、注意细节及在实验现象中寻找证据的能力。

（2）熟悉离子反应发生的条件；理解离子共存问题。

（3）通过离子性质和离子间的反应判断未知离子，设计实验方案，落实离子方程式的正确书写。

（4）培养学生环保意识，提出污水处理的方法。

四、教学重点和难点

教学重点：离子的性质和离子间的反应。

教学难点：实验方案的设计和描述。

五、教学过程

"'慧眼'识离子"教学过程

教学环节	教师活动	学生活动	设计意图
环节1：创设情境 提出问题	提出任务1：下面是失去标签的8种溶液，如何确定具体的试剂是什么？ KSCN　$BaCl_2$　HCl　$Fe_2(SO_4)_3$ $CuSO_4$　NaOH　$FeCl_3$　Na_2CO_3	观察实验台上的1~8号溶液。	提出真实问题，创设情境，引发学生思考。
环节2：提出方案 设计实验 得出结论	任务2：设计思路的提出。 原则：步骤简洁、现象明显。 任务3：根据方案开始实验。	先独立思考，再小组讨论。 组间对比方案，各组优化自己的方案。 动手实验。	培养学生独立思考的习惯。在思考后进行班内讨论，效果较好。同时引导学生对自己提出观点和方案进行修正。
环节3：分析实验异常现象	任务4：实验中有哪些异常现象？ 向硫酸铜中加入浓度较大的KSCN后会产生黑色沉淀。 给出资料： 溶液变绿是因为Cu^{2+}变稀，生成更多的水合铜离子$Cu(H_2O)_4^{2+}$，显绿色。 黑色沉淀是硫氰化铜，方程式：$Cu^{2+}+2SCN^-\!=\!\!=\!Cu(SCN)_2\downarrow$。 硫氰化铜是不太稳定的，容易分解，方程式：$2Cu(SCN)_2\!=\!\!=\!2CuSCN+(SCN)_2$，其中CuSCN名称硫氰化亚铜，是白色沉淀。	思考回答：$CuSO_4$中加入KSCN后的颜色变化（变绿）。 $CuSO_4$中加入Na_2CO_3后有细小气泡，并有浅蓝色沉淀生成。 $Fe_2(SO_4)_3$中加入Na_2CO_3后有细小气泡，并有浅红褐色沉淀生成。	分析异常现象产生的原因，关注实验细节，记录现象，加深学生对溶液、沉淀性质的记忆，培养学生从实验证据的角度认识离子的性质。
	总结离子反应发生的条件： (1) 产生沉淀 (2) 形成络合物 (3) 生成气体 (4) 生成弱电解质	结合实验现象分析离子反应发生条件。	体会宏观辨识和微观探析。

续表

教学环节	教师活动	学生活动	设计意图
环节4：总结提升 结合生活掌握应用	任务5：在一条鱼、虾绝迹的小河边有四座工厂甲、乙、丙、丁，它们排出的废液里，每个工厂只含有Na_2CO_3、$FeCl_3$、$Ca(OH)_2$、HCl中的一种，某环保小组对河水检测时发现：①甲处河水呈乳白色；②乙处河水呈红褐色；③丙处河水由浑变清；④丁处产生气泡，河水仍清；⑤M处水样的pH小于7。 甲△↓ 乙△ 　　丙△ 丁△↓ 　　M△ 请判断：(1) 这个过程中是否发生了氧化还原反应？ (2) 四座工厂排出的废液里含有的污染物： 甲_____，乙_____， 丙_____，丁_____。 (3) 在M处取出的河水中，肯定含有的离子是_____。 任务6：如果你来治理每个工厂的排污，如何处理呢？ 小结：本节课的收获和感受。	结合离子反应分析。 关注环保，从不同角度分析。 归纳和分享。	实际问题的解决。分析污水排放的严重影响，并思考解决工厂排污的方法。 期待学生通过实验过程体会证据意识的指导作用，体会仔细观察、认真思考的重要性。

六、教学思考

（一）提出真实问题，在实践中建立离子反应发生的条件

课堂导入从实际问题出发，以实验室多种失去标签的试剂为情境提出问题，激发学生的探究欲望，指导学生思考并给出合理的方案，通过比较分析，获得最佳的检测方法。通过小组合作进行实验探究，在真实的实验中体会不同试剂的特点，即通过现象观察区分不同试剂的性质。与以往的教学不同，整个活动在学生

的探究中不断修正、不断调整，发现不同离子的特点，结合生成气体、沉淀或者络合物的颜色、状态等，在实验探究过程中形成离子反应的反生条件，并进行归纳和总结。

本节课使用了实际工厂废水排放的处理案例。在一条鱼、虾绝迹的小河边有四座工厂：甲、乙、丙、丁，它们排出的废液里，每个工厂只含有 Na_2CO_3、$FeCl_3$、$Ca(OH)_2$、HCl 中的一种。某环保小组对河水检测时发现：①甲处河水呈乳白色；②乙处河水呈红褐色；③丙处河水由浑变清；④丁处产生气泡，河水仍清；⑤M 处水样的 pH 小于 7。通过分析各工厂所在的上下游位置，考虑实际工厂的综合排污问题，将实际问题真实放在学生面前，提高学生解决问题的能力，激发其责任感。

（二）从微观视角分析离子成分

课堂上，通过鉴别失去标签的试剂，使学生看到试剂后能说出离子的成分，并分析离子的特点和种类。这一过程将宏观的知识微观化，将肉眼无法看到的离子有形化，并分析离子间的反应，从微粒间相互作用的角度进一步揭示生成沉淀、气体或水等的本质，让学生进一步认识离子反应发生的结果以及微观解释，进而得出离子反应发生的条件，书写出正确的离子方程式。

基于离子视角认识反应，借助离子方程式理解和描述反应实质，体会离子方程式的优势和意义，是从以往宏观物质的角度到微观离子角度的转变。

（三）关注异常现象的发生，培养学生观察能力

在区分试剂、探究离子性质的过程中，鼓励学生认真观察，积极发现实验过程中的异常现象。在进行 $FeCl_3$ 与 Na_2CO_3 和 $NaOH$ 的鉴别筛选时，将两种溶液加入 $FeCl_3$ 中，几乎都生成了红褐色沉淀，但是加入 NaOH 的颜色略深一些。Na_2CO_3 加入 $FeCl_3$ 后，不仅有沉淀，而且有微小的气泡生成。学生对产生的气泡充满好奇，由此引导学生用已学知识推测气体成分，并根据微观离子成分分析可能是 CO_2，从更深入的角度理解和探索 Na_2CO_3 和 NaOH 两种溶液的区别和 $FeCl_3$ 溶液的特点，为选修四"水溶液的离子平衡中盐类的水解"的学习奠定一定的基础。

有的学生将 KSCN 加入 $CuSO_4$ 中，观察到溶液颜色变成了明亮的绿色，再加

多一些 KSCN，有黑色不溶物生成，倒去溶液，有白色物质附在试管壁上，这些异常的现象激发了学生深入探索化学的奥秘。从实验的异常现象引导学生思考的方向，为后续选修3中配合物的学习打下了基础。实验中的异常现象会使学生记忆深刻，并且有助于后续知识的学习和化学探索意识的提升。

从课后的学生访谈和测验结果看，大部分学生通过本节课的学习，形成了解决问题的思路和方法，并能初步从微观离子角度看待溶液和溶液中的反应，对离子间发生条件有了一定认识。真实的问题情境、直观的化学实验现象可以帮助学生用化学用语表示化学变化，更有利于学生培养由宏观现象到微观本质的理性思考。真实的情境，有助于学生身临其境地思考化学问题，增强其社会责任感和参与意识。

本案例说明，通过对离子的识别和检测、实验现象的分析、异常现象的解释、分析离子反应发生的条件，培养了学生宏观辨识与微观探析、证据推理以及科学探究的科学素养。

案例9 基于证据推理核心素养培养的教学案例研究
——以初中化学"科学探究专题复习课"为例

北京市通州区潞河中学　任娟

摘要： "证据"是科学探究过程中资料、数据、原有认知的总称，是科学探究的根本，是用以认识和解释已有知识经验和客观世界的依据。《高中化学课程标准》指出化学学科核心素养包括证据推理与模型认知、科学探究与创新意识等。本文借助智慧学伴平台对学生学习过程的科学评价，设计了以碘为中心，以指纹显现、碘的溶解性比较和碘遇淀粉变蓝等实验为载体的系列问题探究。在探究过程中，引导学生明确证据，多角度收集证据，进行证据分析，能通过分析推理加以证实或证伪，建立观点、结论与证据之间的逻辑关系，进一步巩固运用控制变量法，由单一变量控制到多变量控制，逐步让同学们体会科学研究的实质过程。

关键词： 证据意识　证据推理　科学探究

"证据"是科学探究过程中材料、数据、原有认知的总称,是科学探究的根本,是用以认识和解释已有知识经验和客观世界的依据。美国著名科学哲学家G.萨顿在《美国百科全书》中把科学理解为:"科学为系统化的实证知识"。我国学者郭湛在《中国大百科全书·哲学》中认为:"科学是以范畴、定理、定律形式反映现实世界多种现象的本质和运动规律的知识体系。"众多对科学本质的理解中一致认同的是:科学是一种实证的系统。不懂得科学的本质是"严谨和证据",就不可能真正地学习科学。

《中国学生发展核心素养》指出科学精神主要有理性思维、勇于探究、问题解决三个方面。理性思维的重点是:崇尚真知,能理解和掌握基本的科学原理和方法;尊重事实和证据,有实证意识和严谨的求知态度;逻辑清晰,能运用科学的思维方式认识事物、解决问题、指导行为等。勇于探究是具有好奇心和想象力,能不畏困难,有坚持不懈的探索精神,能大胆尝试,积极寻求有效的问题解决方法。问题解决是善于发现和提出问题,有解决问题的兴趣和热情,能依据特定情境和具体条件,选择制定合理解决方案,具有在复杂环境中行动的能力。《高中化学课程标准》指出化学学科核心素养包括证据推理与模型认知、科学探究与创新意识等。具有证据意识,即能基于证据对物质组成、结构及其变化提出可能的假设,通过分析推理加以证实或证伪,建立观点、结论和证据之间的逻辑关系。

本文以中考一轮复习后为背景,基于智慧学伴平台学生学习过程的科学评价,为提高中考化学复习教学的有效性,设计了这节智慧学伴平台下"科学探究专题复习课",浅谈了侧重证据推理核心培养的课堂教学活动。

一、在课堂中培养学生证据推理能力的价值

(一)基于证据的探究式学习有助于提高学生的核心素养

基于证据的探究式学习促使学生学会运用观察、实验、查阅资料等多种手段获取证据,并善于对"证据"进行分析推理。特别是在探究碘遇淀粉变色的过程中,将手持技术运用到探究实验中,使数据更为精准,有助于学生理解重难点,充分发挥了信息技术的优势,提高了学生利用信息技术解决实际问题的能力。

（二）基于课程标准、教材及中考考查的需要

课程标准、教材及中考考查要求

	课程标准	教材	中考
化学	1. 意识到提出问题和做出猜想对科学探究的重要性，知道猜想与假设必须用事实来验证 2. 知道科学探究可以通过实验、观察等多种手段获取事实和证据 3. 认识到科学探究既需要观察和实验，又需要进行推理和判断 4. 能在教师指导下或通过小组讨论，根据所要探究的具体问题设计简单的化学实验方案。具有控制实验条件的意识	1. 教材中的活动·探究栏目 2. 第九章 第三节 溶解度 认识饱和溶液与不饱和溶液（下册 P11~14） 3. 教材（上册 P104~105）利用控制变量探究燃烧的条件 4. 教材（下册 P38）利用控制变量法探究铁生锈的条件	1. 了解饱和溶液和溶解度的含义★ 2. 了解有关物质的溶解性或溶解度★★ 3. 根据所要探究的问题设计简单的化学实验方案★★ 4. 运用多种手段对物质及其变化进行观察、记录、表述；运用查阅资料等方式收集证据★★★ 5. 分析实验现象，对所获得的事实与证据进行归纳，得出结论★★★ 6. 从2014年中考开始，科学探究题着重考查控制变量法的使用

下图是智慧学伴平台给出的通州区一模考试试卷中，对于核心素养考查的力度分布图，由此可以看出对于学生的实验探究与创新意识和证据推理与模型认知的考查力度很大。

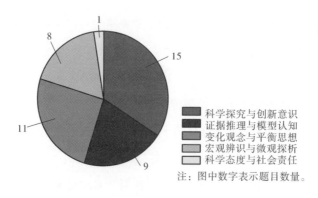

核心素养考查分布图

（三）基于学生发展需要

本文作者在准备复习课时，对本班学生在通州区一模考试中的情况进行了分析。具体情况如下：

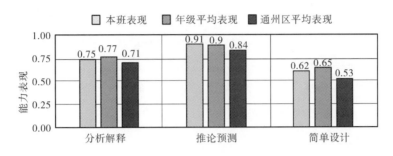

能力水平分析

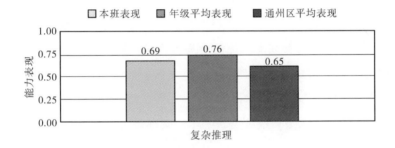

迁移创新

通过分析可以看出，本班学生在分析解释和简单设计方面与本校平均水平相比，弱势比较明显，在推论预测方面表现略微突出，但是在复杂推理方面没有达到本校平均水平，仍有很大的进步空间。

分析试卷中 21、23 题的得分情况：21 题为单一变量控制的基础实验题，对应的知识是有关溶液的溶解性比较的问题。23 题是典型的科学探究问题。可以看出，在基础实验部分，学生对于控制变量法的运用不太好，依据现象推理分析得出结论的准确性有待提高。在科学探究问题中，大多数学生对于题目中给出的证据认识不够全面，收集证据意识不强，导致观点、结论和证据之间的逻辑关系建立不够完善，仍有很大的进步空间。

二、设立教学目标和重难点

（1）在探究活动中，引导学生明确证据，多角度收集证据，进行证据分析。

能通过分析推理加以证实或证伪，建立观点、结论与证据之间的逻辑关系。这也是本课教学难点。

（2）能在教师指导下及通过小组讨论，根据所要探究的具体问题设计简单的化学实验方案。具有控制实验条件的意识，由单一变量控制到多变量控制，能够灵活运用控制变量法。自主设计实验方案，得出结论，理解其中所蕴含的科学思想。这也是本课教学重点。

（3）通过对实验现象的分析及对数据等信息的处理，培养学生尊重事实和证据，有实证意识和严谨的求知态度。

三、教学过程设计

（一）寻找指纹，感知证据

引导学生讨论。问题1：咱班有位同学，课前在每组的滤纸条上都留下了自己的食指指纹，你能选用所给药品将指纹显现出来吗？学生根据已有实验药品，讨论实验方案。并通过分组实验，运用碘熏法显现指纹，初步感知证据，体会已有知识及资料查阅对问题推理的重要性。

（二）指纹显现原理讨论明确证据

引导学生讨论。问题2：纸张上的手印，遇到碘为何会显现出来？是碘发生反应还是溶解了？如何证明？问题3：比较碘在水、食盐溶液、油中的溶解性，你需要考虑哪些因素？学生讨论分享自己的猜想，并设计实验方案，分组进行实验验证。然后进行小结。这一过程注重培养学生证据意识，自觉运用所给资料进行推理。单一变量的控制变量法的运用，旨在培养学生自主探究的科学精神。

（三）多角度收集证据

引导学生讨论如何检验显现后的指纹上留有碘单质。讨论问题4：显色反应可能受哪些因素的影响？通过分析讨论，设计实验探究温度和淀粉液浓度对显色反应的影响。实验条件：温度（25 ℃ ~ 100 ℃）、淀粉浓度（0.000 5% ~ 0.05%）以及饱和碘水。学生交流设计思路，完善实验设计。教师演示实验探究温度对显色反应的影响和运用手持色度传感器，探究室温下淀粉浓度对显色反应的影响。师生共同小结：如何收集证据进行推理。推理过程既是证实也是证伪的过程。小组讨论，展示设计结果，运用多变量的控制变量法。引导学生利用已有资料，科学、有效地进行实验，明确各变量在各实验中的作用及影响，从而得出实验结论。运用手持技术等手段多种角度收集证据,让学生体会证据的重要性,学会运用证据,同时体会化学实验中证据收集的重要性。

(四)直击高考,证据运用

回顾例题2018年调研卷科学探究题,学生再次看碘遇淀粉变蓝这一问题。讨论后,寻找题目中给出的证据,完成本题的推理过程。通过本例题整理科学探究题解题思路,再次梳理在问题中收集证据、完成证据推理的综合运用。

四、本课教学效果评价

(一)试题评价

本节课后评价,主要采取了试题评价,学生在北京师范大学智慧学伴平台上完成。题目如下:

某小组同学在查阅"氢氧化钠使酚酞变红的原因"时,看到了以下资料。

i. 实验室所用酚酞溶液pH<8。溶液中,酚酞的分子结构会随着pH的改变而改变,不同的结构在溶液中会表现出不同的颜色,具体如下表所示。

酚酞的分子结构和颜色

溶液的pH	1≤pH<8	8≤pH≤13	pH>13
酚酞的分子结构	内酯式	醌式	羧酸式
酚酞溶液的颜色	无色	红色	无色

ii. 醌式结构的酚酞能与H_2O_2溶液发生反应,生成无色物质,该物质在溶液中的颜色不会随着pH的改变而改变。

iii. NaOH溶液浓度越大,溶液pH越高。

该小组同学对上述资料产生了兴趣,决定对酚酞溶液颜色的变化开展探究。

【进行实验】

实验

组别	实验操作	实验现象及数据
1	1-1:配制pH为13的NaOH溶液,取5 mL于试管中,向其中滴加2滴酚酞溶液后,分成两等份	
	1-2:向一支试管中加入稀盐酸	溶液红色褪去
	1-3:向另一支试管中加入_____	溶液红色褪去

组别	实验操作	实验现象及数据
2	2-1：分别配制 pH 为 8、10、11、13 的 NaOH 溶液，各取 5 mL 分别加入 4 支试管中，再分别向 4 支试管中加入 5 滴 30% H_2O_2 溶液，最后各滴入 2 滴酚酞溶液	每支试管中溶液都先变成红色，然后红色逐渐褪去，各试管褪色时间如下图所示：
	2-2：配制 pH 为 9 的 NaOH 溶液，分别取 5 mL 加入 4 支试管中，再向各试管加入 5 滴质量分数分别为 0.5%、1%、2%、4% 的 H_2O_2 溶液，最后各滴入 2 滴酚酞溶液	每支试管中溶液都先变成红色，然后红色逐渐褪去，各试管褪色时间如下图所示：

【解释与结论】

（1）实验 1-1 中，可以观察到的实验现象是_____。

（2）实验 1-2 中，溶液红色褪去的原因是_____（用化学方程式表示）。

（3）实验 1-3 的目的是验证"pH>13 时，红色酚酞溶液会变成无色"，请补全实验操作_____。

（4）由实验 2-1 可以得到结论：H_2O_2 能使变红的酚酞褪色，_____。

（5）实验 2-2 的目的是_____。

(二) 评价数据分析

在智慧学伴平台上，统计学生答题情况。由数据统计可以看出，本节课后，学生对于氢氧化钠使酚酞变红的原因这一迁移问题的探讨，60% 的学生都能达到优秀以上水平，90% 同学能达到合格水平。只有个别学生对于科学探究问题仍存在问题。

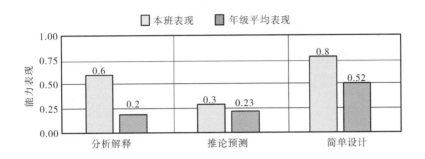

评价分析 1

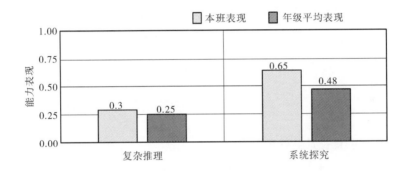

评价分析 2

学生能力表现方面,由以上数据与课前调查数据对比分析可以看出,学生在分析解释和简单设计方面,都有了很显著的提高,复杂推理能力和系统探究方面,也有了很大的进步,说明本节课的教学目标完成得很好。

五、教学特色反思

(一) 培养学生证据意识,能多角度收集证据

面对科学探究问题,如果只单纯记忆,会令学生既感疲惫不堪,又缺乏兴趣,且根本无法解决问题。本节课以碘为中心,以指纹显现和碘遇淀粉变蓝这两个小实验为载体,进行了系列问题的探究。在探究过程中,引导学生明确证据,如已有知识、查阅资料、实验等,多角度收集证据,尤其是实验证据的收集,包括传感器的运用,通过手持技术获取精准的实验数据,形成基于数据分析的学习方式,能通过分析推理加以证实或证伪,建立观点、结论与证据之间的逻辑关系。

（二）灵活运用控制变量法进行科学探究

在真实情境中发现问题，建立多因素之间的联系，利用主要影响因素分析实验原理，应用控制变量法自主设计实验方案，得出结论，帮助学生理解其中所蕴含的科学思想。通过控制变量法的运用由简单到复杂，由单一变量控制到多变量控制，逐步让同学们体会科学研究的实质过程，为今后的课题研究打下基础。

（三）充分体现化学是一门理论与实践相结合的科学

将传统实验手段与新型的手持技术相结合，获取精准的实验数据，发挥信息技术的优势，提高学生利用信息技术解决实际问题的能力。通过碘的系列实验探究，强化学生对物质溶解性的认识及反应影响因素的认识，充分发挥学生的创造力和解决问题的能力，培养尊重事实和证据的严谨求知态度，充分体会化学是一门理论与实践相结合的科学。

（二）基于手持技术的校本课程

课程是指各级各类学校为了实现培养目标而开设的学习科目及其过程的总和。课程是教育的核心。校本课程是基于学生需要、结合学校资源优势、体现学校办学宗旨的，由学校自行确定的补充课程。校本课程的合理开发既能对课堂教学进行补充、拓展，又有利于发展学生科学探究的意识与能力。我校一直重视化学校本课程的开发，尤其是化学实验部分，先后开发了"课外实验""科学探案""手持技术在化学实验中的应用"等校本课程。这些以实验为核心的校本课程的开发，有利于学生了解什么是证据，有什么途径获取可靠证据，怎么基于证据进行推理学习，进而帮助其形成基于"证据推理"的科学探究思路和方法，最终实现运用科学的、严谨的思维方式认识事物、解决问题、指导行为的目标。

随着科技进步和时代发展，手持技术在中学化学实验中的运用越来越广泛。"手持技术"（held technology）又称"手持实验技术"，是由数据采集器、传感器（又称为探头）和配套的软件组成的定量采集和处理数据系统。将手持技术与网络技术整合构成的现代科学实验室称为"掌上实验室"。手持技术在化学实验中应用主要有以下特点：

（1）便携：数据采集器和传感器都较小，方便携带，如果配套 10 英寸的平板电脑形式的超级数据采集器，还可随时随地进行定量实验。

（2）实时：数据变化过程与实验过程同时进行，与计算机连接，就能显示反应过程中的实时数据；与微型摄像头连接，就能将实验的整个操作过程演示出来并储存在计算机的硬盘中；实验后可以重复演示。

（3）准确：既可以用仪器或电脑自动收集数据，又可以人工控制收集；传感器分辨率高，完全符合中学对实验数据准确度的要求。

（4）直观：手持技术可以通过图像、图表等多种形式动态实时地显示实验的变化过程；可以查看任意时刻、时段或整个过程的实验数据。

（5）整合：当数据采集完毕后，可以对数据图像的坐标系进行缩合。在选定一段图像后，可以对其进行多重函数的拟合、积分、求导等操作，还可以对系统变量（采集数据）和自定义变量进行数学计算，实现了数据采集、数据显示、数据处理的全方位整合。

传感器是手持技术中的核心组成部分。中学化学实验过程中常用的传感器有：温度传感器、pH 传感器、溶解氧传感器、二氧化碳传感器、溶解二氧化碳传感器、电导率传感器、电压传感器、电流传感器、绝对压强传感器、色度传感器、浊度传感器等。

作者所在学校化学教研室开设了多学期的"手持技术在化学实验中的应用"校本课程，完成了"酸、碱、盐在水溶液中的电离""离子反应""电解质与非电解质""弱电解质""水和乙醇中氢原子活泼性的探究实验""第三周期元素性质的比较""化学能与热能的相互转化""中和热的测定""外界因素对化学平衡的影响""金属的析氢腐蚀和吸氧腐蚀""对比催化剂对乙酸乙酯水解的影响"等多个数字化实验。每期校本课程后学生都展示其研究成果。通过数字化手持技术实验的开展，使常规实验教学得到创新，手持技术以其多样的传感器和强大的数据处理能力使传统实验中因实验条件的限制无法实现的实验成为可能，学生难以理解的抽象概念原理也变得清晰明了，同时进一步加强了学生对宏观现象和微观实质的联系与辨析、体会到证据推理在化学学习和研究中的重要意义。以下简要介绍在几个校本课程中开设并完成的实验。

实验一：中和热的测定

实验目的：了解中和反应过程中的能量变化，测定中和热。

试剂和仪器：氢氧化钠固体、盐酸、蒸馏水、容量瓶、玻璃棒、胶头滴管、天平、温度传感器等。

实验过程：

(1) 分别配制 1 mol/L 氢氧化钠、盐酸溶液。

(2) 取 25 mL 氢氧化钠溶液于烧杯中，连接温度传感器。

(3) 启动传感器进行测量，迅速倒入 25 mL 盐酸溶液，记录并分析数据。

实验结果：

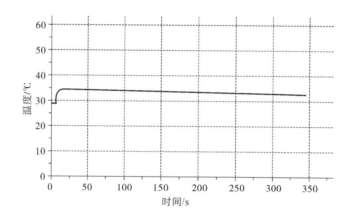

"中和热的测定"实验结果

实验分析：

从图像可以清晰看到，加入盐酸后，溶液温度由 28.50 ℃ 迅速升高到 34.40 ℃，随后温度逐渐降低。可见，中和反应是放热的，但一段时间后，热量逐步散失，温度开始逐步下降。从图像中能够直观感受温度迅速升高后缓慢下降的过程。

测量反应放出的热量：

$$Q = m \cdot c \cdot \Delta t$$
$$= 50 \text{ g} \times 4.18 \text{ J/(g·℃)} \times 5.9 \text{ ℃}$$
$$= 1.233\ 1 \text{ kJ}$$

计算生成 1 mol H_2O 时的焓变：

$$\Delta H = -Q/n$$
$$= -1.233\ 1\ kJ/0.025\ mol$$
$$= -49.32\ kJ/mol$$

从数据上看，与理论值 $-57.3\ kJ/mol$ 有一定差距，推测装置的绝热性不是很好，在加入盐酸进行反应的过程中不可避免地有热量损失。

实验二：水、乙醇中氢原子活泼性的探究

实验目的：通过等量 Na 与 C_2H_5OH、H_2O 的反应现象探究羟基中氢原子的活泼性，并通过运用手持化学实验技术的器材和知识对其成因进行进一步的分析。

试剂和仪器：钠、乙醇、蒸馏水、玻璃棒、镊子、小刀、滤纸、玻璃片、pH 传感器、温度传感器等。

实验过程：

（1）取两块相同大小的钠，用滤纸将表面煤油擦拭干净。

（2）分别取 20 mL 乙醇、20 mL 蒸馏水于烧杯中，连接 pH 传感器。

（3）启动传感器进行测量，分别将钠放入乙醇、水中，记录并分析数据。

"水、乙醇中氢原子活泼性的探究"实验装置图

实验结果：

将钠块放入水中，钠浮在水面上，熔成闪亮的小球，并四处游动，发出"嘶

嘶"的声音。钠球迅速变小,最后消失。所收集气体在空气中燃烧,发出淡蓝色火焰。

将钠块放入酒精中,钠沉于无水酒精底部,不熔成闪亮的小球,也不发出响声,反应缓慢。所收集气体在空气中安静地燃烧,火焰呈淡蓝色,倒扣在火焰上方的干燥烧杯内壁有水滴生成。

数字化实验结果:

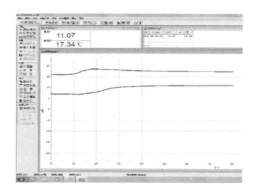

钠与水反应温度—时间、pH—时间图像

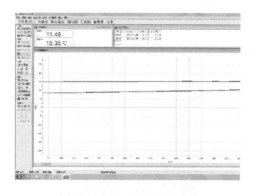

钠与乙醇反应温度—时间、pH—时间图像

实验分析:

从实验现象看,钠和水反应比与乙醇反应剧烈得多。从手持传感器的数据分析可以看出,将钠投入水中后,溶液 pH 不断增大,由 7 逐渐增大到 11.07,溶液温度由 16 ℃迅速升至 18.3 ℃后缓慢降至 17.34 ℃。将钠投入乙醇中后,溶液 pH 变化不明显,温度变化也不明显,由 15 ℃缓慢升至 15.35 ℃。

综上所述,水中的氢原子比 C_2H_5OH 中的氢原子更活泼,这是由于乙醇的 C_2H_5—部分对 O 的另一端的 H 原子有影响,使其极性更弱,从而使 –OH 中的 H 原子极难断裂并电离成 H^+。

实验三:压强对化学平衡的影响

实验目的:探究压强对平衡移动的影响,加深学生对可逆反应的理解。

试剂和仪器:浓硝酸、Cu 片、氢氧化钠溶液、注射器、溴蒸气、具支试管、大试管、橡胶塞、橡皮管、压强传感器。

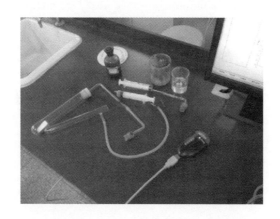

"压强对化学平衡的影响"实验装置图

实验过程:

(1) 在一个用橡皮管与小试管连接的大试管中放一 Cu 片,倒入少许浓硝酸后,立刻塞上橡胶塞,手持大试管,直到其产生的气体全部导入到具支试管中。

(2) 将压强传感器连接到具支试管的具支口,注射器的针头插入具支试管的橡胶塞。

(3) 开始采集数据,将注射器迅速拉伸至一定刻度,测量压强变化。

(4) 再将注射器迅速压缩至一定刻度,测量压强变化。

(5) 重复操作,停止采集数据,保存数据。

(6) 处理废气。

实验结果：

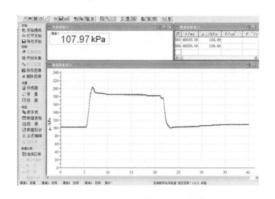

压强对平衡的影响

实验分析：

（1）宏观现象分析：快速压缩时，气体体积减小，浓度增大，气体颜色因而加深，化学反应 $2NO_2(g) \rightleftharpoons N_2O_4(g)$ 正向进行，气体颜色渐渐变浅，最后反应达到化学平衡状态，颜色不再改变。

（2）微观分析：增大压强，正逆反应速率都增大，但气体分子数多的一边反应速率增大程度大于气体分子数少的一边，平衡将向着气体分子数少的方向移动。从图像上可以看到，向下压缩注射器活塞这一瞬间，气体压强迅速增大（体积变小的结果），然后缓慢下降（平衡移动的结果），一段时间后保持稳定，达到新的平衡状态，但新平衡状态的压强比压缩前仍要大。向上抽动注射器活塞这一瞬间，气体压强迅速减小（体积变大的结果），然后缓慢增大（平衡移动的结果），一段时间后保持稳定，达到新的平衡状态，但新平衡状态的压强比压缩前仍要小。

由此可见，增大体系压强，平衡向压强减小（气体分子数变少）的方向移动；减小体系压强，平衡向压强增大（气体分子数变多）的方向移动。但无论哪种改变，都只能"减弱"压强的影响，而不能消除这种影响。

实验四：探究电解质在水溶液中的行为

Ⅰ 认识电解质、非电解质

实验目的：利用电导率传感器，根据溶液电导率的大小判断是电解质还是非电解质。

试剂和仪器：硫酸、碳酸氢钠固体、无水乙醇、蒸馏水、电导率传感器、烧杯、容量瓶、玻璃棒、胶头滴管、天平等。

实验过程：

(1) 分别配制 0.1 mol/L 硫酸、碳酸氢钠溶液、蔗糖溶液。

(2) 将配制的硫酸、碳酸氢钠溶液、无水乙醇、蔗糖溶液和蒸馏水分别装入烧杯中，连接电导率传感器。

(3) 启动电导率传感器进行测量，并对数据进行分析。

实验结果：通过电导率传感器测量各溶液电导率。

各溶液电导率

溶液	硫酸	碳酸氢钠	乙醇	蔗糖	蒸馏水
电导率/mS	14.9	4.1	0	0	0

实验分析：通过数据分析，可观察到，不同物质在水溶液中导电能力是不一样的。有一些电解质在水溶液中可以发生电离，产生可自由移动的离子，从而在电极上发生氧化还原反应而导电，如硫酸、碳酸氢钠。可用电离方程式表示这些电解质在水溶液中的行为：

$$H_2SO_4 = 2H^+ + SO_4^{2-} \qquad NaHCO_3 = Na^+ + HCO_3^-$$

一些非电解质在一定条件下只以物质分子的形式存在，不导电，如乙醇、蔗糖等大多数有机物。可以通过测溶液导电率，判断物质在水溶液中的电离情况。

Ⅱ 认识影响电解质导电能力的因素

实验目的：定量验证电解质导电能力强弱。

试剂和仪器：氯化钠、硫酸钠、蒸馏水、容量瓶、玻璃棒、胶头滴管、天平、电导率传感器、温度传感器等。

实验过程：

(1) 推测哪些因素会影响溶液的导电能力？设计实验验证，并填写下表。

实验方案

实验方案		实验步骤	
预计结果		实验结果	
分析、实验结论			

（2）分别配制 0.1 mol/L NaCl 溶液、0.05 mol/L NaCl 溶液和 0.1 mol/L Na_2SO_4 溶液。

（3）将 0.1 mol/L NaCl 溶液、0.05 mol/L NaCl 溶液分别装入烧杯中，连接电导率传感器。

（4）启动电导率传感器进行测量，并对数据进行分析。

（5）将 0.1 mol/L NaCl 溶液和 0.1 mol/L Na_2SO_4 溶液分别装入烧杯中，连接电导率传感器。

（6）启动电导率传感器进行测量，并对数据进行分析。

（7）将等体积两份 0.1 mol/L NaCl 溶液分别装入烧杯中，同时连接电导率传感器及温度传感器。

（8）给其中一份 NaCl 溶液加热，启动电导率传感器、温度传感器进行测量，并对数据进行分析。

实验结果：

（1）探究浓度对电解质导电能力的影响。

通过电导率传感器测量 0.1 mol/L、0.05 mol/L NaCl 溶液的电导率，数据如下：

0.1 mol/L、0.05 mol/L NaCl 溶液的电导率

溶液	0.1 mol/L NaCl	0.05 mol/L NaCl
电导率/mS	7.1	3.3

（2）探究离子所带电荷数对电解质导电能力的影响。

通过电导率传感器测量 0.1 mol/L NaCl 溶液、Na_2SO_4 溶液的电导率，数据如下：

测量 0.1 mol/L NaCl 溶液、Na_2SO_4 溶液的电导率

溶液	0.1 mol/L NaCl	0.1 mol/L Na_2SO_4
电导率/mS	7.1	9.2

(3) 探究温度对电解质导电能力的影响。

利用温度传感器、电导率传感器测量 0.1 mol/L NaCl 温度及电导率变化情况，并绘制溶液温度—电导率图像。

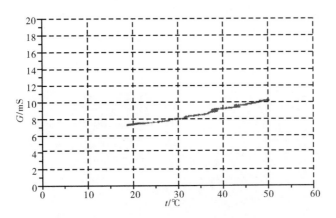

温度对氯化钠电导率的影响

实验分析：

(1) 通过测定不同浓度 NaCl 溶液的导电率，发现 0.1 mol/L NaCl 溶液导电能力强于 0.05 mol/L NaCl 溶液，推测其他条件一样的情况下，浓度越高，电解质的导电能力越强。

(2) 通过测定同浓度 NaCl 和 Na_2SO_4 溶液的电导率，发现 Na_2SO_4 溶液的导电能力强于 NaCl 溶液，推测其他条件一样的情况下，离子所带电荷数越大，溶液的导电能力越强。

(3) 通过 NaCl 溶液电导率—温度变化，可以观测到温度越高，溶液导电能力越强。

(4) 综上分析，溶液的导电能力应与溶液浓度、离子所带电荷数、温度有关。

Ⅲ 认识弱电解质的电离平衡

实验目的：认识弱电解质的电离平衡，理解外界条件对弱电解质电离平衡的影响。

试剂和仪器：冰醋酸、蒸馏水、铁架台、石棉网、酒精灯、玻璃棒、容量瓶、胶头滴管、天平、电导率传感器、温度传感器等。

实验步骤：（1）温度对醋酸电导率的影响。

实验过程：

①配制 0.1 mol/L 的乙酸溶液。

②将 0.1 mol/L 乙酸溶液装入烧杯中，连接温度传感器、电导率传感器。

③加热乙酸溶液，启动电导率传感器、温度传感器进行测量，并对数据进行分析。

温度对醋酸电导率影响装置图

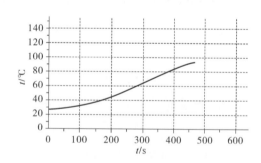

醋酸温度—时间图

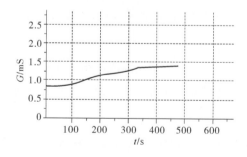

醋酸电导率—时间图

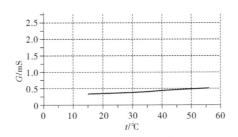

醋酸电导率—温度图

实验分析：

如图所示，可以清晰看到电导率变化和温度变化趋势相同。其他条件不变的情况下，醋酸电导率随温度升高而升高。这是因为 $CH_3COOH \rightleftharpoons H^+ + CH_3COO^-$ 是吸热的，升高温度，平衡正向移动，溶液中离子浓度增加，电导率增大。

（2）浓度对醋酸电导率的影响。

实验过程：

①将 20 mL 冰醋酸倒入烧杯中，连接电导率传感器。

②启动电导率传感器，并同时往冰醋酸中缓慢倒入蒸馏水。记录结果，并对数据进行分析。

实验结果：

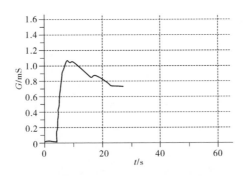

往冰醋酸中逐渐加水电导率—时间图

实验分析：

冰醋酸因没有电离，测其电导率为 0，当往其中逐渐加水后，可以看到电导率先增大后减小。这是因为加入水的瞬间，醋酸开始电离（$CH_3COOH \rightleftharpoons H^+ + CH_3COO^-$），溶液中离子浓度瞬间增大，溶液电导率也瞬间增大，随着加水量的增多，虽然电离平衡不断正向移，醋酸电离出的离子物质的量不断增大，但溶液体积变化对溶液中离子浓度影响更大，离子浓度逐渐减小，溶液电导率又开始逐渐减小。

Ⅳ 离子反应

实验目的：认识离子反应发生的条件及本质。

试剂和仪器：硫酸钠溶液、氯化钠溶液、硫酸溶液、蒸馏水、容量瓶、玻璃棒、胶头滴管、天平、电导率传感器等。

实验过程：

（1）取 20 mL 硫酸钠溶液于烧杯中，连接电导率传感器。

（2）启动电导率传感器进行测量，并逐滴加入氯化钠溶液，记录数据。

（3）另取 20 mL 氢氧化钡溶液于另一烧杯中，连接电导率传感器。

（4）启动电导率传感器进行测量，并逐滴加入硫酸溶液，记录数据。

（5）分析两次实验现象及数据。

实验结果：

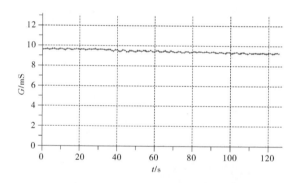

硫酸钠中加入氯化钠电导率—时间图

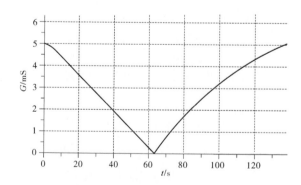

氢氧化钡中加入硫酸溶液电导率—时间图

实验分析：

(1) 实验现象。

①往硫酸钠中加入氯化钠溶液，始终没有明显现象，同时电导率—时间图像略有减小。

②往氢氧化钡中滴加硫酸，溶液中逐渐产生白色沉淀，电导率也逐渐减小，继续滴入氢氧化钡溶液，电导率数值又逐渐增大。

(2) 实验分析：

①往硫酸钠中加入氯化钠溶液，始终没有明显变化，同时电导率—时间图像略有减小。这是因为 $Na_2SO_4 = 2Na^+ + SO_4^{2-}$，溶液中存在较多 Na^+ 和 SO_4^{2-}，电导率数值大，当滴入氯化钠后，因为 $NaCl = Na^+ + Cl^-$，溶液导电率并未明显变化，说明溶液中离子浓度基本不变，并未发生离子反应。溶液电导率下降的主要原因是同浓度下氯化钠溶液离子浓度小，加入氯化钠后相当于稀释了硫酸钠，溶液中离子浓度降低，电导率下降。

②往氢氧化钡中滴加硫酸，因为氢氧化钡是电解质，在溶液中存在如下电离（$Ba(OH)_2 = Ba^{2+} + 2OH^-$），溶液中存在较多 Ba^{2+} 和 OH^-，电导率数值大；当滴入稀硫酸后，逐渐产生沉淀并且电导率数值也在逐渐变小最后接近为0，说明在氢氧化钡溶液中的离子数目因发生离子反应 $Ba^{2+} + 2OH^- + 2H^+ + SO_4^{2-} = BaSO_4\downarrow + 2H_2O$ 后逐渐减小；当滴入过量的硫酸溶液时，过量的硫酸又发生了电离（$H_2SO_4 = 2H^+ + SO_4^{2-}$），所以溶液中离子浓度又增加，电导率又会增大，曲线又会上升。

由此可见，离子反应的发生必须向着离子浓度减小的方向进行，溶液电导率必然发生明显变化。

V 酸碱中和滴定

实验目的：利用传感器绘制酸碱中和滴定曲线，认识中和滴定过程中 pH 的突变。

试剂和仪器：氢氧化钠固体、盐酸、蒸馏水、容量瓶、玻璃棒、胶头滴管、天平、pH 传感器等。

实验过程：

(1) 分别配制 0.1 mol/L 氢氧化钠、盐酸溶液，将盐酸溶液装入酸式滴定管。

(2) 取 20 mL 氢氧化钠溶液于烧杯中，连接 pH 传感器。

(3) 启动电导率传感器进行测量，同时旋开酸式滴定管活塞开始滴定，记录并分析数据。

(4) 尝试用氢氧化钠溶液滴定盐酸，记录并分析数据。

实验结果：

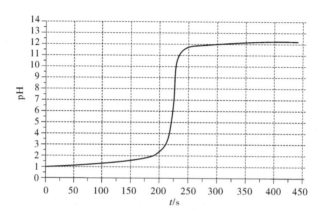

用盐酸滴定氢氧化钠溶液

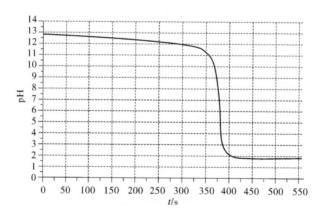

用氢氧化钠滴定盐酸溶液

实验分析：

从实验图像可以清晰看到，无论是用盐酸滴定氢氧化钠溶液还是用氢氧化钠滴定盐酸溶液，开始滴加时溶液的 pH 变化都非常缓慢，但在 pH 接近 7 的时候 pH 变化非常迅速，出现了明显的突跃现象。

实验五：乙酸乙酯水解有关问题探究

实验目的：加深乙酸乙酯水解原理的理解；认识影响水解反应的条件。

试剂和仪器：氢氧化钠固体、乙酸乙酯、蒸馏水、酒精灯、容量瓶、玻璃棒、胶头滴管、烧杯、天平、pH 传感器、温度传感器等。

实验原理：反应中参与的离子主要是氢氧根离子、乙酸根离子和钠离子。在反应中导电性弱的乙酸根不断取代导电性强的氢氧根，因此电导率逐渐变小。电导率稳定不变时，水解反应结束。

Ⅰ 探究不同酸碱环境对乙酸乙酯水解速率的影响

实验过程：

（1）分别配制 0.1 mol/L 氢氧化钠溶液、0.1 mol/L 硫酸溶液。

（2）把 50 mL 0.1 mol/L 氢氧化钠溶液滴入盛有乙酸乙酯的烧杯中搅拌。然后把烧杯放入大烧杯中水浴加热，连接电导率传感器。

（3）启动传感器，绘制乙酸乙酯水解反应的电导率—时间曲线，分析数据。

（4）把 50 mL 0.1 mol/L 硫酸溶液滴入盛有乙酸乙酯的烧杯中搅拌。然后把烧杯放入大烧杯中水浴加热，连接电导率传感器。

（5）启动传感器，绘制乙酸乙酯水解反应的电导率—时间曲线，分析数据。

实验结果：

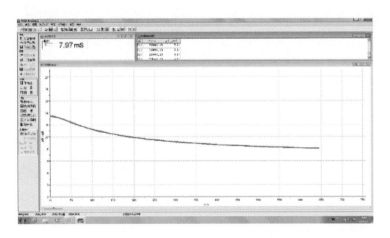

0.1 mol/L 氢氧化钠溶液环境下乙酸乙酯水解反应的电导率—时间曲线

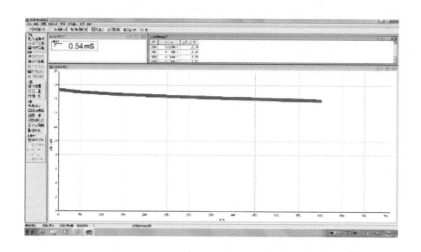

0.1 mol/L 硫酸溶液环境下乙酸乙酯水解反应的电导率—时间曲线

实验分析：

通过 0.1 mol/L 氢氧化钠溶液环境下乙酸乙酯水解反应的电导率—时间曲线可以看出，100 s 时，溶液的电导率由 13.44 降到了 11.5，600 s 后下降到了 8.14。前 100 s 下降比例约 14.4%，600 s 时下降比例约为 39.4%。

通过 0.1 mol/L 硫酸溶液环境下乙酸乙酯水解反应的电导率—时间曲线可以看出，100 s 时，溶液的电导率由 17.45 降到了 17 左右，600 s 后降到了 15.92。前 100 s 下降比例约 2.6%，600 s 时下降比例约为 8.8%。

综上所述，其他情况不变的情况下，乙酸乙酯在氢氧化钠溶液中的水解速率快于硫酸溶液。

Ⅱ 探究温度对碱性环境下乙酸乙酯水解速率的影响

实验过程：

（1）配制 0.1 mol/L 氢氧化钠溶液。把 50 mL 氢氧化钠溶液倒入盛有乙酸乙酯的烧杯中搅拌，然后把试管放入大烧杯中水浴加热，连接电导率传感器。

（2）启动传感器，分别绘制常温、70 ℃ 乙酸乙酯水解反应的电导率—时间曲线，分析数据。

实验结果：

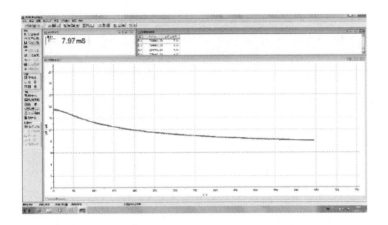

常温下乙酸乙酯水解反应的电导率—时间曲线

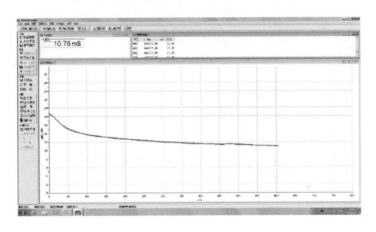

70 ℃乙酸乙酯水解反应的电导率—时间曲线

实验分析：

通过常温下乙酸乙酯水解反应的电导率—时间曲线可以看出，100 s 时，溶液的电导率由 13.44 降到了 11.5，600 s 后下降到了 8.14。前 100 s 下降比例约 14.4%，600 s 时下降比例约为 39.4%。

通过 70 ℃乙酸乙酯水解反应的电导率—时间曲线可以看出，100 s 时，溶液的电导率由 18.68 降到了 14 左右，600 s 后降到了 10.92。前 100 s 下降比例约 25.1%，600 s 时下降比例约为 41.5%。

综上所述，其他条件不变的情况下，升高温度能加快碱性环境下乙酸乙酯水解速率。

Ⅲ 探究不同浓度氢氧化钠对乙酸乙酯水解速率的影响

实验过程：

（1）分别配制 0.1 mol/L、0.01 mol/L 氢氧化钠溶液。

（2）把 50 mL 0.1 mol/L 氢氧化钠溶液滴入盛有乙酸乙酯的试管中搅拌。然后把试管放入大烧杯中水浴加热，连接电导率传感器。

（3）启动传感器，绘制乙酸乙酯水解反应的电导率—时间曲线，分析数据。

（4）把 50 mL 0.01 mol/L 氢氧化钠溶液滴入盛有乙酸乙酯的试管中搅拌。然后把试管放入大烧杯中水浴加热，连接电导率传感器。再次启动传感器，绘制曲线并分析数据。

实验结果：

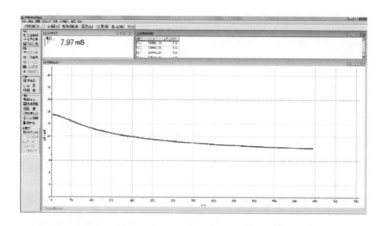

0.1 mol/L 氢氧化钠溶液环境下乙酸乙酯水解反应的电导率—时间曲线

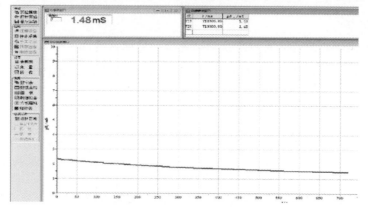

0.01 mol/L 氢氧化钠溶液环境下乙酸乙酯水解反应的电导率—时间曲线

实验分析：

通过 0.1 mol/L 氢氧化钠溶液环境下乙酸乙酯水解反应的电导率—时间曲线可以看出，100 s 时，溶液的电导率由 13.44 降到了 11.5，600 s 后下降到了 8.14。前 100 s 下降比例约 14.4%，600 s 时下降比例约为 39.4%。

通过 0.01 mol/L 氢氧化钠溶液环境下乙酸乙酯水解反应的电导率—时间曲线可以看出，100 s 时，溶液的电导率由 2.33 降到了 2.1 左右，600 s 后降到了 1.52。前 100 s 下降比例约 9.87%，600 s 时下降比例约为 34.8%。

综上所述，在其他条件不变的情况下，氢氧化钠溶液的浓度越大，乙酸乙酯水解速率越快。

实验六：实验室模拟葡萄糖的氧化

实验目的：通过实验，深入理解葡萄糖的氧化过程。

试剂和仪器：葡萄糖、酵母菌、蒸馏水、三口烧瓶、胶塞、玻璃棒、胶头滴管、烧杯、天平、氧气传感器、二氧化碳传感器、磁悬浮搅拌器等。

实验原理：利用二氧化碳传感器和氧气传感器实时监测葡萄糖氧化过程中二氧化碳、氧气的含量变化，进而分析葡萄糖的氧化过程。

实验过程：

（1）配制 20% 的葡萄糖溶液。

（2）将 5 g 新鲜酵母放入 30 ℃ ~ 45 ℃ 500 mL 的温水中，放置半个小时。

（3）在三口烧瓶中加入 50 mL 20% 的葡萄糖溶液，连接好磁悬浮搅拌器、二氧化碳传感器、氧气传感器。

（4）启动传感器，迅速倒入 50 mL 酵母菌溶液，绘制曲线并分析数据。

实验结果：

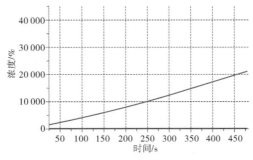

CO_2 浓度（绿色）—时间图　O_2 浓度（红色）—时间图

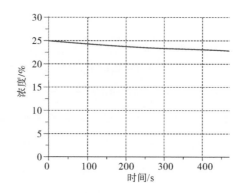

O_2 浓度—时间（放大图）

长期放置后,再次监控其中二氧化碳和氧气浓度结果如下：

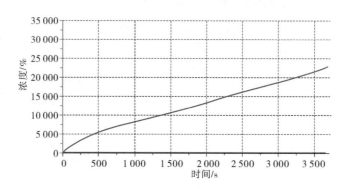

放置 CO_2 浓度（绿色）—时间图　O_2 浓度（红色）—时间图

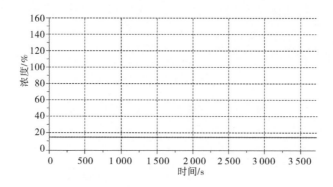

长期放置 O_2 浓度（红色）—时间（放大图）

实验分析：

通过前两张图像可以分析出,在酵母菌的作用下,三口烧瓶中的氧气含量逐渐下降，二氧化碳含量逐渐升高，说明葡萄糖在酵母菌的作用下，会迅速和氧气反应生成二氧化碳和水。长时间反应的后两张图可以看出，当氧气浓度下降到一定浓度时，氧气含量几乎不发生变化，但二氧化碳含量仍然在持续增多，说明此时，葡萄糖在酵母菌的作用下，并未和氧气反应（有氧呼吸），而应发生自身氧化反应，分解生成乙醇和二氧化碳，即发酵法制乙醇的原理（无氧呼吸）。由这一组实验能够清晰地感受到，葡萄糖由有氧呼吸变成二氧化碳和水转变为无氧呼吸变成二氧化碳和乙醇的全过程。

（三）基于手持技术的教学实践

案例10 以发展学生化学核心概念理解为本的教学研究
——以"弱电解质的电离"教学为例

北京市通州区潞河中学 孟祥雯

一、指导思想与理论依据

当代美国著名教育家布鲁纳认为"不论我们教什么学科，务必使学生理解该学科的基本知识结构。"学习学科基本结构的意义在于：一是能产生学习的普遍迁移；二是有利于对学科的深入理解和整体把握；三是能使学科基本观念在记忆中得到巩固；四是可以缩小所谓"高级"知识和"初级"知识之间的间隙。学生如果掌握了学科的基本知识结构，就可以独立地面对并深入新的知识领域，从而不断地认识新问题、学习新知识。

在高中化学教学中，核心概念是学科的重要概念、原理和方法，它们构成了学科的基本结构，因此发展学生对核心概念理解的教学就是关注学科结构及学科本质的教学。基于以上理论，在设计"弱电解质的电离"的教学过程中，强化了以核心概念建构促进学生理解的过程，以数字化实验为手段，通过外显的实验现象洞悉电解质在水溶液中的行为，在大量的实验事实的基础上，帮助学生建立弱电解质电离平衡的思维模型，学会多角度分析水溶液中的物质行为。促进学生建立和理解电离平衡的核心概念，有利于学生进一步消化理解化学平衡中的疑难问题，也对后续的水的电离平衡、盐的水解平衡以及沉淀的溶解平衡的学习起指导和迁移作用。

二、教学背景分析

1. 学习内容分析

本节课教学内容选自人教版选修4"化学反应原理"第三章第一节,主要是应用前一章所学的化学平衡理论研究单一电解质在水溶液中的行为。化学平衡是中学化学概念原理教学的重难点内容,在人教版高中化学必修2"化学反应与能量"、选修4"化学反应速率和化学平衡""水溶液中的离子平衡"等主题中都涉及平衡思想的建构。这部分内容比较抽象,学生在学习过程中往往存在认知障碍。本节课包括两大部分内容:"电解质有强弱之分"和"弱电解质的电离过程是可逆的"。课程标准内容要求是:从电离、离子反应、化学平衡的角度认识电解质水溶液的组成、性质和反应,认识弱电解质在水溶液中存在电离平衡等。模块学习要求是:了解电离平衡概念,能描述弱电解质在水溶液中的电离平衡,会书写弱电解质的电离方程式,了解强电解质和弱电解质在水溶液中的电离程度的差别。本节内容在化学反应原理中起到了承上启下的作用,既是对第二章化学平衡理论的延伸、拓展和应用,也为后续进一步学习水的电离和盐类水解知识做好铺垫。通过学习,学生意识到:整个自然界实际就是各类物质相互依存、各种变化相互制约的复杂的平衡体系。在学习中开阔思路、完善体系,能够建立起化学平衡观和微粒观两大认识平台,更好地从多角度认识自然界中的物质行为。

2. 学习者分析

已有基础:知道酸、碱、盐的概念,知道酸、碱、盐在水溶液中的电离;学习过根据化合物在水溶液或熔融状态下能否导电分为电解质和非电解质的概念;学习了化学平衡理论,会初步运用化学平衡视角分析一些化学反应。

发展进阶:进一步认识电解质在溶液中的电离程度不同,可再分为强电解质和弱电解质,电解质中存在电离平衡并且平衡为动态平衡;能将化学平衡原理迁移到弱电解质的电离平衡的学习中,培养变化观念和平衡思想的学科核心素养;发展设计实验能力和从微观角度分析电解质在水溶液中的行为的思维能力。

学习障碍:认识物质的角度不全面,难以建构微观知识脉络。学生比较难以理解的是:①如何通过物质的外在表现从微观角度分析物质的本质行为;②如何认识改变外界条件对弱电解质电离平衡的影响;③如何运用变化观念和平衡思想解决实际问题。

3. 教学方式与教学手段说明

以核心概念为指导，以数字化实验为手段，采用实验探究法、类比迁移法、归纳演绎法等教学方式。

技术准备：

①学生前阶段学习过程中难点问题的调研。

②数字化实验中各仪器的调试，药品的准备。

前期教学状况、问题、对策等研究说明：前期进行了化学反应速率和化学平衡的教学。该内容理论性较强，比较抽象，学生对有些问题难以理解，特别是涉及化学平衡的移动。当外界条件改变时，平衡体系中微粒的变化问题困惑较多。

教学对策：

①运用多种证据进行推理，建立证据、结论和观点之间的逻辑关系。如使用 pH 传感器和电导率传感器等定量测定化学反应过程中某些微粒的数目变化，将电解质在水溶液中的微观变化行为以宏观的现象呈现出来，从而对弱电解质的电离和可逆过程有更形象直观的理解，突破学生认知的难点，培养"宏观辨识与微观探析"学科核心素养，发展和完善微粒观的建构。

②引导学生从大量具体事实和科学实验中认识电解质有强弱之分及弱电解质的电离过程是可逆的，进而提炼出弱电解质电离的核心概念，并迁移应用到新情境中，解决实际问题，培养"证据推理与模型认知"的学科核心素养。

三、教学目标

（1）认识电解质有强弱之分；认识弱电解质的电离过程是可逆的，能描述弱电解质在水溶液中的电离平衡。

（2）学会收集多种证据分析推理，认识物质的本质特征。

（3）学会从宏观和微观相结合的视角认识物质，并能分析与解决实际问题。

（4）感受化学知识在人类生产、生活中的广泛应用，认识水溶液中的离子反应与平衡思想对生产、生活和社会发展的作用。

四、教学重点和难点

教学重点：强、弱电解质的概念和弱电解质的电离平衡。

教学难点：弱电解质的电离平衡。

五、核心概念建构图及教学过程

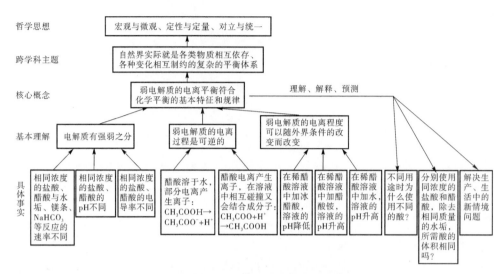

"弱电解质的电离"核心概念建构图

"弱电解质的电离"教学过程

教学环节	教师活动	学生活动	设计意图
环节1：新课引入	【图片引入】地球是个"水球"。自然界里含量丰富的水为离子反应的广泛存在提供了条件。而各种物质在水溶液中的存在形态并不仅仅是简单的扩散状态，而是与水之间建立了相互制约又相互依存的众多的平衡体系。了解水溶液中离子的行为是我们深入认识离子反应的重要途径。【引出课题】第三章 水溶液中的离子平衡	【倾听、领会】	由酸、碱、盐之间的离子反应的广泛应用，体会研究水溶液中的离子反应的重要性。
环节2：认识电解质有强弱之分	【新闻回放】锅炉爆炸 【提问】水垢的危害？ 【追问】如何除水垢？	【思考】为什么锅炉会爆炸？ 【思考】分析原因。 【分析水垢危害】①安全隐患 ②浪费能源 【分组设计实验并评价】 甲组同学实验：在水壶中加食用醋除水垢。	以生活中出现的问题设疑，引导学生实验探究，并用所学化学理论分析和解决问题，体会化学的学科价值和应用价值。

续表

教学环节	教师活动	学生活动	设计意图
	【问题】为什么醋和盐酸都能除水垢，但效果不太相同？引导学生从化学反应的实质分析。连续问题：①为什么反应速率不一样？②什么浓度不同？③为什么相同浓度的盐酸、醋酸中的 H^+ 浓度不同？【任务一】如何证明盐酸和醋酸在水中的电离程度不同？	【评价】除垢速度慢，效果不太好。乙组同学实验：在水壶中加盐酸除水垢。【评价】除垢速度快，效果好，但有可能腐蚀水壶。【思考】从外界因素对化学反应速率的影响全面分析。【分析总结】影响化学反应速率的外界因素有浓度、温度、压强和催化剂等，从本实验的反应条件分析，反应速率不同只能是由浓度影响造成的。【推测】盐酸、醋酸的电离程度不同。（H^+ 浓度不同）【讨论、实验】方法①：测同浓度的盐酸和醋酸溶液的 pH。方法②：比较同浓度的盐酸、醋酸和镁条反应的快慢。方法③：测同浓度的盐酸和醋酸溶液的电导率。……实验注意事项：①注意 pH 试纸的使用方法。②镁条使用前要用砂纸去掉表面的氧化膜。③用 pH 传感器、电导率传感器分别测量 0.1 mol/L 的盐酸和醋酸溶液的 pH 和电导率时，注意仪器的清洗。	学会运用系统分析的整体性原则。培养设计实验、分析解决问题的能力；学习多角度认识物质的方法，培养动手能力以及分析数据、归纳推理的能力。
	【总结】强、弱电解质的概念。【板书】电解质有强弱之分。【投影】一、强、弱电解质 1. 强电解质：能够全部电离的电解质。 2. 弱电解质：只有部分电离的电解质。	【分析现象】【归纳总结、学习新知】体会电解质及化合物的分类。	由大量具体实验事实得出结论，能更加形象、深刻地理解新概念。同时发展对物质分类的认识。

续表

教学环节	教师活动	学生活动	设计意图
环节3：认识弱电解质的电离过程是可逆的	【设问】如何描述盐酸和醋酸在水中的变化情况？ 提示学生根据自己的理解书写 HCl、CH_3COOH 的电离方程式，并找出不同点。 【板书】 弱电解质的电离过程是可逆的。 【任务二】 运用化学平衡理论预测：CH_3COOH 的电离平衡有什么特点和规律？哪些因素会对平衡产生影响？怎样用实验证明？	【思考】 ①文字描述。 ②微观图示： ③用化学用语表达： $HCl = H^+ + Cl^-$ $CH_3COOH \rightleftharpoons CH_3COO^- + H^+$ 【讨论、设计并完成实验】 在稀醋酸溶液中分别加入冰醋酸、醋酸铵固体、水等，用 pH 传感器或电导率传感器分别测量溶液的变化。 【观察实验】 分析图像、解释变化的原因。 	学会从微粒角度认识弱电解质，并能系统地描述弱电解质在水中的电离平衡。 以化学平衡原理为指导，通过实验认识、理解电离平衡，突破学生的认知障碍点。
	【总结】可从两个方面证明醋酸的电离是可逆的： ①醋酸溶于水会部分电离产生离子（离子化过程）： $CH_3COOH \rightarrow CH_3COO^- + H^+$ 产生的离子在溶液中相互碰撞又会结合成分子（分子化过程）： $CH_3COO^- + H^+ \rightarrow CH_3COOH$ ②改变外界条件，醋酸在溶液中电离程度发生变化。 注意有针对性地解决学生在实验过程中发现的新问题。	【思考、讨论】根据实验结果你能得出什么结论？ 运用化学平衡移动原理解释实验数据。	突破"可逆反应"这一重点内容。 关注学生的动态学情。

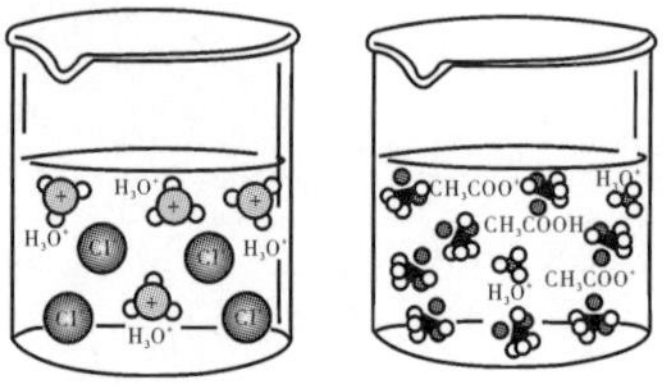

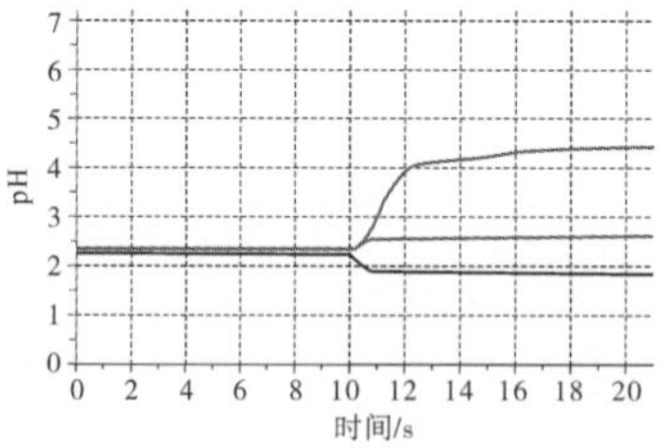

续表

教学环节	教师活动	学生活动	设计意图
	【小结】分析、理解电离平衡的建立过程。 （反应速率-时间图：$v_{电离}$、$v_{结合}$，$v_{电离}=v_{结合}$电离平衡状态） 【演示实验】在 0.1 mol/L 的盐酸中先加氯化钠固体，再加醋酸钠固体，分别用传感器测量溶液 pH 和电导率的变化。 【演示实验】冰醋酸加水稀释，用电导率传感器测量溶液电导率的变化。 【板书】弱电解质的电离程度随外界条件的改变而改变。	【观察实验】分析图像、解释变化的原因。 （pH-时间/s 图像） （电导率/mS-时间/s 图像） 【思考】结合平衡观，进一步体会盐酸、醋酸在溶液中的电离情况。	体会电离平衡和化学平衡的共性，有助于建立和理解核心概念。
环节 4：提炼核心概念	引导学生对比电离平衡和化学平衡，总结概括对弱电解质性质的理解。	【积极思考、回答】由大量基本事实提炼出核心概念：弱电解质的电离平衡符合化学平衡的基本特征和规律。	在大量事实的基础上总结提炼核心概念。

续表

教学环节	教师活动	学生活动	设计意图
环节5：学以致用	【用电离平衡知识解决实际问题】 【问题一】再回到这节课开始的问题，水垢怎么除？ （盐酸酸性太强，使用醋酸时间太长，性价比低。因此实际上用水垢净。） 轻松解决水垢问题　专家支招 清能水垢净是水垢的克星 安全有保障 速度快，效果好 清除家用水容器水垢　性价比超高 食品级除垢 柠檬酸是用于食品添加剂的原料，属于食品级除垢剂。 快速分解力 柠檬酸对水垢有独特的分解力。松散物水垢溶解在内部，蒸发后水垢不会再生。 超浓缩配方 产品成分为超浓缩柠檬酸，只需对产品进行稀释溶液后清除水垢。 【问题二】分别使用同浓度的盐酸和醋酸，除去相同质量的水垢，所需酸的体积相同吗？为什么？ 【你知道吗？】 人类血液的pH总是维持在7.35～7.45，否则人体便不能正常工作。 $CO_2 + H_2O \rightleftharpoons H_2CO_3 \rightleftharpoons H^+ + HCO_3^-$ 当蚊虫、蚂蚁等昆虫叮咬人体后，常向人体血液中注入甲酸，使人皮肤上长小疱，过段时间小疱会自行痊愈。试用平衡理论解释此现象。	进一步从化学反应速率和生活、生产的实际应用角度分析化学反应，运用电离平衡移动的原理分析。 仔细阅读水垢净说明。 【实验】使用水垢净去除水垢。 【思考】运用电离平衡移动的原理，从定量角度深入分析、认识化学反应。 运用电离平衡分析，并提出人体被蚊虫叮咬后的解决办法。	学会运用核心概念指导解决实际问题。 强化系统分析的方法。 对化学反应的认识由定性上升到定量。 理论联系实际，体会化学在生活中的应用，提高学习化学的兴趣。
环节6：课后思考	从以上分析我们可以体会到：整个自然界实际就是各类物质相互依存、各种变化相互制约的复杂的平衡体系。 同学们认识的许多反应都是发生在水溶液中的，要认识物质在水溶液中的行为，更应该了解溶剂水。 你能运用今天所学的知识分析、认识溶剂水吗？	学会利用所学平衡原理解决实际问题。	体会化学平衡和电离平衡的共性，形成化学学科思想，建立大平衡观，学会解决新情境问题。

第三章 基于"证据推理"的学习方式的培养 141

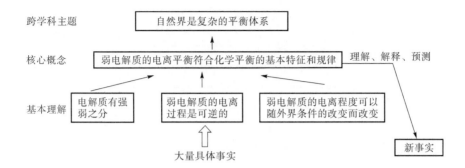

"弱电解质的电离"板书设计

附录1 "弱电解质的电离"学案

【问题情境】如何除水垢？

实验方法	实验现象	结论

【任务1】

如何证明盐酸和醋酸在水中的电离程度不同？

实验方法	实验记录	结论

【任务2】

CH_3COOH 的电离平衡有什么特点和规律？哪些因素会对平衡产生影响？

预测	实验方法	实验记录	结论

【总结】你能用一句话概括弱电解质性质吗?

学以致用:

【问题1】在实际生活中怎么除水垢?

【问题2】分别使用同浓度的盐酸和醋酸,除去相同质量的水垢,所需酸的体积相同吗? 为什么?

【问题3】人类血液的pH总是维持在7.35~7.45范围,否则人体便不能正常工作。

$$CO_2 + H_2O \rightleftharpoons H_2CO_3 \rightleftharpoons H^+ + HCO_3^-$$

当蚊虫、蚂蚁等昆虫叮咬人体后,常向人体血液中注入甲酸,使人皮肤上长小疱,过段时间小疱会自行痊愈。试用平衡理论解释此现象。

附录2 学习效果评价设计

1. 评价方式:前测;后测;访谈。

2. "弱电解质的电离"前测:你认为"化学平衡"的难点内容是什么?

3. "弱电解质的电离"后测

(1) 通过本节课的教学,你学到了什么? 最大收获是什么?

(2) 一定温度下,冰醋酸加水稀释过程中溶液的导电能力如图所示,请回答。

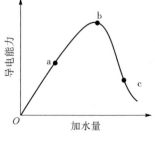

后测3 (2)

① "O"点为什么不导电_____。

② a、b、c 三点的氢离子浓度由小到大的顺序为_____。

③ a、b、c 三点中,醋酸的电离程度最大的一点是_____。

④若使 c 点溶液中的 $c(CH_3COO^-)$ 提高,在如下措施中,可选择_____。

A. 加热　　　　　　　　　　B. 加很稀的 NaOH 溶液

C. 加固体 KOH　　　　　　　D. 加水

E. 加固体 CH_3COONa　　　　F. 加 Zn 粒

G. 加 MgO 固体　　　　　　　H. 加 Na_2CO_3 固体

⑤在稀释过程中,随着醋酸浓度的降低,下列始终保持增大趋势的量是_____。

A. $c(H^+)$　　　　　　　　　B. H^+ 个数

C. CH_3COOH 分子数　　　　D. $c(H^+)/c(CH_3COOH)$

六、关于"弱电解质的电离"教学的思考

(一)"弱电解质的电离"教学研究的意义

化学平衡是中学化学概念原理教学的重难点内容,在人教版高中化学必修2"化学反应与能量"、选修4"化学反应速率和化学平衡""水溶液中的离子平衡"等主题中都涉及平衡思想的建构。这部分内容比较抽象,学生在学习过程中往往存在认知障碍。

平衡问题,在不同时段多次学习,每次着眼于问题的不同侧面。如高中化学选修4"化学反应原理"第三章第一节"弱电解质的电离"主要研究可溶性溶质在溶液中的行为,第二节"水的电离"研究溶剂在溶液中的行为,"溶液的酸碱性与pH"及第三节"盐类的水解"研究可溶性溶质与溶剂在溶液中的相互作用,第四节"难溶电解质的溶解平衡"研究难溶性溶质在溶液中的行为。知识内容层级发展,使学生的认识逐步深入。化学平衡、电离平衡、溶解平衡是研究电解质在溶液中发生各种变化的理论基础,而电离平衡又是联系化学平衡和溶解平衡的纽带。这些具体知识蕴含着共同的核心概念:物质的变化是有限度的,整个自然界实际就是各类物质相互依存、各种变化相互制约的复杂的平衡体系。人类可以通过改变条件使某些变化向着需要的方向进行。核心概念的建立使大量繁杂无序的知识进行了整合和高度概括,有利于学生理解和记忆这些被加工后的信息,深入理解和整体把握学科知识。更重要的是由于核心概念具有迁移价值,可广泛地运用于解释和预测更多的事实和现象,产生学习迁移。因此,发展学生对

核心概念挖掘整理的能力，有利于学生学习有内在逻辑的知识内容。在教学中采用了以平衡的核心概念为中心统摄平衡问题的学习策略，能促使学生完善认知体系，开阔思路。

（二）"弱电解质的电离"教学研究的目的

通过学习，能使学生在以下方面的能力得到发展：

1. 形成认识物质和化学反应的视角

从平衡的角度认识化学反应，逐步深入了解水溶液中存在的几种常见的平衡（弱电解质的电离平衡、盐的水解平衡和沉淀的溶解平衡），学会应用化学平衡原理解决溶液中的离子平衡问题，并应用于生产、科技等领域。

从微观角度以"研究物质在水溶液中的行为"为主要线索，掌握从简单到复杂、从单一研究对象到多个研究对象的复杂体系的研究方法，深化对离子反应的本质的认识，逐步形成分析物质在水溶液中行为的一般思路与方法。

2. 发展逻辑推理能力，以核心概念统摄平衡问题的学习和应用

充分利用学生的最近发展区，通过学生对已有的化学平衡知识的理解和迁移，建立起电离平衡的概念，再与化学平衡模型相比较，从化学平衡的应用角度展开电离平衡的讨论，每一次研究都围绕着平衡的核心概念展开，促使学生完善认知体系，开阔思路，最终提高利用化学平衡的思想发展和解决新问题的能力。

（三）前期学生存在的主要问题

在进行"弱电解质的电离"教学前期，已进行了化学反应速率和化学平衡的教学。该内容理论性较强，比较抽象，学生对有些问题难以理解，特别是对平衡实质的认识以及涉及化学平衡的移动问题。当外界条件改变时，学生对平衡体系中微粒的变化问题等困惑较多。

前期学生学习调研：你认为学习"化学平衡"的难点内容是什么？

调查问卷统计结果

难点内容	等效平衡	平衡移动	转化率	图像	平衡常数	计算
统计结果/%	49.3	45.2	17.8	17.8	5.5	4.1

有同学提出："对反应的定性、定量影响及这些影响之间的关系应有一个'大统一'的理解。"由此可以看出，学生已有将大量纷杂的事实性知识提炼核

心概念的迫切需要。

(四) 关于"平衡体系"的学习策略

1. 核心概念的建立和发展

在学习化学平衡时,我们知道化学变化是有限度的,改变条件可以使化学平衡向着某一方向移动。在"弱电解质的电离"教学内容中,可以整理出以下几个重要的基本理解:电解质有强弱之分;弱电解质的电离过程是可逆的、动态的;弱电解质的电离程度可以随外界条件的改变而改变;可以用电离常数定量描述弱电解质的相对强弱;利用化学平衡移动规律,人们可以在反应限度允许的前提下尽可能让化学反应向人们需要的方向进行。弱电解质的电离平衡符合化学平衡的基本特征和规律,从而构建核心概念知识图。

在四种平衡体系的学习中,通过"寻找事实,归纳总结,建立模型,理解应用",学生对核心概念的理解步步深入。

平衡体系

平衡体系	化学平衡	弱电解质的电离平衡	盐的水解平衡	沉淀的溶解平衡
建模方法	意识到化学反应是有限度的,通过事实归纳总结化学平衡的特点及意义,建立化学平衡核心概念体系	通过实验得知弱电解质存在电离平衡,对比化学平衡,预测弱电解质的性质,展开电离平衡的讨论	以驱动性任务为线索,由学生自行完成盐类水解的核心概念的建构并能解决实际问题	探讨利用化学平衡移动规律,在反应限度允许的前提下尽可能让化学反应向人们需要的方向进行

2. 教师为学生的学习提供的帮助

①了解学生掌握的已有概念和核心概念之间的差异,结合学生的实际情况,确定学生在学习过程中的认知发展线索。

②为学生的认知发展设计合理的问题线索。

③精选实验素材,为学生构建弱电解质的核心概念提供事实依据。

在弱电解质的电离平衡的建立教学中,采用边讲边实验的方式进行,深入挖掘实验功能,并从定量角度予以深化理解,在大量事实的基础上由学生自行得出结论"电解质有强弱之分及弱电解质的电离过程是可逆的、动态的",这种自下而上的由具体的事实性知识推理概念性知识的学习方式符合核心概念的建构过程，既激发了学生的学习兴趣，又达到了启发学生思维的目的。

④创建"任务背景"，利用一系列问题驱动和活动驱动帮助学生利用核心概念解决实际问题。

当学生已建立了弱电解质的电离平衡的概念后，进一步采用自上而下的教学策略，用建立的平衡模型，指导解决新问题。学生利用原有的化学平衡的认知结构同化有关弱电解质的新知识，理解掌握学习内容，达到对新知识的意义建构。

3. 学生的收获

通过深入理解核心概念，学生主要有以下几个方面的收获。

①学会从实验中发现问题，学会利用实验获取证据。

在实验中学习是很有乐趣的，通过实验能直观、精确、清晰地认识物质反应的规律，能主动探索新知识，找到解决问题的方法，提高动手实践能力，真正体会到化学是一门以实验为基础的学科。

在前期化学平衡的学习中，对于外界条件改变时，平衡体系中微粒的变化情况等抽象问题，学生困惑较多。教学中，通过数字化手持技术中的pH传感器和电导率传感器等定量测定化学反应过程中某些微粒的数目的变化，将电解质在水溶液中的微观变化行为以宏观的现象呈现出来，从而对弱电解质的电离和可逆过程有更形象直观的理解，突破了认知的难点，进一步培养了"宏观辨识与微观探析"学科核心素养，发展和完善了微粒观。实验不仅能提高学生的实践能力，更促进了学生的认识发展。如学生在自行设计实验验证醋酸存在电离平衡的过程中发现，在稀醋酸中先滴加冰醋酸，再加醋酸铵固体，使用传感器测定溶液的pH时，会出现下图所示图像。

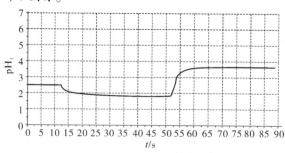

在稀醋酸中先滴加冰醋酸，再加醋酸铵固体

通过对"pH 先缓慢下降,再快速上升"这一事实的观察、思考和解释,学生对化学平衡移动原理的理解更加深入。正如学生所说"由现象去提出问题,由问题去设计实验,由实验去验证猜想,环环相扣"。

②完善物质的分类观,学会从不同角度分析问题,认识化学反应的实质。

通过运用实验手段探究电解质在水溶液中的微观变化,引导学生形成电离平衡的核心概念,能够使学生建立起微粒观和平衡观两大认识平台,从多个角度更好地认识自然界中的物质行为,对学生开阔思路、完善认知体系有很大帮助。

③建构学科知识体系,认识到化学平衡思想广泛应用于各个领域。

学生对化学平衡核心概念的认识经历了"了解、理解和应用"的过程,从能应用平衡原理解释化学现象发展到对新情境、新问题进行预测,提高了分析问题、解决问题的能力,对学科知识有了深入的理解和整体的把握,并能产生学习的迁移。

迁移1:研究"水的电离平衡"

驱动性实验任务:测定水的电导率

课前迁移型问题:

- 运用平衡原理,你预测水会有哪些性质?
- 水的电离平衡受哪些因素的影响?怎样影响?
- 对常温下的纯水进行下列操作,填写下表:

影响水的电离平衡的因素

条件	水的电离平衡移动方向	$c(H^+)$	$c(OH^-)$	$c(H^+)$、$c(OH^-)$ 浓度大小关系	酸碱性
加热					
加 HCl					
加 NaOH					

统计结果:学生全答对的占 87.8%,仅漏选一个答案的占 15%,仅错答一个的占 5%。

迁移2：设计实验活动研究"盐的水解平衡"

驱动性实验任务：测定不同盐溶液的pH

方法导引：探究盐溶液呈酸性或碱性原因的一般思路。

活动目的：揭示盐的水解平衡原理，探究盐的水解规律。学会用化学平衡的核心概念指导新知识的学习。

课前调查：你能解释为什么不同盐的酸碱性不同吗？

统计结果：本测查采用了对比的方法，强化核心概念理解。实验班和正常教学的对比班的学生理解情况如表所示。

统计结果

班型	从平衡角度分析	从形成盐的酸碱性强弱角度分析	其他角度或错误分析
实验班	78.4%	11.1%	10.5%
对比班	59.3%	29.6%	11.1%

从分析可以看出，虽然有些同学的表达还欠完整、准确和规范，但已能从平衡的角度对不同盐溶液呈酸碱性的原因进行微观的分析。可见，以核心概念统领教学能使更多的同学深入理解化学反应的本质，能将平衡移动原理化为主动性知识加以实践应用。

注：从问卷中反映出的问题：

①个别同学仍然没有建立从微观、平衡的角度分析问题的思路和方法。

②个别同学分不清哪些物质完全电离，哪些物质部分电离。

③个别同学不清楚H^+与CO_3^{2-}结合时要考虑分步问题。

这些问题还需进一步指导。

迁移3：研究"沉淀的溶解平衡"

开放型任务：以一个生产生活中的实际"任务背景"为例，设计实验方案，通过化学平衡移动原理解决实际问题。

例：牙齿表面覆盖的牙釉质是人体中最坚硬的部分，起着保护牙齿的作用，其主要成分为$Ca_5(PO_4)_3OH$。它在唾液中存在下列平衡：$Ca_5(PO_4)_3OH(s) \underset{矿化}{\overset{脱矿}{\rightleftharpoons}} 5Ca^{2+} + 3PO_4^{3-} + OH^-$。进食后，细菌和酶作用于食物，产生有机酸，这时牙齿受腐蚀，其原因是_____。已知 $Ca_5(PO_4)_3F(s)$ 的溶解度比上面的矿化产物更小，质地更坚固。请用离子方程式表示_____，当牙膏中配有氟化物添加剂后能防止龋齿的原因_____。根据以上原理，请你提出一种其他促进矿化的办法：_____。

迁移4：学习了化学平衡、电离平衡、水解平衡及沉淀的溶解平衡后，你有什么新的认识？

小结：学习完"沉淀的溶解平衡"后，绝大多数同学能够建立较完善的化学平衡的核心概念，认识可逆反应的动态平衡，并且在遇到实际问题时能提出合理的解决方案。

教学实践表明，符合学生认知规律的概念教学可以让学生更容易理解化学概念，而基于探究的化学概念的教学可以激发学生对概念学习的兴趣，促进学生对概念实质的理解。以核心概念统领教学能使更多的同学深入理解化学反应的本质，能将平衡移动原理化为主动性知识加以实践应用。

综上所述，在教学中注重发展学生对核心概念的理解，能促进学生进一步深入理解和掌握化学学科基本知识结构，学会研究物质的角度和方法。

案例11　基于"证据推理与模型认知"培养下的化学教学实践
——以"平衡视角下的离子反应再认识"为例
北京市通州区潞河中学　夏　添

一、指导思想与理论依据

《普通高中化学课程标准（2017年版）》中明确指出："了解水溶液中的离子反应与平衡在物质检测、化学反应规律研究、物质转化中的应用。"在教学策略中建议："关注水溶液体系的特点，结合实验现象、数据等证据素材，引导学生形成认识水溶液中离子反应与平衡的基本思路。"

与旧版课标"知道酸、碱、盐在溶液中能发生电离，通过实验认识离子反应及其发生条件"不同，新课标对离子反应的认识由割裂个体变为一个微观、平衡视角下电解质的复杂行为解释。本节课开展了大量化学科学实践活动，在实践过程中引导学生关注物质宏观现象和微观粒子变化之间的关系，强调了微观探析和平衡观念的渗透，并由此形成微观、平衡视角再认识离子反应的基本模型。整个教学过程依循实践—认识—再实践的路径，关注学生证据意识的培养，引导学生逐步建立观点、结论和证据之间的逻辑关系，最终培养学生严谨的科学态度，体现化学的学科价值。

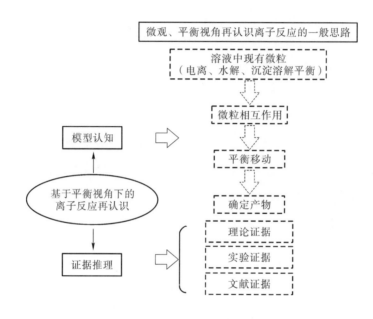

观点、结论和证据之间的逻辑关系图

二、教学背景分析

1. 学习内容分析

离子反应是中学化学教学的主干知识，是中学化学无机反应的主要类型。作为中学化学学科的核心概念，与学科基本观念（如价值观、元素观、微粒观、变化观、分类观、实验观和计量观等）及具体知识（如离子共存、离子方程式的书写与判断、离子的检验、物质的制备等相关知识）有着紧密而又广泛的联系。教材在离子反应部分的设置也是逐层展开的：初三化学"酸、碱、盐"是从宏观物质视角认识水溶液中酸、碱、盐之间的反应；必修1"离子反应"建立了微观离子视角，总结出离子反应发生条件；选修4"平衡理论"的学习（化学平衡、电离平衡、水解平衡、沉淀溶解平衡），是对电解质在水溶液中的复杂行为的进一步认识。

变化观念与平衡思想是化学学科核心素养中的重要组成部分，选修4第三章电离平衡、水解平衡、沉淀溶解平衡是研究电解质在溶液中发生各种变化的理论基础，核心是探讨水溶液中离子间的相互作用，体现了化学理论的指导作用。

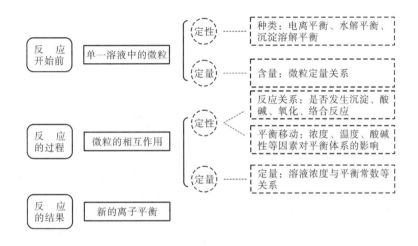

水溶液中离子间的相互作用

本节课的设计以促进学生认识发展为目标导向，通过问题引入造成认知冲突，在问题的讨论与分析中，使学生意识到必须改变看问题的角度，从微观、平衡等多重视角重新审视离子反应的本质，从而建立宏观性质与微观本质（微粒及其相互作用）、单一反应与多重平衡的竞争等的实质联系。在课程中将学科基本观念，尤其是微粒观、平衡观融在具体知识的学习过程之中，突出核心概念的桥梁作用。

2. 学生分析

通过初三化学的学习，学生了解了复分解反应及其发生条件，能够从宏观物质视角认识水溶液中酸、碱、盐之间的反应；通过高一必修1"离子反应"的学习，学生在了解电解质概念的基础上，重点讨论酸、碱、盐的电离情况，从电离的角度认识酸、碱、盐的本质，并能从微观离子视角认识水溶液中酸、碱、盐反应的实质；通过必修 4 "平衡理论"（化学平衡、电离平衡、水解平衡、沉淀溶解平衡）的学习，学生能够意识到整个自然界实际就是各类物质相互依存、各种变化相互制约的复杂的平衡体系，并能够初步运用平衡知识解释常见生产、生活中的现象。但学生对溶液中离子反应的认识角度单一，习惯于宏观、静态地分析，缺乏对水溶液中的微粒及其相互作用的微观、动态认识。

3. 教学方式与教学手段说明

教师在课前对"你认为 Mg 可以和下列哪些物质（CH_3COOH 溶液、NH_4Cl 溶液，$CuSO_4$ 溶液，$NaHCO_3$ 溶液）反应制备氢气"的调查中发现，选 NH_4Cl 溶液，$CuSO_4$ 溶液的同学很少（约占 15%），选 $NaHCO_3$ 约占 1%。由此可见，学生对 Mg（金属）所参与的反应的认识，还停留在宏观层面：酸可以与金属反应。在学完盐类水解知识后，能够理解盐溶液 NH_4Cl 溶液、$CuSO_4$ 溶液也可以呈酸性，如果认为 $NaHCO_3$ 溶液呈碱性不能反应，则说明学生习惯于将宏观现象与微观粒子的行为割裂开，不能从平衡角度去思考问题，更不能自觉或主动地运用水溶液中的离子平衡及其移动原理来分析和解决水溶液中的复杂离子反应问题。基于此，本节课通过小组合作、科学探究系列活动的开展，结合平衡理论（化学平衡、电离平衡、水解平衡、沉淀溶解平衡）相关知识，逐步建立变化平衡视角，从定性、定量多角度预测、分析和调控复杂离子反应。

三、教学目标

（1）从微观、平衡角度认识电解质在水溶液中的相互作用，并进一步理解离子反应的本质。

（2）通过小组合作探究，形成从微观、平衡视角再认识离子反应的基本思路。

（3）通过设置适宜难度的实验探究问题，引发学生探究欲望，建立认知冲突，提升运用知识解决实际问题的能力，逐步发展科学探究的化学学科核心素养。

四、教学重点和难点

教学重点：从微观、平衡角度认识电解质在水溶液中的相互作用，进一步理解离子反应的本质。

教学难点：形成从微观、平衡视角再认识离子反应的基本思路。

五、教学流程图及教学过程

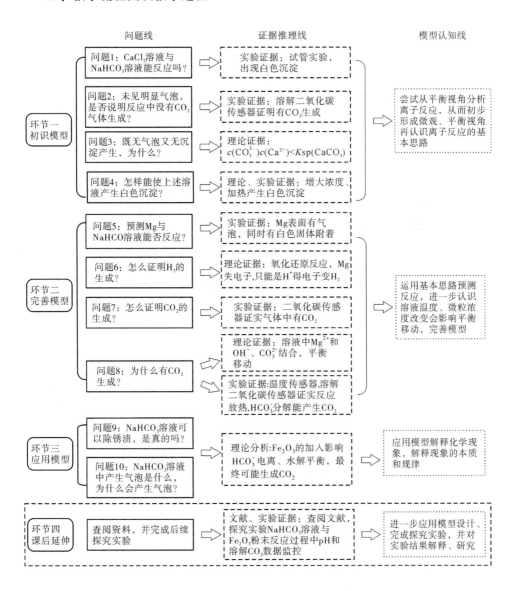

"平衡视角下的离子反应再认识"教学流程图

"平衡视角下的离子反应再认识"教学过程

教学环节	教师活动	学生活动	设计意图
环节1 初识模型	【引入】任务1：$CaCl_2$ 溶液与 $NaHCO_3$ 溶液能反应吗？ 【指导】学生探究实验。 【提问】白色沉淀产生的原因是什么？ 【引导】指导学生分析、书写反应离子方程式。 【引导】初步认识微观、平衡分析离子反应的基本思路。 【提问】未见明显气泡，是否说明反应中没有 CO_2 气体生成？设计实验证明你的想法。 【演示实验】0.01 mol/L $NaHCO_3$ 溶液中加入 0.5 mol/L $CaCl_2$ 溶液。 【提问】为什么出现了不同实验现象？ 【提问】怎样使其产生白色沉淀？ 【演示实验】分别取反应后溶液，加入浓 $NaHCO_3$ 溶液，进行加热操作。 【引导】建立微观、平衡视角再认识离子反应的模型。	思考回答。 完成探究实验，记录实验现象。 分享交流。 讨论分析：白色沉淀是 $CaCO_3$，是由 HCO_3^- 电离出的 CO_3^{2-} 和溶液中的 Ca^{2+} 结合产生的。 展示书写结果， $Ca^{2+} + 2HCO_3^- == CaCO_3\downarrow + CO_2\uparrow + H_2O$ 学生设计实验，分享实验结果。 总结交流。 认真观察实验现象。 讨论分析，离子浓度过小，$c(Ca^{2+})c(CO_3^{2-}) < Ksp(CaCO_3)$，无法产生沉淀。 思考并回答： 加大浓度； 升高温度。 观察到两支试管都出现白色沉淀的现象。	尝试通过平衡视角分析离子反应，从而初步形成微观、平衡视角再认识离子反应的基本思路。 引导学生敢于质疑，形成尊重客观事实，基于证据解决实际问题的意识。 引导学生发现异常现象，认识离子浓度会影响平衡移动，感受到反应是有条件的，反应是可控制的。
环节2 完善模型	【提问】请通过分析平衡体系，预测 Mg 与 $NaHCO_3$ 溶液能否反应。 【引导】引导学生分组实验。 【提问】生成的气体是什么？	理论分析。 完成探究实验，记录实验现象。 分享交流。 气体可能是： ① H_2；② CO_2；③ H_2 和 CO_2。	

续表

教学环节	教师活动	学生活动	设计意图
	【追问】怎样检验产生的气体？ 【追问】H_2 是否必须用实验证明？ 【提问】为什么会生成 CO_2 气体？ 【提问】怎么证明反应温度升高促使 HCO_3^- 分解？ 【追问】还可能有别的原因吗？ 【过渡】平衡移动受多种因素影响。	设计方案，检验 H_2 和 CO_2。 不需要，Mg 失电子，发生氧化反应，必然有微粒得电子，只能是 H^+ 得电子生成 H_2。 可能是 HCO_3^- 受热分解产生的。 分组实验，探究 Mg 与 HCO_3^- 反应过程中温度的变化。 探究 $NaHCO_3$ 受热过程中溶液中 CO_2 含量变化。 分析溶液中 Mg^{2+} 和 OH^-、CO_3^{2-} 能结合促使水解平衡右移。	进一步认识溶液温度、微粒浓度改变会影响平衡移动，提升实验探究能力与证据推理意识。
环节 3 应用模型	【展示】展示新闻。 太强大了！小苏打使用大全！ 2014年4月22日 - 在海绵上洒上小苏打 【提问】$NaHCO_3$ 溶液可以除锈渍，是真的吗？ 【展示图片】探究实验：向 0.025g Fe_2O_3 粉末中分别加入 10 mL 0.5 mol/L $NaHCO_3$ 溶液和 H_2O。$NaHCO_3$ 溶液中产生气泡。 【引导】分析实验现象。	$NaHCO_3$ 溶液中存在： $HCO_3^- \rightleftharpoons H^+ + CO_3^{2-}$，溶液中有 H^+，可以反应。 分析讨论。 聆听感悟。	激发学生进一步探究的欲望，强化模型认知。 引导学生形成敢于打破常规，完善分析视角、尊重客观事实的科学态度。
环节 4 课后延伸	应用模型，查阅相关文献资料，完成后续实验探究，并对实验结果作进一步分析： (1) 不同浓度 $NaHCO_3$ 溶液与 Fe_2O_3 粉末反应对比。 (2) $NaHCO_3$ 溶液与 Fe_2O_3 粉末反应过程中 pH 和溶解 CO_2 数据监控。	为进一步探究做好准备。	激发学生进一步探究的欲望，树立终身学习的意识。
课后作业	(1) 分析完成：(2009 年北京高考 26 题节选) 将 $FeSO_4$ 溶液与稍过量的 NH_4HCO_3 溶液混合得到 $FeCO_3$ 的离子反应方程式。 (2) 请尝试利用平衡移动原理解释生产、生活中的常见现象。	关注生活中常见现象，尝试用平衡视角解释原因。	知识落实，感受化学平衡原理在生产、生活中的重要指导作用。

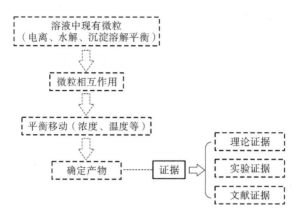

"平衡视角下的离子反应再认识"板书设计

附录　学习效果评价设计

1. 纸笔评价

思考并完成习题：（2012年北京高考27题）2 mL银氨溶液中滴加数滴较浓NaOH溶液，有气泡产生，一段时间后，溶液逐渐变黑生成Ag_2O，请解释生成Ag_2O的原理。

2. 自我反思评价

自我反思评价课终卡

我印象深刻的是……	
我学会……	
我没学会……	
我还想了解……	

六、教学思考

1. 关注学生微观、平衡视角的形成

学生通过选修4"平衡理论"的学习，对简单溶液中的微粒变化、平衡移动能够有效辨识和准确判断。但对陌生情境，尤其是复杂情境，学生仍然会力不从心，不能抓住水溶液中离子反应的本质。通过引导学生的微观、平衡视角再认识离子反应的模型，帮助学生在遇到类似问题时，寻找到思考问题的入口和路径，形成解决问题的程序化思维。课后利用北京市 2009 年高考 26 题："将 $FeSO_4$ 溶液与稍过量的 NH_4HCO_3 溶液混合得到 $FeCO_3$ 的离子反应方程式"进行检测，95% 的同学都能够正确回答。

2. 强化学生证据意识培养

新课标中明确指出要培养学生的证据意识，要引导学生建立观点、结论和证据之间的逻辑关系。本节课试图通过大量实践活动培养学生敢于质疑、勇于创新、善于取证的科学态度。证据有多种多样：有基于平衡理论分析的理论证据，有基于试管实验和手持实验的定性现象数据、定量数据证据，有基于论文的文献证据。在多元真实的证据依托下，逐步引导学生建立清晰的逻辑推理。

3. 注重学生认知发展，引导学生多角度、全面地认识实际问题

本节课从高一学生常见的 $CaCl_2$ 和 $NaHCO_3$ 溶液的宏观反应入手，引导学生分析离子反应过程中微观粒子的来源，微粒的存在状态、微粒间的相互作用及其作用结果，形成用微观实质解释宏观现象及从宏观现象推测微观实质的思维路径。通过异常现象对比分析，引导学生认识到离子浓度、温度会影响平衡移动，感受到反应是有条件的、可控制的，完善微观、平衡角度再认识离子反应的模型。应用模型环节进一步打破常规，培养了学生完善分析视角、尊重客观事实的科学态度。本节课通过层层递进的问题设计，提升了学生对化学反应本质的理解，促进其多角度、全面地分析实际问题。教学过程符合学生认知发展，能够提高学生全面认识实际问题的能力。

4. 深入挖掘了手持技术数字化实验在化学教学中的运用

本节课改变过去单一、枯燥的原理分析，设计了大量的探究实验，尤其是大量手持实验。整个教学过程中用到了：溶解二氧化碳传感器，二氧化碳传感器，温度传感器以及 pH 传感器的使用。手持技术类型实验，很好地将化学实验与信息技术进行了结合，通过传感技术将实验数据以图像形式直接呈现出来，让学生清晰地"看到"无法直接观察到的现象；同时在数据、图像等实证的展示过程中还充分运用了计算机控制软件中的屏幕交互功能，使不同学生的实验数据能够

实时地显示在电脑屏幕上，供大家分享交流，促进了学生学习方式的转变，强化了学生证据意识的培养，大大提高了课堂的效率。

案例12 "证据推理"导向下的化学实践
——以"化学平衡"教学为例

北京市通州区潞河中学 夏添

一、指导思想与理论依据

化学变化和反应既是化学科学的研究对象，也是探究物质性质和实现物质转化的研究方法。可逆反应作为一类重要的化学反应，是中学化学乃至工业生产、生活重点研究对象，承载了许多重要的物质转化方法。《普通高中化学课程标准（2017年版）》要求：了解可逆反应的含义，知道可逆反应在一定条件下能达到化学平衡状态。

鉴于此，将本节课核心目标确立为：通过实验探究，使学生建立对化学平衡过程的认识。

本课时是典型的概念原理内容，借鉴了一些基本的教学策略：

（1）使学生体会化学平衡概念的形成过程。从学生已有认知出发，以学生为主体设计问题、任务，使学生从定性到定量并从宏观到微观深刻体会"化学平衡状态"的概念。

（2）引导学生建立科学研究的基本思路和方法（理论猜测，设计实验，实验探究，收集数据，评价交流，得出结论）。以定性、定量化学实验为主的多种探究活动，使学生体验科学探究的过程，促进学习方式的转变，强化证据意识的培养。

二、教学背景分析

1. 学习内容分析

化学平衡是化学热力学的重要内容。在中学化学中，化学平衡是化学反应速率知识的延伸，也是以后学习有关化学平衡移动等知识的理论基础，是中学化学所涉及的溶解平衡、电离平衡、水解平衡等知识的基础与核心。它与化学反应速率、化学反应的方向共同构成了学生对化学反应的原理认识，并促使学生形成从限度、速率、方向等多角度综合调控化学反应的基本思路。

化学平衡的概念建立，其教学核心是认识化学反应是有限度的，理解化学平衡状态的宏观特征和微观本质。本节课试图改变过去单一、枯燥的原理分析，依托学生认知发展，以问题为导向，以活动为平台，使学生从定性到定量并从宏观到微观深刻体会化学平衡概念的形成过程。

2. 学习者分析

通过元素化合物的学习，学生初步认识到：二氧化硫和水，二氧化硫的催化氧化，合成氨的反应是可逆反应。课前对32名同学进行了学前检测。

前测题目：（1）请你尽可能多角度地描述：①氢气和氯气的反应；②氢气和氮气的反应。

学生作答情况如表所示。

学生作答情况统计 人数

题号	反应微粒关系	反应物和生成物状态	宏观现象	反应条件	反应热效应	反应程度
①	24	1	19	10	2	5
②	24	4	4	9	5	13

从作答情况分析，学生多关注反应微粒关系、宏观现象及反应条件，但较少关注反应是否为可逆反应，能否进行到底。

前测题目：（2）已知 $2SO_2 + O_2 \rightleftharpoons 2SO_3$，向一定容密闭容器中投入 8 mol SO_2 和 4 mol O_2，并加热，请画出随时间变化容器中微粒的变化示意图。

学生作答示例如下：

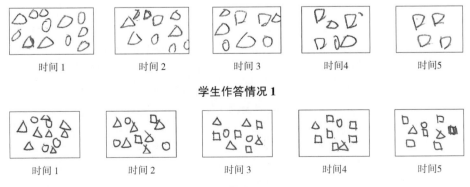

学生作答情况1

学生作答情况2

从作答情况看，96%的学生认为反应后只有SO_3微粒；3.7%的同学认识到反应后SO_3、SO_2、O_2三者共存，但并不能表示出一段时间后，三者浓度不再变化。

综上分析，学生认识"可逆反应与化学平衡状态"的不足主要有：不能从"反应进行的程度"角度认识化学反应，不能正确地理解、描述可逆反应的化学平衡状态特征。

三、教学目标

（1）知道化学反应中存在可逆反应，认识化学反应限度；了解化学平衡含义，认识化学平衡的特征；知道当一定的外界条件改变时，化学平衡可能发生移动。

（2）通过大量实验事实理解可逆反应及化学反应的平衡状态。

（3）在认识可逆反应和平衡过程中，体会实验证据的重要性。

四、教学重点和难点

教学重点：了解化学平衡含义，认识化学平衡的特征。

教学难点：科学研究的基本思路和方法的建立。

五、教学流程图及教学过程设计

基于证据认识"可逆反应与化学平衡状态"教学整体思路设计

内容主线	问题与活动设计	学生认识发展
环节1：实验导入	课前将一块称重过的不规则硫酸铜晶体置于饱和硫酸铜溶液中，每天观察晶体形状变化，一周后，取出晶体，干燥，称重。 [问题1] 在上述过程中硫酸铜晶体形状改变，质量几乎不变，你得到什么启示？	认识溶解、结晶过程的可逆性，感受溶解平衡是动态平衡。
环节2：认识可逆反应	[问题2] 如何设计实验证明 $Cr_2O_7^{2-} + H_2O \rightleftharpoons 2CrO_4^{2-} + 2H^+$ 是可逆反应？	通过定性、定量实验的设计和完成，从真实实验情境中认识可逆反应。
环节3：认识可逆反应的平衡状态	[问题3] 如何设计实验探究可逆反应 $Cr_2O_7^{2-} + H_2O \rightleftharpoons 2CrO_4^{2-} + 2H^+$ 建立平衡状态的过程？ [问题4]：平衡状态建立过程中，反应速率是怎样变化的？尝试分析$v_正$、$v_逆$随时间变化的图像。	利用手持技术等证据支持，认识可逆反应达到平衡状态的特征。 认识可逆反应平衡状态的微观本质。

续表

内容主线	问题与活动设计	学生认识发展
环节4：感受平衡状态的改变	[问题5]：化学反应平衡状态能否发生改变？	条件改变，平衡状态会改变，限度会变化。

"化学平衡"教学过程

教学环节	教师活动	学生活动	设计意图
环节1 实验导入	【课前实验】将一块称重过的不规则硫酸铜晶体置于饱和硫酸铜溶液中，每天观察晶体形状变化，一周后，取出晶体，干燥，称重。 【引导】分析出现该现象的原因。 【过渡】由溶解平衡迁移到化学平衡。	学生课前实验 分享交流	认识溶解、结晶过程的可逆性，感受溶解平衡是动态平衡。
环节2 认识可逆反应	【实验探究】设计实验，证明 $Cr_2O_7^{2-} + H_2O \rightleftharpoons 2CrO_4^{2-} + 2H^+$ 是可逆反应。 【交流总结】 验证反应是否为可逆反应的方法： (1) 验证反应物和产物同时存在。 (2) 从两个方向建立反应，验证发生与否。	学生设计、完成实验。 分享交流、总结	通过定性实验设计、完成，从真实实验情境中认识可逆反应。
环节3 认识可逆反应的平衡状态	【过渡】可逆反应是否和溶解平衡一样存在平衡状态？设计实验探究可逆反应 $Cr_2O_7^{2-} + H_2O \rightleftharpoons 2CrO_4^{2-} + 2H^+$ 建立平衡状态的过程。 【交流总结】通过溶液中反应物或生成物浓度不再改变判断反应达到平衡状态。 【提问】浓度不再变化的实质是什么？ 【延伸】做出 $v_正$、$v_逆$ 随时间变化的图像。 【总结】达到平衡状态时，可逆反应正、逆反应速率相等，各组分浓度保持不变。	学生设计、完成实验。 分享交流、总结。 可以利用pH传感器等方法判断。 实验操作。 分享交流。 思考回答。 完成学案。	通过定量实验设计、完成，建立可逆反应的平衡状态。 利用手持技术等证据支持，认识可逆反应达到平衡状态的特征。 从微观角度深化对可逆反应的理解。

续表

教学环节	教师活动	学生活动	设计意图
环节4 感受平衡状态的改变	【提问】化学反应平衡状态是否永久不变? 【探究实验】设计实验证明 $Cr_2O_7^{2-} + H_2O \rightleftharpoons 2CrO_4^{2-} + 2H^+$ 条件改变时,平衡状态发生变化。 【总结】化学平衡状态:在一定条件下的可逆反应里,正反应和逆反应的速率相等,反应混合物中各组分的浓度保持不变的状态。条件改变,平衡状态也会发生改变,直到达到新的平衡状态,同一可逆反应,条件不同,达到的平衡状态不同,反应限度不同。	实验汇报、交流。	条件改变,平衡状态会改变,限度会变化。
环节5 分享交流 总结提升	【提问】本节课的收获。	分享交流。	体验科学探究的过程,强化探究过程中证据意识的培养。
环节6 作业	设计实验,探讨影响化学平衡状态的因素。	思考设计。	后续学习中继续运用科学研究的基本思路和方法。

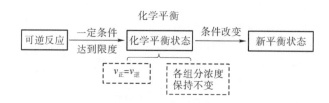

"化学平衡"板书设计

六、教学思考

在"化学平衡"的教学过程中,以探究实验、手持技术和信息处理等为手段,通过以定性、定量化学实验为主的多种探究活动,使学生体验科学探究的过程,促进学习方式的转变,强化证据意识的培养。

1. 改变传统教学模式,凸显概念教学的价值和功能

化学平衡传统教学中教师通常以化学概念本身为中心教学,主要阐述什么是

可逆反应及引导学生怎样判断化学平衡是否达到平衡状态，更多的是对概念本身的讲解和剖析，而忽视了平衡概念建立的过程，以及平衡概念建立过程中对学生学习角度、方法引导的贡献，不能很好地体现平衡概念教学的功能与价值。

本节教学设计突破了传统教学模式，改变过去单一、枯燥的原理分析，依托学生认知发展，以问题为导向，以活动为平台，使学生从定性到定量并从宏观到微观深刻体会化学平衡概念的形成过程。同时在教学过程中，引导学生建立科学研究的基本思路和方法（理论猜测→设计实验→实验探究→收集数据→评价交流→得出结论）。这样，化学平衡的概念教学变成了学生探究学习、自我建构的过程，更能够促进学生体会概念建立的意义，体会平衡教学的功能价值。

2. 深入挖掘大量实验，凸显证据意识下的化学教学

科学的本质是"严谨和证据"，强化学生的"证据"意识，正确运用证据解决问题。本节课在证明"化学反应的可逆性→认识可逆反应的平衡状态→条件改变平衡状态改变"这几个重要环节中，改变了教师设计实验——学生验证实验的传统教学方式，而采用了学生自行思考设计化学实验的方式，将学生"做实验→分析现象→得出结论"的探究过程，变为"要证明什么结论→需要什么证据→怎样设计实验→实验实施"的过程。在此过程中，学生对证据类型进行重新梳理与归纳。如化学反应可逆性的证明中，学生采用了定性、定量化学实验，通过定性、定量化学实验现象提供证据；在认识可逆反应的平衡状态、条件改变平衡状态这两个环节中，学生设计了开放性手持实验。手持技术类型实验，很好地将化学实验与信息技术进行了结合，通过反应物或生成物浓度随时间改变的图像直接呈现出来，让学生清晰地"看到"平衡状态的建立、改变过程，促进了学生学习方式的转变，进一步强化了学生证据意识的培养。

案例13　基于证据的"影响化学平衡移动因素"的探究

北京市通州区潞河中学　孟祥雯

一、指导思想与理论依据

以建构主义为核心的新学习观和教学观越来越成为新学习范式的重要理念。

理查德·E. 梅耶曾指出："建构性学习的目标是通过直接教学促进知识建构和理解，当学习者通过理解学习材料来主动建构自己的知识时，建构性学习便产生了。"

认同物质世界的客观性和可认知性，是探索物质世界的前提；基于证据的判断、推理和探究能力，是学习、研究化学学科的必备品格和关键能力；从宏观现象入手，在原子、分子水平上分析研究，是化学学科的基本认知方式；掌握物质变化的基本规律，能运用逻辑思维对物质及其变化现象进行分析推理，是认识、创造新物质的基础和途径。本节教学设计以"化学平衡"体系为线索，以探究实验、手持技术和信息处理等为手段，充分利用证据建立化学平衡相关概念，经历从"感受动态平衡""建立平衡意识""多角度深化理解平衡"到"应用平衡思想解决实际问题"一系列过程，形成基于微粒观的完整的认知体系，促进学生形成"变化观念与平衡思想""证据推理与模型认知""实验探究与创新意识"等化学学科核心素养。

二、教学背景分析

1. 学习内容分析

本节教学内容以人教版化学选修4"化学反应原理"第二章"化学反应速率和化学平衡"第三节"化学平衡"为载体，教学的核心目标是通过实验探究，讨论浓度、温度、压强对化学平衡的影响，建立对化学平衡移动规律的认识，并能应用于生产、生活实践中。

化学平衡理论是中学教材的重要内容。化学平衡的知识是理解可逆反应、水解、弱电解质的电离、难溶物质的相互转化的重要基础，也为学习物质在水溶液中的行为提供了理论依据。"平衡问题"模型的建构对学生后续学习电离平衡、水解平衡、难溶电解质溶解平衡具有极其重要的指导作用。因此化学平衡在"化学反应原理"模块中起到了连通前后内容的桥梁作用，同时也是了解某些重要工业生产的理论依据。

本节教学通过传统化学实验和数字化实验相结合，从定性和定量角度揭示了影响化学平衡状态的外部因素，强调通过证据的获取学习、理解化学知识。

2. 学习者分析

已有基础：通过必修2阶段的学习，学生已初步建立了化学平衡概念，知道如何从宏观角度判断某反应是否达到平衡，并知道达到平衡时的特点。通过选修4"化学反应原理"第三章第三节"化学平衡"第一课时的学习，从定性、定量以及微观角度更深入地了解化学平衡的建立过程，并知道化学平衡是建立在一定条件下的，改变条件可以在一定程度上改变反应的限度。但学生不知道改变条件后对平衡有什么影响。

发展进阶：学生待发展的认知是能够通过浓度、温度、压强等反应条件对化学平衡影响进行定性分析；通过实验获得感性认识，学会运用手持技术所提供的精准数据为实验探究提供有力证据支持，建构平衡问题认知模型；能应用平衡移动规律解释相关问题，体会化学平衡移动原理的功能与价值，认识到化学平衡思想广泛应用于各个领域。

学习障碍：对化学平衡只有定性的感性认识，缺乏理性的定量分析，缺少对化学平衡状态本质的理解。

3. 教学方式与教学手段说明

以生活问题和化学问题为情境，以化学实验和基于手持技术的数字化实验为手段，采用实验探究法、类比迁移法、归纳演绎法等教学方式。

技术准备：①基于证据的"影响化学平衡移动因素"的探究前测。
②数字化实验中各仪器的调试、药品的准备。

三、教学目标

（1）能运用浓度、压强、温度对化学平衡的影响规律，推测平衡移动方向。

（2）能运用温度、浓度、压强和催化剂对化学平衡的影响规律解释生产、生活、实验室中的实际问题，能讨论化学反应条件的选择和优化。

（3）学会运用实验事实、数据等证据进行分析和推理，建立认知模型，培养"证据推理与模型认知"学科核心素养。

（4）认识化学平衡的调控在生活、生产和科学研究领域中的重要作用，感受化学的学科价值和应用价值，关注社会问题，培养社会责任。

四、教学重点和难点

教学重点：浓度、温度、压强等外界条件对化学平衡影响的规律。

教学难点：分析平衡移动的一般思路和方法。

五、教学过程

基于证据的"影响化学平衡移动因素"的探究教学过程

教学环节	教师活动	学生活动	设计意图
环节1：引入新课	【问题引入】描述你所知道的化学平衡。	【畅所欲言】我所了解的化学平衡	了解学生已有知识，诊断问题与困惑。
环节2：感悟生活中的化学平衡	【演示实验1】将适量常温啤酒倒入烧杯中，观察现象。 【演示实验2】将实验1的烧杯放入热水中，再次观察现象。 【引导学生讨论】维持平衡的条件以及破坏平衡的因素。进一步探究啤酒中的化学平衡： $CO_2 + H_2O \rightleftharpoons H_2CO_3$ $H_2CO_3 \rightleftharpoons H^+ + HCO_3^-$ 引导学生依据实验事实猜测：哪些因素会影响平衡的移动，如何影响？ 【拓展】其他的碳酸饮料。 【视频】当可乐遇上曼妥思 【注意】安全问题： ①啤酒瓶标志：B； ②出厂日期； ③啤酒不能冷冻、暴晒等。	【观察现象】 【思考】产生泡沫的事实能说明什么？ 【思考】对比演示实验1，分析原因。 重点讨论温度、压强对平衡 $CO_2(aq) \rightleftharpoons CO_2(g)$ 的影响。 【任务1：实验】在啤酒中分别加 $NaHCO_3$ 固体，稀 H_2SO_4 溶液，$NaOH$ 溶液等。从定性和定量两个角度观察、分析实验现象。 定性：观察气泡。 定量：用溶解二氧化碳传感器测量啤酒中 CO_2 含量变化，记录数据。 【分析、讨论】什么外界因素会引起平衡的移动？怎么移动？	通过实验感知维持啤酒平衡的条件以及改变条件后，平衡移动的方向。 通过定性和定量的实验事实，认识到改变维持平衡的条件，平衡就会发生移动。并了解平衡如何移动。
环节3：基于证据建构平衡模型	【拓展】其他反应是否也满足这个规律呢？ 反应1：$\underset{橙色}{Cr_2O_7^{2-}} + H_2O \rightleftharpoons$ $2\underset{黄色}{CrO_4^{2-}} + 2H^+$ 【问题】 (1) 如何设计实验方案进行探究？ (2) 设计实验方案的原则是什么？	【头脑风暴】设计尽可能多的实验方案，使平衡发生移动。 【讨论】哪些外界条件会改变该平衡？如何设计实验验证？预测现象是什么？	进一步探究其他化学反应，寻找外界因素对化学平衡移动影响的共性。

续表

教学环节	教师活动	学生活动	设计意图
		【总结】设计实验方案的原则。 【任务2：验证】依据可观察到明显的实验现象和可测得实验数据出发，从定性和定量两个角度设计可行的实验验证自己的假设，记录实验结果。 【汇报、分析、得出结论】 方法1：增加 $Cr_2O_7^{2-}$ 的浓度 方法2：加 NaOH 方法3：加 H_2SO_4 方法4：增加 CrO_4^{2-} 的浓度 方法5：加 H_2O 方法6：改变溶液的温度 …… 定性角度：观察溶液颜色的变化 定量角度：用 pH 传感器测量溶液的 pH，记录数据。 【预测】依据已有化学平衡知识进行预测。	通过多组实验的分析，概括出平衡移动的规律。建立基于证据推理的解决化学平衡问题的模型认知。
	运用屏幕交互系统演示学生实验结果。 反应2： $2NO_2(g) \rightleftharpoons N_2O_4(g)$ 分析哪些外界因素可能会引起平衡移动？怎么移动？ (1) 探究温度对化学平衡的影响。 【演示实验】将 NO_2 平衡球分别放在热水和冷水中，观察现象。 (2) 探究压强对化学平衡的影响。 【视频】改变针管内 NO_2 气体的体积，用压强传感器测量压强的变化图像。	【解释原因】	通过使用传感器等数字化实验和屏幕交互系统，学生能从精准的定量数据和及时的反馈交流中获取证据，进一步深入理解相关概念。

续表

教学环节	教师活动	学生活动	设计意图
	【对比实验】针管内收集 Br_2 蒸汽，重复以上操作。 【归纳】化学平衡移动原理 勒夏特列原理：如果改变影响平衡的条件之一（如温度、压强以及参加反应的化学物质的浓度），平衡将向着能够减弱这种改变的方向移动。 引导学生感悟自然界和生活中的化学平衡。 如：困难像弹簧，你强它就弱。	【观察现象、分析图像、解释原因】 200 ───── 100 ───── 【观察现象、分析图像、寻找差别、解释原因】 【总结】平衡移动的规律。 体会化学原理中的哲学思想	 引导学生感悟自然界和生活中的化学平衡，体会化学原理中的哲学思想，鼓励学生有乐观、积极向上的学习态度。
环节4：应用模型解决实际问题	【探讨】平衡原理在生活、生产中的应用。 【情境1】人体血液中的酸碱平衡。 【情境2】酒精测定仪中的化学平衡。 【情境3】含有六价铬的工业废水的处理等。 【演示实验】取少许前面学生实验的含 $Cr_2O_7^{2-}$ 、CrO_4^{2-} 的废液，加入适量 $FeSO_4$ 固体。	运用已建立的化学平衡模型解决实际生产、生活中的问题。 结合 $CO_2+H_2O \rightleftharpoons H_2CO_3 \rightleftharpoons H^+ +HCO_3^-$ 解释蚊虫叮咬后的现象，提出处理方法。 结合 $Cr_2O_7^{2-}+3C_2H_5OH+8H^+ \rightleftharpoons 2Cr^{3+}+3CH_3CHO+7H_2O$ 为什么酒精测定仪中还要加入硫酸？ 结合 $CrO_4^{2-} \xrightarrow[①转化]{H^+} Cr_2O_7^{2-} \xrightarrow[②还原]{Fe^{2+}} Cr^{3+} \xrightarrow[③沉淀]{OH^-} Cr(OH)_3 \downarrow$ 提出含铬废水的处理方法。 【观察实验现象】	呼应环节1的生活情境问题，运用化学平衡问题分析模型解释新情境中的化学问题，体会化学平衡的调控在生活、生产和科学研究领域中的重要作用，感受化学的学科价值和应用价值。 树立环保意识，培养社会责任。

教学环节	教师活动	学生活动	设计意图
	【小结】从以上分析我们可以体会到：整个自然界实际就是各类物质相互依存、各种变化相互制约的复杂的平衡体系。	体会化学原理中的哲学思想。	
环节5：反思提升	【问题】室温下，在$K_2Cr_2O_7$的溶液平衡体系中加水，平衡将会怎样？	认识到经验性规律——"化学平衡移动原理"的局限性，激发深入学习的热情。	发现模型的局限性，依据新的事实证据探寻改进、优化模型的设想或方法。为学习化学平衡常数做准备。

影响化学平衡移动因素

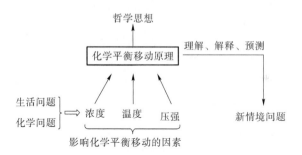

于证据的"影响化学平衡移动因素"的探究板书设计

附录1 基于证据的"影响化学平衡移动因素"的探究学案

【学习过程】有序操作，细致观察，认真记录，全面思考，建立模型，拓展运用。

任务1：将生活问题转化为化学问题——生活中的化学平衡的移动

实验目的：探究外界因素对化学平衡移动的影响。

【实验】在啤酒中分别加入$NaHCO_3$固体、稀H_2SO_4溶液、$NaOH$溶液等，从定性和定量角度观察、分析实验现象。

实验编号		1	2	3
实验步骤		在啤酒中加入 $NaHCO_3$ 固体	在啤酒中加入稀 H_2SO_4 溶液	在啤酒中加入 NaOH 溶液
现象	定性			
	定量			
结论				

任务2：实验探究化学问题，建立认知模型——基于证据建构平衡认知模型

实验目的：探究改变浓度对化学平衡移动的影响。

方案设计：已知在 $K_2Cr_2O_7$ 溶液中存在如下平衡：

$$\underset{\text{橙色}}{Cr_2O_7^{2-}} + H_2O \rightleftharpoons \underset{\text{黄色}}{CrO_4^{2-}} + 2H^+$$

设计原则：

方法1：

步骤：

(1) 选取相同的平衡体系：取三支试管，分别加入 2 mL 0.1 mol/L $K_2Cr_2O_7$ 溶液。

(2) 改变某物质浓度：分别加入等体积的浓硫酸、6 mol/L NaOH 溶液等。

实验编号	实验方案	实验现象	实验结论
1	滴加 5~10 滴浓硫酸		
2	滴加 5~10 滴 6 mol/L NaOH 溶液		
3			
4			

方法2：使用 pH 传感器

实验验证：

实验编号	实验方案	实验现象	实验结论
1			
2			

实验编号	实验方案	实验现象	实验结论
3			
4			
5			

附录 2　学习效果评价设计

1. "影响化学平衡移动因素" 前测

（1）描述你所知道的化学平衡。

提示：可以从化学平衡的定义、特征，你所知道的生活中的化学平衡等方面描述。

（2）向一容密闭容器中投入 3 mol N_2 和 9 mol H_2。一定条件下发生可逆反应：

$$N_2(g) + 3H_2(g) \rightleftharpoons 2NH_3(g)$$

①请画出随时间变化容器中微粒的变化示意图。

时间 1	时间 2	时间 3	时间 4	时间 5

请用△代表 N_2，□代表 H_2，○代表 NH_3。

②对你画出的示意图做出说明。

2. "影响化学平衡移动因素" 后测

（1）在交通警察检查司机是否酒驾的装置中，含有橙色的酸性重铬酸钾，当其遇到乙醇时橙色变为绿色，由此可以判断司机是否酒后驾车。

反应如下：$\underset{\text{橙色}}{Cr_2O_7^{2-}} + 3C_2H_5OH + 8H^+ \rightleftharpoons \underset{\text{绿色}}{2Cr^{3+}} + 3CH_3CHO + 7H_2O$

然而酒精测定仪中还要加入硫酸，请你分析为什么？

（2）$K_2Cr_2O_7$ 溶液中存在平衡：$Cr_2O_7^{2-}$（橙色）+ $H_2O \rightleftharpoons 2CrO_4^{2-}$（黄色）+ $2H^+$。用 $K_2Cr_2O_7$ 溶液进行下列实验：

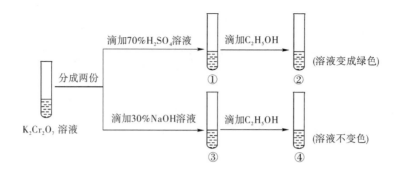

结合实验，下列说法不正确的是（   ）。

A. ①中溶液橙色加深；③中溶液变黄

B. ②中 $Cr_2O_7^{2-}$ 被 C_2H_5OH 还原

C. 对比②和④可知 $K_2Cr_2O_7$ 酸性溶液氧化性强

D. 若向④中加入 70% H_2SO_4 溶液至过量，溶液变为橙色

（3）工业上经常采用氯胺（NH_2Cl）消毒法。如某些自来水厂在用液氯消毒自来水时，还加入少量液氨，其化学方程式为：$NH_3 + HClO \rightleftharpoons H_2O + NH_2Cl$，$NH_2Cl$ 较 $HClO$ 稳定。请从化学平衡的角度分析氯胺消毒法的好处。

六、教学思考

（1）本节课从生活中常见的啤酒或其他碳酸饮料入手，分析压强、温度、浓度等外界条件对平衡的影响。在啤酒或碳酸饮料中，存在着多个化学平衡，如 $CO_2(aq) \rightleftharpoons CO_2(g)$、$CO_2 + H_2O \rightleftharpoons H_2CO_3$、$H_2CO_3 \rightleftharpoons H^+ + HCO_3^-$ 等。调查表明，学生对啤酒中存在的化学平衡的认知往往存在偏差，大多数同学会忽略 $CO_2(aq) \rightleftharpoons CO_2(g)$ 这个平衡，认为啤酒中气泡的逸出是由于 $CO_2 + H_2O \rightleftharpoons H_2CO_3$ 平衡移动的结果。在教学中采用溶解二氧化碳传感器定量测定在啤酒中分别加入 $NaHCO_3$ 固体、稀 H_2SO_4 溶液、$NaOH$ 溶液时 $CO_2(aq)$ 的变化，从而理解外界条件对 $CO_2(aq) \rightleftharpoons CO_2(g)$ 平衡的影响，纠正学生的认知偏差，同时对啤酒中存在的化学平衡以及外界因素对平衡的影响有一个全面深刻的认识。

（2）本教学设计突出"建立认知模型、提供证据支持，培养核心素养"的主线，采用模型建构法探究外界条件对平衡的影响。建构性学习的目标是通过直接教学促进知识建构和理解，在教师引领学生探究生活中化学平衡存在的规律的

基础上，鼓励学生通过多组实验的分析，理解学习内容，主动建构自己的知识，概括出平衡移动的规律，建立基于证据推理的解决化学平衡问题的模型认知。

（3）教学中运用传统化学实验与数字化手持技术实验相结合的方法，从定性和定量两个角度通过实验探究外界条件对平衡的影响。使用溶解二氧化碳传感器测量啤酒 CO_2 含量变化；使用 pH 传感器测量溶液的 pH 在受外界因素影响时的变化曲线；使用压强传感器测量压强的变化图像等。依据运用手持技术提供的大量实验数据支持，将化学平衡相关内容化微观为宏观、化抽象为具体、化静态为动态、化定性为定量，弥补了传统教学手段的不足，解决了学生的许多理解难点和障碍点，使学生对化学平衡的移动有了更直观、更生动、更深刻的理解。

①下面是探究啤酒中的化学平衡时，部分学生的数字化实验数据。

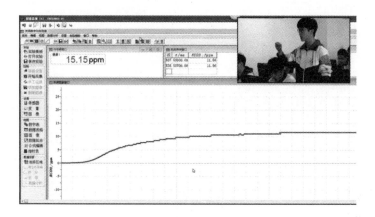

在啤酒中加稀硫酸

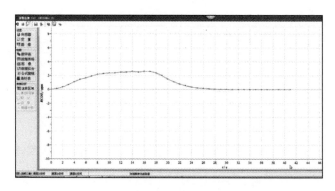

在啤酒中先加酸再加碱

②探究外界条件对反应 $\underset{\text{橙色}}{Cr_2O_7^{2-}} + H_2O \rightleftharpoons \underset{\text{黄色}}{2CrO_4^{2-}} + 2H^+$ 的影响。

【实验1】

在 $K_2Cr_2O_7$ 溶液中先加入 2 滴浓硫酸再逐滴加入 NaOH 溶液，观察到的现象为：开始溶液橙色加深，然后溶液由橙色变为黄色。使用 pH 传感器测量溶液的 pH 变化如图所示。

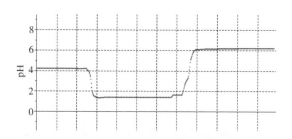

在 $K_2Cr_2O_7$ 溶液中先加入 2 滴浓硫酸再逐滴加入 NaOH 溶液

说明 $c(H^+)$ 增大时，平衡 $\underset{\text{橙色}}{Cr_2O_7^{2-}} + H_2O \rightleftharpoons \underset{\text{黄色}}{2CrO_4^{2-}} + 2H^+$ 向逆反应方向移动，$c(OH^-)$ 增大时，平衡 $\underset{\text{橙色}}{Cr_2O_7^{2-}} + H_2O \rightleftharpoons \underset{\text{黄色}}{2CrO_4^{2-}} + 2H^+$ 向正反应方向移动。

【实验2】

在 K_2CrO_4 溶液中先加入 K_2CrO_4 固体，过一段时间再加入 $K_2Cr_2O_7$ 固体，溶液颜色先变成橙色，再变成黄色，使用 pH 传感器测量溶液的 pH 变化如图所示。

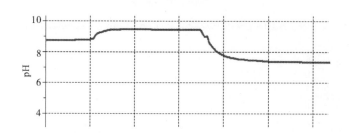

K_2CrO_4 溶液中先加入 K_2CrO_4 固体，再加入 $K_2Cr_2O_7$ 固体

说明 $c(CrO_4^{2-})$ 增大时，平衡 $\underset{\text{橙色}}{Cr_2O_7^{2-}} + H_2O \rightleftharpoons \underset{\text{黄色}}{2CrO_4^{2-}} + 2H^+$ 向逆反应方向移动，$c(Cr_2O_7^{2-})$ 增大时，平衡向正反应方向移动。

【实验3】

将 $K_2Cr_2O_7$ 溶液放入热水中,使用传感器测量溶液的 pH 随温度变化,结果如图所示。

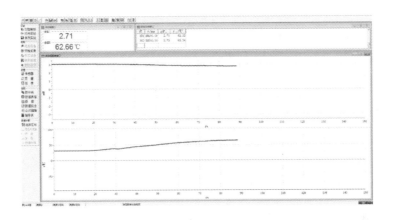

$K_2Cr_2O_7$ 溶液的 pH 随温度变化的情况

可以看出,温度升高,$K_2Cr_2O_7$ 溶液的 pH 缓慢降低。

③以反应 $2NO_2(g) \rightleftharpoons N_2O_4(g)$ 为例,探究压强对化学平衡的影响。

【实验1】改变针管内 NO_2 气体的体积,使用压强传感器测量压强的变化如图所示。

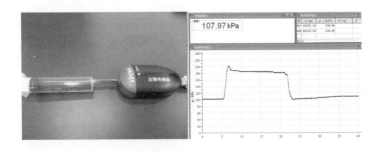

改变压强对 $2NO_2(g) \rightleftharpoons N_2O_4(g)$ 平衡的影响

可以看出,将 NO_2 气体的体积先压缩至原来的 1/2,压强先增大一倍,再慢慢减少一点;然后将 NO_2 气体的体积再增大至 2 倍,压强先减少一半,再慢慢增加一点。说明增大压强,平衡 $2NO_2(g) \rightleftharpoons N_2O_4(g)$ 向正向移动。

【对比实验2】将针管内气体换成 Br_2 蒸汽，重复以上操作。

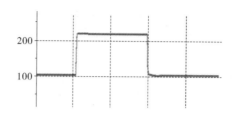

改变压强对 Br_2 蒸汽的影响

对比 Br_2 蒸汽，改变体积后，只有压强的突变，说明 Br_2 蒸汽中不存在化学平衡。

实验表明，相比传统实验通过观察平衡球中 NO_2 颜色的变化来判断平衡是否发生移动，手持技术的应用在此环节的作用更加突出。基于手持技术的数字化实验提供的证据更清晰，说服力更强，对移动方向的判断以及导致移动的本质内因的理解和掌握起到了非常重要的提供定量证据的作用，为观察宏观现象和理解微观本质搭建了桥梁。

(4)"影响化学平衡移动因素"的前、后测分析。

①前测样本：有效答卷31份。

前测1：描述你所知道的化学平衡。

前测统计结果

内容	存在可逆反应	反应物、生成物共存	动态平衡	$v_正 = v_逆$	各组分浓度不变	平衡移动
人数/位	10	5	3	7	9	14	9	3
百分比	32.3	16.1	9.7	22.6	29.0	45.2	29.0	9.7

其中，在"存在可逆反应"这项中，32.3%的同学仅答出知道可逆反应，16.1%的同学能举出具体实例，如：$CO_2 + H_2O \rightleftharpoons H_2CO_3$、$Cl_2 + H_2O \rightleftharpoons HCl + HClO$、$CH_3COOH \rightleftharpoons CH_3COO^- + H^+$ 等，9.7%的同学能联系生活，解释汽水、啤酒中存在可逆反应，油脂水解等。

前测2：画出随时间变化容器中微粒的变化示意图，并做出说明。

本环节的主要目的是考查微粒观的建构情况，培养"宏观辨识与微观探析"

的化学学科素养。

部分答卷如下：

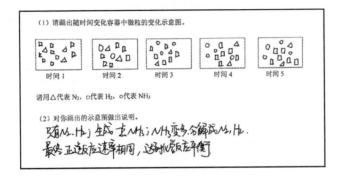

学生答卷1

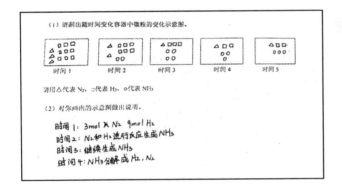

学生答卷2

可以看出，大多数同学能认识到该反应是可逆反应，反应后 N_2、H_2、NH_3 三者共存，并在一段时间后，三者的浓度不再变化。但部分同学对"正、逆反应是同时进行的"还认识不足。

②后测样本：有效答卷32份。

后测1：酒精测定仪中为什么要加入硫酸？

后测1 统计结果

内容	增强氧化性等	酸性	防止 $Cr_2O_7^{2-}$ 转化为 CrO_4^{2-}
人数/位	2	27	3
百分比	6.3	84.4	9.4

后测 2：

后测 2 统计结果

选项	C	D
人数/位	7	25
正确率/%	21.9	78.1

后测 3：请从化学平衡的角度分析氯胺消毒法的好处。

本测试增加了开放性，考查理论联系实际、解决问题的能力。学生主要从三个视角进行了分析：

a. 平衡视角。

学生答案 1：HClO 不稳定，杀菌时间短，加入少量液氨，HClO 转化为较稳定的 NH_2Cl，当 HClO 被消耗时，平衡向左移动。

学生答案 2：HClO 起杀菌作用，但 HClO 不稳定，杀菌时间短，加入少量液氨，发生反应 $NH_3 + HClO \rightleftharpoons H_2O + NH_2Cl$，HClO 转化为较稳定的 NH_2Cl，当 HClO 被消耗时，平衡向左移动，又不断生成 HClO 补充，达到延长液氯杀菌的时间。

b. 稳定视角。

学生答案：NH_3 与 HClO 反应生成较稳定的 NH_2Cl。HClO 浓度下降，防止分解。

c. 环保视角。

学生答案：NH_2Cl 较 HClO 稳定，无危害。可逆反应向正向进行可以使反应物高效利用。

教学实践表明，基于证据意识的课堂教学，改进了探究过程，突出了"建立认知模型、提供证据支持，培养核心素养"的主线，倡导在教师指导下的以学习者为中心的学习。教师是意义建构的帮助者、促进者，而不是知识的传授者与灌输者；学生是信息加工的主体，是意义的主动建构者，而不是外部刺激的被动接受者和被灌输的对象。通过将手持技术与高中化学"探究式学习"加以整合，传统实验与数字化信息技术齐头并进，学生的证据意识加强，定量搜集和处理信息的能力得到了很大的提高,在感受高新科技气息的同时也从动态角度对化学变化有了更本质的认识。

(四) 化学课外实践活动

学科实践活动是克服传统的学科课程的封闭性、提高学习水平、培养学生创新精神和实践能力的重要途径。学科实践活动具有学科性、实践性、综合性、多样性、开放性、创造性、趣味性和学生自主性等特点。学科实践活动能让学生获得课堂和课本之外的生动的直接经验,增长学力,提高素质,有利于学生养成个性、全面发展,又比较灵活,能有效地弥补课堂和课本的不足。

化学实践活动的内容和形式应该从学校的具体条件出发,一般侧重于化学科技。化学实践活动的主要任务是弥补化学课堂教学的缺陷,而不是变相进行课堂教学。化学实践活动通常包括收集处理信息活动、独立学习活动、社会实践活动、问题解决活动、科学探究活动、技术应用活动及语言表达活动等多种形式。化学实践活动的类型可以是:以观察、测试、实验为主的探究活动;制作和工艺活动;参观、访问、考察、调查活动;查阅资料及讲座活动;科普宣传活动等。

在综合实践活动中,学生学习方式的特点是:主动参与,彰显学生的自我个性;小组合作,增强学生的团队精神;解决问题,锻炼学生的综合能力;亲身体验,培养学生的创新能力。综合实践活动通过学生学习方式的转变,为学科课程注入了新的活力,使学生成为课程的建构者。

北京市通州区潞河中学开展了多项化学实践活动,为培养学生的证据意识,提高化学学科素养做了积极的探索,如带领学生走进高校实验室、研究所,体验科学探究的过程。通过将所学的化学理论知识应用于化学实验与研究性学习中,获取精准的实验数据,形成基于微粒观的认识、思维模型,提升学生理解能力,改变学生的学习方式。通过多样化的教学实践及教学评价等手段,促进学生证据意识培养,总结相应教学策略、教学模式的宏观结构。

案例14　走进中国科学院南京分院土壤研究所体验科学研究过程

——课题：我国典型三种土壤对镉的吸附能力的测定

北京市通州区潞河中学2017级钱学森班　范孙佳

校内指导教师：王珍珍

本案例通过对三种土壤的镉含量调研，体会科学研究对生产实际的指导作用，体验仪器分析的实际检测结果对土壤成分质量的指导意义、对污染的防控，从中学层面提出对重金属离子的污染管理问题，树立从小环保、热爱环境的意识。

摘要：本文运用批实验方法测定镉元素在我国东部典型的三种土壤中的吸附等温线，探究三种土壤对镉吸附能力的差异。

一、引言

由文献可知，我国被污染的土壤面积占到了总耕地面积的1/6，如下表所示。土壤中镉污染的原因多是大气中的镉沉积，施肥不当，污水灌溉（据统计，每年中

无机污染物在部分土壤中的超标情况

污染物类型	点位超标率/%	不同程度污染点位比例/%			
		轻微	轻度	中度	重度
镉	7.0	5.2	0.8	0.5	0.5
汞	1.6	1.2	0.2	0.1	0.1
砷	2.7	2.0	0.4	0.2	0.1
铜	2.1	1.6	0.3	0.15	0.05
铅	1.5	1.1	0.2	0.1	0.1
铬	1.1	0.9	0.15	0.04	0.01
锌	0.9	0.75	0.08	0.05	0.02
镍	4.8	3.9	0.5	0.3	0.1

国工业排放未经处理的污水约30亿到40亿吨，并且工业废水面积污染耕地、污水灌溉占45%）。金属矿山的废水污染成为使附近地区土壤严重污染的重要因

素。镉是人体非必需的微量元素。它具有强烈的致癌、致畸、致突变作用。呼吸系统和消化系统是镉元素进入人体的重要途径。它在人体内有10至30年的半衰期，能引起各种疾病，甚至能诱发癌症。本文对我国东北地区、长江中下游地区及东南地区土壤做了对镉吸附能力的测定，为我国南北方的土地开发方向和农耕区农作物的选择、因地制宜的发展提供一定的参考。

二、材料及方法

（一）供试土壤

供试土壤分别采自黑龙江地区的黑色土壤、江苏地区的黄色土壤、江西地区的红色土壤，代表了我国东部从北到南的三种典型土壤。先把土壤进行自然风干，然后去除草根、石块等杂物，最后过20目尼龙筛，作为实验的供试土壤。

（二）实验方法

采用批实验方法。分别取0.5 g三类土壤加入离心管中，向每个离心管中加入10 mM背景电解质溶液以及体积不同的Cd母液，使不同处理组中Cd浓度分别为0.05 mM/L、0.1 mM/L、0.2 mM/L、0.4 mM/L、0.8 mM/L、1.0 mM/L。使用震荡箱震荡离心管4小时，离心管设置为25 ℃、200 r/min，使其达到相对平衡状态。将离心管经两两质量平衡后离心，在离心机（5 000转，7分钟）上完成。将上清液通过0.45 μm的水过滤器过滤，并根据实验计划以5 mL体积进行稀释。使用原子吸收光谱仪测定上清液中Cd元素的含量。

（三）计算方法

土壤中吸附量计算方法为

$$Q_e = V_0(C_e - C_0)/M_0$$

其中，Q_e为吸附量（mM/g），V_0为吸附实验初始溶液体积（mL），C_e为平衡液浓度（mM/mL），C_0为吸附实验初始液浓度（mM/mL），M_0为供测土质量（g）。通过查阅资料，我们决定使用Langmuir方程拟合镉元素在三种土壤中吸附等温线。吸附模型为

$$Q_e = Q_{max}(KC_e)(1 + KC_e)$$

其中，Q_{max}为最大吸附量，K为平衡常数，与吸附剂和吸附质的性质以及温度有关，其值越大，表示该土壤的吸附性能越强。

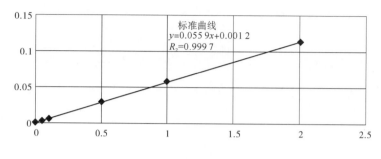

标准曲线

三、结果

实验中的三种土壤所测出的实验数据的拟合情况很成功，拟合结果如下。

拟合结果

土壤类型	Q_{max}	R^2	K
黑龙江土	0.050 11 mM/g	0.985 28	28.383 81
江苏土	0.037 01 mM/g	0.969 75	14.807 99
江西土	0.008 70 mM/g	0.978 11	3.637 63

注：R^2 为相关指数。

在 25 ℃下，黑龙江地区土壤的最大吸附量明显大于江苏土壤和江西土壤，为 0.050 11 mM/L，而江苏土壤与江西土壤的最大吸附量分别为 0.037 01 mM/L 和 0.008 70 mM/L。通过平衡常数也可得出黑龙江土壤的吸附性能最强，其次是江苏土壤，江西土壤的吸附性能最差。

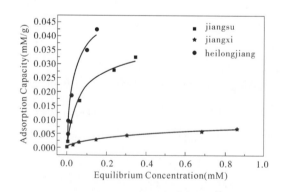

实验所用土壤在 25 ℃所测得的吸附等温线

四、结论

实验数据表明,我国北方、中部、南方三种主要类型土壤对镉的吸附能力存在差异,土壤对镉的吸附能力呈现自北向南减弱的趋势。北方稻米中镉含量可能比南方稻米低,这与新闻中镉大米事件常常处于南方的现象相符。由文献可知,北方地区土壤为有机质,pH较高,因此土壤对镉的吸附量较大,有效含量较低,农作物更加安全。建议北方地区仍作为农业区进行发展,而南方地区建议种植低积系作物,如低镉稻。对于江西、广东一带则建议将污染土地改为工业用地、商业用地。同时可以考虑建立机制督促工厂提升环保级别,从源头减少镉污染。

案例15 走进中国科学院南京分院土壤研究所体验科学研究过程

——课题:南京市城市水体细菌数量研究

潞河中学2017级钱学森班 禹博新 朱锦飞 尹心成

王子璇 武桢干 武正昊

校内指导教师:王珍珍

本案例的研究意义:通过对南京市内不同水体中细菌数量的测定,使用具体的数据评价目前城市水体环境中的细菌致病风险,引起社会对水体公共卫生安全的重视,并提出相应的改善建议,体现了基于证据意识的学习方式改变。

摘要:为了研究人类活动对城市湖泊水体中细菌群落的影响,本实验在南京市多处水体采集水样,运用表面荧光直接计数法对细菌数量进行了测定。结果显示,活水区细菌数量高达 1 553 850 cell/mL,显著高于死水区,细菌数量为 9 075 422 cell/mL。此研究结果表明,细菌的生物量呈现随水体营养水平增加而上升的趋势。

关键词:水体、生活、细菌、环境

中国是一个水体丰富的国家,共有流域面积 50 km^2 及以上的河流 45 203 条,共计 314.21 万公里。湖泊常年水面面积 1 km² 及以上的湖泊 2 865 个，水面总面积 78 000 万 km²（不含跨国界湖泊境外面积）。其中，淡水湖 1 594 个，咸水湖 945 个，盐湖 166 个，其他 160 个，总面积达 91 019 km²，占国土面积的 0.95%，其中 27 000 km² 为淡水湖泊。在这些淡水湖泊中，又有约 16 558 km² 的湖泊集中在长江中下游地区，且大都为浅水湖泊，平均水深只有几米，其中湖泊面积超过 1 km² 的湖泊多达 651 个，面积大于 100 km² 的有 18 个。

水体中含有的大量微生物也可能通过各种方式接触人们的皮肤、眼睛或是通过消化道、呼吸道进入人体，使得免疫力较差的人群有致病的风险。1831 年欧洲因为霍乱爆发造成 90 万人死亡，其根本原因就是水体受到霍乱杆菌的污染。近些年，由于人类活动的加剧，大量的生活污水和其他污染物进入了水体中，造成了水生动物减少、水生植被退化、频发等严重后果，使得水体的景观功能和生态功能急剧退化，国家地表一类水越来越少，严重影响了我国的饮用水安全。

一、实验准备

1. 实验目的

通过对南京市内不同水体中细菌数量的测定，评价目前城市水体环境中的细菌致病风险，引起社会对水体公共卫生安全的重视，并提出相应的改善建议。

具体目标：培养相互合作能力、实验动手能力；基本掌握微生物生态学研究中水体中细菌数量的计数过程。

2. 实验原理

虽然水体中含有许多细菌，但是细菌体积很小，无法像其他微生物，如藻类、原生动物、浮游动物等，在光学显微镜下进行计数。因此如何准确测定细菌的数量十分关键。目前，实验室所使用的方法主要有：平板培养计数和荧光显微计数两种方法。平板计数法是目前国家标准所使用的方法，但是由于其需要细菌在培养基上进行生长和增殖，所以需要较长的时间，不能满足出现急性污染事件时的评估要求。其次，由于环境中可培养的细菌不到细菌总量的百分之一，甚至有些偏洁净的水体根本无法进行评估，因此其所得数据真实性和稳定性较差。而荧光计数法利用的是 4′,6-二脒基-2-苯基吲哚（4′,6-diamidino-2-phenylindole, DAPI）与双股 DNA 结合时，吸收波长为 358 nm 左右的光，发射波长为461 nm左右的蓝绿色光,使得细菌在100倍显微镜放大倍数下才得以观察。因此理论上来说,只要是含有DNA的单细胞结构微生物均可观察到,并且通过红色荧光以及光斑的大小排除藻类和单细胞真核生物的干扰,尽可能地准确测定细菌的数量。同时,整个流程由于不需要培养,时间大大缩短,更适合环境管理机构进行及时响应和决策,现已应用于发达国家城市供水系统中微生物致病风险的评估。

3. 实验设备与材料

所需试剂和耗材:采水器、荧光显微镜、抽滤装置、酒精棉、镊子、盖玻片、载玻片、无菌水、无菌枪头(200 μL、1 mL、5 mL)、无菌20 mL小圆瓶、垫膜(孔径大于0.8 μm)、黑膜(孔径0.22 μm)、DAPI(10 μg/mL)、1×SCB、浸镜油。

二、实验过程

1. 水样采集

采样地点分别选择:

典型城市湖泊——南京玄武湖船坞附近;

典型排污河道——南京某排污渠;

典型小区池塘——南京地湖所所内池塘;

典型洁净水体——千岛湖水源地附近;

典型生活用水——自来水。

2. 试验过程

试验步骤:

(1)水样装入小圆瓶中,稀释10倍,震荡。

(2)加入50 μL DAPI和250 μL 1×SCD,震荡2 min,避光染色10 min。

(3)盖玻片、载玻片用酒精清洗,擦干净铺于纸上。

(4)染色后抽滤,完成后将黑膜用镊子取下置于载玻片上,在膜中心滴一滴浸镜油,盖上盖玻片,用镊子尾端从左往右压片,将油全部压去。写上标签。

(5)镜检。打开显微镜,物镜100,滤光片调至2,滴一滴浸镜油,调至合适位置,记录10个视野的细菌数量。

（6）整理器材，依据公式细菌个数（cell/mL）=（20个视野个数的平均值×19 545.28）/过滤到膜上的原水样体积），计算细菌个数。

三、实验结果

1. 水体环境

五个采样点中，玄武湖水和生活废水水质几乎相同，比较清澈，透明度较高；自来水和矿泉水极其清澈；而池塘水则比较浑浊，透明度不高，水中也有很多落叶。

生活废水　　　　　　玄武湖水　　　　　　池塘水

2. 实验数据

表面荧光直接计数结果显示，五个采样点的水体细菌数量具有明显差异。

南京市部分水体中的细菌含量　　　　　　（cell/mL）

玄武湖水	自来水	池塘水	生活废水	矿泉水
1 553 850	279 498	9 075 422	1 465 896	29 318

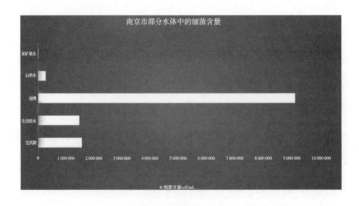

实验数据统计图

四、结论

1. 现象

从五种水体中细菌数量的结果来看,五种水体细菌的生存量存在明显差异。细菌数量为:池塘水>玄武湖水>生活废水>自来水>矿泉水。矿泉水由于属于地表一类水,所以细菌最少;自来水虽然在出厂前经过了一定的消毒,但由于是管道运输,导致了细菌的繁殖。

2. 结论分析

玄武湖水和生活废水的细菌数量相近。其原因是玄武湖与南京各河道、排污道联通,水从玄武湖流经河道后再流回湖内,使河道这样的小型水体参与大型水体的生物循环,从而实现自身的净化。

而池塘中的水属于死水,水中生物种类极少,再加上水中鱼过量的投喂导致水体的富营养化日益严重,为细菌提供了良好的生存环境。

五、建议

(1) 经常换水。

(2) 在环境自我调节能力差的水体中种植一些植物,如浮水植物美人蕉或一些沉水植物。

(3) 活水冲刷。

(4) 使用微生态制剂。

案例16 研究性学习课题:果蔬维生素C的检测和分析
——比较不同蔬果中维生素C的含量

通州区英才学校科学基地潞河中学第二届学员 刘宇轩 肖瀚楠

刘昊宸 冯博鉴 李鑫睿

指导教师:王珍珍

摘要:维生素C是一种重要的营养物质,它能维持正常的新陈代谢,维持骨骼、肌肉和血管的正常生理功能,增强机体抵抗力。维生素C有利于我们的身体健康。本实验运用酸性高锰酸钾与维生素C的氧化还原反应,采用氧化还原滴定的方法测定和比较果蔬中维生素 C 的含量。在实验测定的几种水果中，橙皮的维生素 C 含量最高；在实测定的几种蔬菜中，尖椒的维生素 C 的含量最高。

关键词：维生素 C；高锰酸钾；酸式滴定管；果蔬汁

维生素 C（Vitamin C，Ascorbic Acid）又叫 L-抗坏血酸，是一种水溶性维生素。食物中的维生素 C 被人体小肠上段吸收。维生素 C 的主要作用是提高免疫力，预防癌症、心脏病、中风，保护牙齿和牙龈等。另外，坚持服用维生素 C 还可以使皮肤黑色素沉着减少，从而减少黑斑和雀斑，使皮肤白皙。富含维生素 C 的食物有菜花、青辣椒、橙子、葡萄汁、西红柿等。本文选取了橙子、柠檬、苹果、尖椒、卷心菜等果蔬进行维生素 C 含量的定性测定和比较。

一、研究背景和意义

当今人们生活水平逐步提高，对食品中营养的需求也相应提高。其中维生素 C 对于我们的身体健康有很大的益处。很多果蔬里面都含有维生素 C，在进行维生素 C 补充时选择哪种果蔬更适合成为研究的方向。本研究对常见的几种果蔬中的维生素 C 含量进行了比较。

维生素 C 具有很强的还原性，可以使紫红色的高锰酸钾还原成无色。通过氧化还原滴定的原理，测定和比较果蔬汁中的维生素 C 含量。

维生素 C 的结构，如右图所示。维生素 C 和高锰酸钾反应的化学方程式：

$5C_6H_8O_6 + 2KMnO_4 + 3H_2SO_4 = 5C_6H_6O_6 + K_2SO_4 + 2MnSO_4 + 8H_2O$

二、研究过程

（一）研究方法

1. 用滴管测定维生素 C 的含量

（1）实验器材的准备：滴管若干，试管六个，小烧杯四个，大烧杯一个，小量筒一个，大量筒一个，研钵一个，高锰酸钾，橙子，柠檬，苹果，青辣椒，红辣椒。

(2)实验过程。

学生实验

(3)实验记录。

实验记录

实验	向36滴高锰酸钾溶液所加的液体	达到无色需用滴数
材料：橙皮		
①	纯橙皮汁	3
②	橙皮汁5滴+水5 mL稀释	9
③	橙皮汁5滴+水10 mL稀释	21
材料：橙肉		
①	纯橙肉汁	5
②	橙肉汁5滴+水5 mL稀释	31
③	橙肉汁5滴+水10 mL稀释	95
材料：柠檬肉汁		
①	纯柠檬汁	4
②	柠檬汁5滴+水5 mL稀释	26
③	柠檬汁5滴+水10 mL稀释	67

续表

材料：苹果皮		
①	苹果皮汁	7
②	苹果皮汁 5 滴 + 水 5 mL 稀释	55
③	苹果皮汁 5 滴 + 水 10 mL 稀释	66
材料：苹果肉		
①	苹果肉汁	6
②	苹果肉汁 5 滴 + 水 5 mL 稀释	50
③	苹果肉汁 5 滴 + 水 10 mL 稀释	70
材料：红辣椒		
①	红辣椒汁	5
材料：绿辣椒		
①	绿辣椒汁	4

(4) 实验结论。

实验发现：在水果中，维生素 C 含量从大到小的顺序是：橙皮，柠檬肉，橙肉，苹果肉，苹果皮。

在蔬菜中，维生素 C 含量从大到小的顺序是：绿辣椒，红辣椒。

维生素 C 具有抗衰老的功效，我们应该多吃含维生素 C 丰富的水果蔬菜，例如橙子，绿辣椒。

(5) 结果分析和评价。

采用数滴数的方法测定维生素 C 的含量简便、易行。但数滴数的方法不够精确，误差会比较大。此方法适合定性的测定。

实验过程中采用了控制变量的思想。选取相同质量的蔬果，选取纯汁和稀释后的汁液滴入相同浓度的酸性高锰酸钾溶液中使其褪色，看哪种蔬果汁其色所需的滴数最少，从而达到比较维生素 C 含量的目的。

2. 用氧化还原滴定测定维生素 C 的含量

(1) 实验器材的准备：滴定管两支，锥形瓶 2 个，小烧杯 4 个，大烧杯 1 个，小量筒 1 个，大量筒 1 个，研钵 1 个，酸性高锰酸钾溶液，橙子，柠檬，苹果，青辣椒，红辣椒。

实验材料

(2) 运用控制变量的实验方法进行研究，分组实验。

①先将 56 g 橙肉和 56 g 橙皮用研钵磨出汁液，分别倒入 80 mL 水，再分别倒入两支 25 mL 的酸式滴定管中，分别取 50 mL 的高锰酸钾溶液于锥形瓶中，用滴定管滴入橙肉汁和橙皮汁使高锰酸钾褪色。

②再将柠檬和苹果、辣椒等蔬果同上述方法进行实验。

学生实验

(3) 实验记录。

实验记录

实验	锥形瓶内加入 50 mL 高锰酸钾溶液	滴定管读数
	材料：56 g 橙子皮	
滴定管	橙皮汁 + 80 mL 水	1.1 mL
	材料：橙肉	
滴定管	橙肉汁 + 80 mL 水	8 mL
	材料：柠檬肉汁	
滴定管	柠檬肉汁 + 80 mL 水	6.3 mL
	材料：苹果皮	
滴定管	苹果皮汁 + 80 mL 水	13.6 mL
	材料：苹果肉	
滴定管	苹果肉汁 + 80 mL 水	9.3 mL
	材料：红辣椒	
滴定管	红辣椒汁 + 80 mL 水	8.3 mL
	材料：绿辣椒	
滴定管	绿辣椒汁 + 80 mL 水	7.1 mL

根据维生素 C 和高锰酸钾反应的化学方程式可计算出各蔬果中维生素的含量。

$$5C_6H_8O_6 + 2KMnO_4 + 3H_2SO_4 = 5C_6H_6O_6 + K_2SO_4 + 2MnSO_4 + 8H_2O$$

(4) 实验计算结果。

通过计算，蔬果中维生素 C 的含量是：

橙皮：7.14 mg/g

橙肉：0.98 mg/g

柠檬肉：1.25 mg/g

苹果皮：0.57 mg/g

苹果肉：0.84 mg/g

红辣椒：0.95 mg/g

绿辣椒：1.11 mg/g

在水果中，维生素C含量从大到小的顺序是：橙皮，柠檬，橙肉，苹果肉，苹果皮。在蔬菜中，维生素C含量从大到小的顺序是绿辣椒，红辣椒。

(5) 实验结果分析和评价。

①采用滴定法进行维生素C的测定：将维生素C装入酸式滴定管中，高锰酸钾加入到锥形瓶中，滴定至无色。实验过程中能够读取所用的高锰酸钾和果蔬液的体积，并能通过化学方程式的计算得出相关蔬果中每克所含的维生素C的质量。此方法简便、精确。

虽然实验没能做测定的蔬菜和水果的维生素C含量，但是我们学会了测定维生素C含量的方法，为更多食品中的维生素C的含量奠定了基础。

②误差分析。

研磨不完全；取液时有少量残留未加入滴定管内；滴定时，由于过滤不充分，滴定管在开始做实验时有轻微堵塞；由于操作不熟练，整个操作不够迅速，研磨、滴定等过程导致维生素C被氧化。

案例17 研究性学习课题：海带、紫菜、海苔等海产品碘元素检测

大杜社中学：罗　森　玉桥中学：沈霆硕　邓仁杰

通州六中：唐路辉　王雨桐　宋士奇

指导教师：潞河中学　王珍珍

摘要：碘是一种人体必需的微量元素之一，有"智力元素"之称。碘是维持人体甲状腺正常功能所必需的元素。当人体缺碘时就会患甲状腺肿。因此碘化物可以防止和治疗甲状腺肿大。多食海带、海鱼等含碘丰富的食品，对于防治甲状腺肿大很有效。本实验运用碘遇淀粉变蓝的原理定性检测碘的含量。实验测定

的海带、紫菜、海苔、虾米、带鱼等产品中，海带的碘含量最多。

关键词：碘；淀粉；海产品

一、研究背景和意义

碘是一种人体必需的微量元素之一，有"智力元素"之称。碘是维持人体甲状腺正常功能所必需的元素。

碘及其相关化合物主要用于医药、照相及染料。它还可作为示踪剂，进行系统监测，例如用于地热系统监测。

海洋中的某些生物具有选择性吸收和富集碘的能力，是碘的一个重要来源。本文尝试从海产品中提取碘单质并定性比较了多种海产品含碘量的高低。

碘在自然界中主要存在于海产品中，如海带、紫菜和海鱼、海虾中，以离子形式存在。碘离子溶于水，可在氧化剂氯水及过氧化氢存在条件下氧化为碘单质，碘单质遇淀粉变蓝，一般可以用此法检测碘的存在。具体的原理如下列反应：

$$Cl_2 + 2I^- = 2Cl^- + I_2$$

$$H_2O_2 + 2I^- + 2H^+ \rightarrow I_2 + 2H_2O$$

氯水的制备过程可能存在氯气的污染，过氧化氢是比较好的氧化剂，产物无污染，氧化效果较好。本文采用硫酸酸化的过氧化氢溶液氧化海产品中的碘离子，并采用淀粉溶液进行单质碘的检测。

本文选取海带、紫菜、海苔、虾、鲍鱼等产品进行检测和比较，通过实验，对多种海产品补碘的作用进行评价和总结。

二、材料与方法

材料：坩埚、三脚架、酒精灯、玻璃棒、烧杯若干、滴管、试管、滤纸、电子秤、过氧化氢溶液、稀硫酸、淀粉溶液、蒸馏水、过滤装置等。

实验1 海带、紫菜、海苔中碘的比较

利用学过的知识——碘遇淀粉变蓝，先检测海带、海苔、紫菜中碘的含量。

①将海带、紫菜、海苔冲洗干净，用剪子将海带剪成块状。

②用酒精冲洗海带、紫菜、海苔（以便在燃烧海带时酒精挥发，将海带中的有机物带走），将冲洗过的海带放入坩埚中燃烧。

③将燃烧后生成的海带、紫菜、海苔灰置入烧杯中，向烧杯中加入适量的水来溶解海带、紫菜、海苔灰，将其溶液通过漏斗过滤，得到的滤液盛入另一烧杯中。

④向滤液中加入适量的过氧化氢溶液和硫酸溶液，将海带、紫菜、海苔中的碘的化合物氧化成碘单质。

⑤利用淀粉检测是否有碘的存在，也可以采用四氯化碳萃取碘单质。

根据碘与淀粉变蓝的颜色深浅，定性地确定各海产品中碘的含量。

实验结果 mL

实验对象 \ 溶液	加入酸的体积	加入过氧化氢的体积	加入淀粉的体积	现象
海带	1	1	2	明显变蓝（深蓝色）
紫菜	1	1	2	浅蓝
海苔	1	1	2	未变蓝

实验过程：

我们用电子秤分别称取了3g的海带、紫菜和海苔，先用剪刀初步剪碎，剪碎后放入坩埚中，滴入少量酒精点燃。为了实验安全，实验过程须戴护目镜。坩埚用泥三角和三脚架固定。等到燃烧至粉末状后，用坩埚钳将坩埚取下，熄灭酒精灯，把锅内海带灰倒入烧杯中，并向烧杯中加入适量蒸馏水，充分搅拌，使燃烧后的灰和水充分融合。搅拌完毕后进行过滤，取滤液水倒入试管中，用滴管取稀硫酸滴入试管中，再用滴管取过氧化氢加入其中，并摇晃使其均匀，海产品中的碘离子转化为碘单质，最后取淀粉溶液加入试管中，充分摇晃，观察是否变蓝。

具体过程如下：

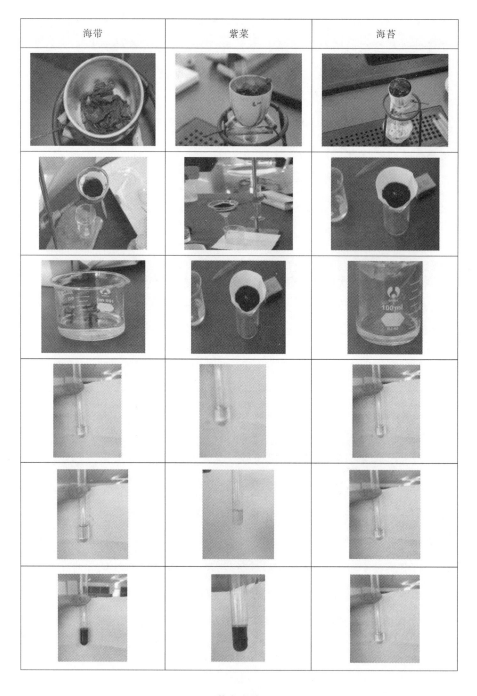

学生实验

实验1结论：通过三组实验得出，海带中碘含量最高，紫菜次之。

实验2　鱼虾类海产品中碘的含量比较

由实验1可以得出海带、紫菜等海产品含有碘元素，设计实验检测海鱼、虾等海产品中是否也含碘元素。

①将虾、虾皮、干鱼、带鱼去皮，用研钵碾成泥状。

②将碾成的泥加入20 mL蒸馏水，搅匀，将其溶液通过漏斗过滤，将得到的滤液盛入另一烧杯中。

③向滤液中加入适量的过氧化氢溶液和稀硫酸，将碘的化合物氧化成碘单质。

④利用淀粉显色测定虾、虾皮、干鱼、带鱼等海产品中是否存在碘元素。

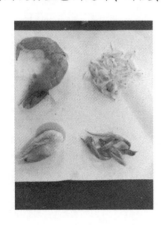 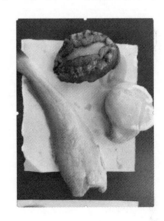

实验材料

实验记录　　　　　　　　　　　　　　　　　　　　　　　　　mL

实验对象＼溶液	加入酸的体积	加入过氧化氢的体积	加入淀粉的体积	现象
虾	1	1	2	未变蓝
虾皮	1	1	2	未变蓝
干鱼	1	1	2	未变蓝
带鱼	1	1	2	未变蓝

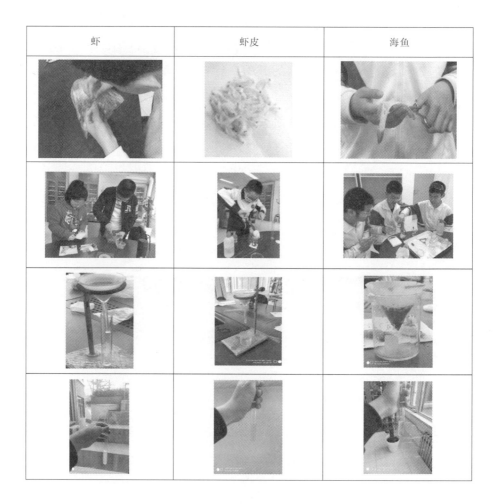

学生实验

实验 2 结论：鱼虾类海产品中未能检测出碘元素。

三、结果与分析

综合实验 1、2 可知，海带中含碘量最多，紫菜次之，海苔和其他鱼类海产品几乎没有。海苔是由紫菜再加工而成的，在加工过程中可能其中的碘受到了破坏，所以平时我们通过吃海苔补碘是不科学的。

海鱼等产品可能是因为水分较大，实验用量较低，无法检测到。这说明单位质量内含量较低，但并不能说明没有碘元素。

实验中的一些因素可能造成实验误差，如燃烧后加入蒸馏水溶解不够充分，使碘离子无法充分溶解到水中，氧化不充分等。

在实验过程中，我们发现，海带上有一层白色物质，我们猜想这层物质中可能含碘量较多，于是我们进行了第三次实验。

实验3　海带表面附着物碘含量测定比较

①把海带泡在水中半小时，捞出捣碎（因为是湿的，在坩埚中燃烧湿海带容易发生炸裂危险）。

②在碎海带中加入适量蒸馏水。

③静止10分钟。

④将液体过滤。

⑤加入酸、过氧化氢、淀粉。

结论：向溶液中加淀粉，不变蓝；向泡制过海带半小时的液体中加入稀硫酸、过氧化氢，淀粉变蓝。说明，海带表面白色物质中含碘多，所以做菜时海带不宜浸泡很长时间，否则会引起碘的损失。

根据此次实验，推测海藻含碘量比较多。因为藻类没有根茎叶的分化，全靠细胞吸收营养，所以碘可能大量存在其细胞中。

证据意识就是要求学生在科学探究的每一步做到"言之有据"，通过证实证伪的方法得出科学结论。"基于证据"意识的培养，目的是培养学生实事求是的科学态度，勇于假设、探究、验证的科学素养，这也是当今学生核心素养培养中的一个重要环节。"基于证据意识"下化学教学实践活动，为改变学生的学习方式提供了指导和帮助。

四、深入理论研究，培养建构模型能力

化学学习过程应该是以物质组成、结构及其变化的事实作为构建假设论证的基础，并同时对假设进行证实与证伪的分析，在此基础上研究并建立认知物质的基本模型，最后得到认知物质世界的基本方法。作为化学学科核心素养的思维核心"证据推理与模型认知"有五方面的内涵，而这些内涵分别表达了五种不同的意识（如图3-16），这五种意识也分别对应了五种不同培育目标，即学会假

设、学会认证、学会分析、学会预测与建模、学会问题解决。

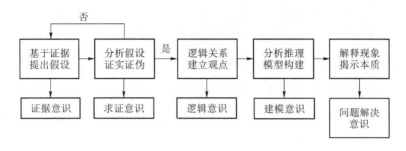

图 3-16　五种不同意识

证据推理与模型认知都是化学学科中重要的思维方法，两者之间是有机联系的，"证据推理"或"基于证据的推理"是一种典型的认知心理学层面的认知模型。所以，化学学习中的"证据推理"可以看作是按照"基于证据的推理"认知模型进行的认知过程。证据推理所形成的科学结论是简单的模型认知，证据推理是建构模型的前提。在证据推理和模型认知的过程中通常都会运用到化学的规律、模型、观念、思想和方法，因此深入理论研究，有助于培养建构模型能力。

案例18　"芳香族化合物同分异构体的书写"教学设计

北京市通州区潞河中学　张凯

一、指导思想与理论依据

同分异构体是高中化学的一个重点内容，很多学生一开始很喜欢学习这个内容，觉得生动有趣，但是越到后面感觉越困难，各种各样的同分异构体让人眼花缭乱，因此，有必要帮助学生进行相对系统的学习思路总结。针对教学过程中关于同分异构体书写的相关要点过于零散的现状，本节课在内容上选取以苯环为母体的芳香族化合物同分异构体的书写这一高考频考考点，力求通过建立一种二维坐标系的方式引导学生分析总结芳香族化合物同分异构体书写的一般思路和方法，重点培养学生面对同分异构体问题时思考的起点和思维的条理性有序性，以形成良好稳健的推断力。

为了提高课堂教学效率，本节课在教学过程中给学生提供了球棍模型，引导学生自己动手，挖掘苯环上取代基个数与同分异构体的个数之间的关系规律，帮助学生树立模型认知的意识，同时让小组充分动起来，相互交流，相互指导，达到共同提高、共同进步的良好效果。另一方面，本节课采用学案导学的方式进行，便于学生提前梳理本节课的知识脉络，课堂上有针对性地重点听课，课后及时总结相关笔记要点，体会收获的满足感。

本节课以诺贝尔化学奖中与同分异构体相关的杰出贡献为情境素材贯穿整节课的始终，很容易激发学生学习化学的兴趣和学以致用的热情，着重渗透新一轮课程改革背景下化学学科核心素养中证据推理与模型认知、科学态度与社会责任的若干要求。

二、教学背景分析

1. 学习内容分析

同分异构体的书写是高考有机大题中的频考考点。其中，以苯环为母体结构的芳香族化合物同分异构体的书写是重点，也是难点，往往也容易成为学生的失分点。学生在必修二第三章第一节的学习过程中，通过正丁烷和异丁烷的两种物质的结构和性质对比，已经能够理解同分异构现象的广泛存在是导致有机物种类繁多的重要因素之一。选修五第一章第二节系统介绍了有机化合物存在的碳链异构、位置异构和官能团异构（类别异构）的相关内容，要求学生对同分异构体的书写有全面深入的认识。

本节内容是对含苯环的芳香族化合物同分异构体书写的专题复习，重在帮助学生对同分异构体的类别和书写的一般思路和方法进行整理归纳。学生对含苯环的芳香族化合物同分异构体的系统练习有助于学生更好地理解有机物中碳原子的成键特点及其规律，从而为更好地掌握有机合成奠定基础。

2. 学习者分析

已有基础：本节课授课对象是高二年级5～6班A层的学生，学生通过之前的学习已经对减碳法书写脂肪烃的同分异构、等效氢法书写一元取代物的同分异构、插入法书写羧酸和酯类的同分异构有了一定程度的了解，能够较熟练地书写戊烷和己烷的碳链异构，单烯烃、双烯烃的官能团位置异构，含碳数较少的一元醇、一元醛、一元酸的同分异构。

学习障碍：很多学生对这三种书写同分异构体的方法缺乏灵活运用，对类别异构之间的相互转化认识不够全面透彻，表现在处理限定条件的同分异构体的书写时容易出现理解信息不准确、不到位、错写、漏写等情况。学生系统分析同分异构体的书写规律并灵活运用的能力欠缺，目前还无法满足高考对于学生书写同分异构体的各项要求。

发展进阶：本节课采用学生感兴趣的球棍模型为载体，以诺贝尔化学奖与同分异构的相关素材为情境线，以围绕核心知识点的系列进阶式问题为知识线，一明一暗两条线相互交织在一起，引导学生在寻找苯环上取代基个数与同分异构体个数之间关系规律的活动中，展开积极的思维碰撞。在含有不同种类取代基的芳香族化合物同分异构体的书写规律指导下，层层推进，帮助学生突破书写更复杂芳香族化合物同分异构体时遇到的思维障碍，从而强化思维深度，进一步提升分析给定信息的能力、灵活运用信息的能力以及正确全面地分析同分异构体的能力。

3. 教学方式与教学手段说明

技术准备：多媒体设备、实物投影仪、教师及学生用球棍模型。

为了帮助学生更方便地探究芳香族化合物同分异构体的书写规律，采用了球棍模型，学生可以很快地以苯环模型为中心，及时调整取代基的数目及种类，建构含有不同取代基的芳香族化合物同分异构体的书写规律。在教师进行必要的球棍模型使用解说及学生进行现场演示时，投影仪的使用可以很好地实现教师和学生之间及时有效的沟通，为本节课的正常推动提供了很大的便利。

三、教学目标

（1）结合生活中常见有机物的用途进一步认识微观结构差异性的重要意义和价值。

（2）通过球棍模型不同种类个数取代基的位置异构分析，掌握苯环上取代基个数与同分异构个数之间的关系规律，体会模型建构的思维过程。

（3）能够分析较复杂芳香族化合物中存在的类别异构现象，在已有模型认知的基础上进一步提升系统分析和正确书写芳香族化合物同分异构体的水平。

（4）通过小组讨论展开积极的思考，了解芳香族化合物同分异构体书写的常用方法和技巧，增强归纳总结的意识，深化思维的深刻性、灵活性和思辨性。

(5) 了解历届诺贝尔化学奖中关于同分异构体的贡献,增强学习的兴趣和积极性,培养学生追求真理的科学精神以及学以致用的责任意识和使命感。

四、教学重点和难点

教学重点:

(1) 通过球棍模型不同种类个数取代基的位置异构分析,掌握苯环上取代基个数与同分异构个数之间的关系规律。

(2) 能够分析较复杂芳香族化合物中存在的类别异构现象,在规律的指导下进一步提升系统分析和正确书写芳香族化合物同分异构体的水平。

(3) 通过进阶式的问题思考,提高对已有知识迁移运用的能力。

教学难点:对已有知识进行分析对比、归纳总结。利用苯环上含有不同种类取代基的同分异构体的书写规律指导分析正确书写较复杂的芳香族化合物的同分异构体。

五、教学流程图及教学过程设计

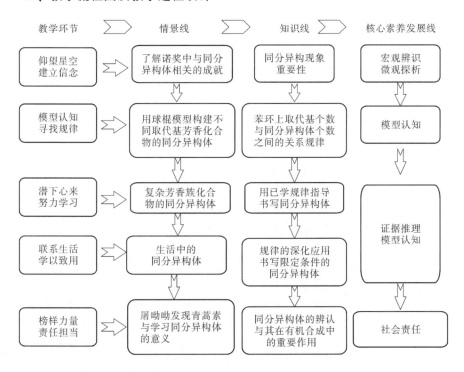

"芳香族化合物同分异构体的书写"教学流程图

"芳香族化合物同分异构体的书写"教学过程

教学环节	教师活动	学生活动	设计意图
环节一 仰望星空 建立信念	【引入】课件展示化学诺奖的贡献： ● 首届诺贝尔化学奖得主荷兰化学家范霍夫在1874年提出：在甲烷中，碳的四个价键在空间指向正四面体四个顶点，并指出连接在碳原子上的四个取代基都不相同时会引起旋光（手性）异构的立体同分异构现象。开创了以有机化合物为研究对象的立体化学。 用于治疗妊娠妇女早期恶心呕吐反应的r－对映体具有镇静作用，而s－对映体则有强烈的致畸作用。 ● 1937年，英格兰霍沃斯和苏联卡雷，1938年库恩，先后因研究糖类、胡萝卜素和维生素的各类同分异构体的结构获奖。因结构不同，β型维生素E是γ型维生素E活性的4倍，因而得到更广泛的应用。 【提问】你对以上两段事实有怎样的认识？ ——结构决定性质，性质决定用途。 【过渡】可以说，正是因为同分异构体广泛存在的同分异构现象成就了若干诺贝尔化学奖的诞生，对同分异构体结构的研究推动了人们生活品质的不断提高。作为未来社会发展的主人，我们有责任学好科学文化知识，将来为社会发展做出贡献。	聆听，感受科学力量的伟大。 思考，感悟，回答。 聆听，感悟。 体会宏观性质与微观结构之间的直接关系。	化学前沿发展历程中同分异构体的贡献展示，激发学生学习同分异构的积极性和求知欲望。 联系生活实际，体会学以致用的重要性。 帮助学生强化结构决定性质、性质决定用途的核心思想。
环节二 模型认知 寻找规律	【过渡】芳香族化合物具有极高的工业价值，越来越多的人致力于芳香族化合物的研究，本节课我们就来研究以苯环为母体的同分异构体的书写规律。下面请同学们首先尝试寻找苯环上取代基个数与同分异构体个数之间的规律。 【总结】苯环上取代基个数与同分异构体个数之间的数量关系规律。 一个取代基：——1种	【学生活动】 在苯环的球棍模型基础上依次连接一个、两个、三个相同或不同的取代基，讨论各能出现几种同分异构体（不考虑取代基自身异构）。	用学生比较熟悉的球棍模型出发寻找规律，建立模型意识，为下面深入探讨复杂芳香族化合物同分异构体做准备。

续表

教学环节	教师活动	学生活动	设计意图
	两个取代基：相同——3种 　　　　　　不同——3种 三个取代基：三个相同——3种 　　　　　　两个相同——6种 　　　　　　三个不同——10种	相互交流，分享苯环连接不同种类和数目取代基的芳香化合物的同分异构体数目规律。 总结，笔记。	
环节三 潜下心来 努力学习	【讨论】[2013 全国 30（3）改编] C_8H_9Br 是重要的有机合成中间体，含有苯环可能的结构简式有_____种。 【小结】一共有 14 种。	思考，讨论：C_8H_9Br 含有苯环可能的结构简式。 分享自己的思维过程，展示结果，其他同学进行补充评价。	学以致用，用已学规律指导复杂芳香族化合物同分异构体的书写。
环节四 联系生活 学以致用	【讨论】1. 医疗领域：[2010 年北京] 扁桃酸在有机合成和药物生产中有着广泛的用途，是尿路杀菌剂扁桃酸乌洛托品、末梢血管扩张剂环扁桃酯的重要中间体，具有多种芳香族同分异构体。 　　　　　　⌬—CHCOOH 　　　　　　　　　OH 【提问】它可能的物质种类有哪些？ 【追问】属于甲酸酯且含酚羟基的同分异构体共有_____种，写出其中一种含亚甲基的同分异构体的结构简式。 2. 农业领域：[2011 年全国高考模拟] 某高效、低毒的农药 K 的合成路线如下： 烃A ——……——→ HO—⌬—CH—COOH ——……——→ 　　　　　　　　　　　　H₃C—CH—CH₃ 　　　　　　　　　　　　　　D 　　　　　Cl—⌬—CH—COOCH—⌬—O—⌬ 　　　　　　　　H₃C—CH—CH₃ CN 　　　　　　　　　　　K 　　　　　某高效、低毒农药主要成分 D 的同分异构体有多种，写出具有下列性质的同分异构体的结构简式。 ① 能与 $FeCl_3$ 溶液发生显色反应 ② 能发生银镜反应 ③ 核磁共振氢谱有四个峰	思考，讨论：$C_8H_8O_3$、$C_{11}H_{14}O_3$ 属于芳香族化合物的同分异构体的结构简式。 思考，回答。 分享自己的思维过程，展示结果，其他同学进行补充评价。 分享自己的思维过程，展示结果，其他同学进行补充评价。	联系生活实际，深化应用，用已学规律指导限定条件的复杂芳香族化合物同分异构体的书写 帮助学生加深对类别异构的理解。 帮助学生理清常用同分异构体书写的思路和方法。

教学环节	教师活动	学生活动	设计意图
	【小结】含有一个氧原子的醇和醚、醛和酮互为类别异构，含有两个氧原子的羧酸和酯互为类别异构。 【板书】以横向氧原子和纵向不饱和度建立二维坐标系。	总结，笔记。 反思书写芳香族化合物同分异构体的一般思路和方法。	总结本节课的核心知识点。
环节五 榜样力量 责任担当	【展示】85岁中国女药学家屠呦呦因创制新型抗疟药青蒿素和双氢青蒿素而获得2015年诺贝尔生理学医学奖。 【讲解】青蒿素的提取、结构鉴定及双氢青蒿素的发现过程。 【提问】下列关于青蒿素和双氢青蒿素的说法错误的有哪些？ 青蒿素　　双氢青蒿素 【升华】希望同学们能够用科学严谨的精神、脚踏实地的态度、持之以恒的努力，为社会发展做出贡献，说不定下一个诺奖获得者就是你！ 【作业】完成导学案上相关巩固练习。	聆听，思考。 思考，回答。 反思，感悟，体会学以致用的价值和重要性，充分认识学习同分异构体的重要意义。	首尾呼应，选用首个中国诺贝尔奖获得者事例，落实同分异构体辨识等相关知识点的实际应用，升华学生学以致用的社会责任感和报效祖国的决心。

芳香族化合物同分异构体的书写

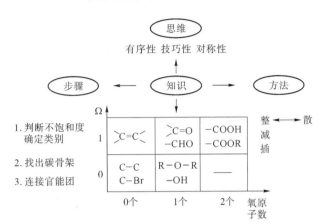

"芳香族化合物同分异构体的书写"板书设计

附录　学习效果评价设计

1. "芳香族化合物同分异构体的书写"前测

关于芳香族化合物同分异构体的专题书写练习，发现学生存在的各类问题。

2. "芳香族化合物同分异构体的书写"后测

（1）关于芳香族化合物同分异构体的专题强化练习，并要求学生整理常见易错点。

（2）以思维导图的形式要求学生整理总结同分异构体的类别及书写规律等核心知识点。

六、教学思考

（一）设计亮点

1. 丰富情境素材的联系运用

同分异构体书写的相关知识比较抽象，灵活性强，学生在学习过程中往往感觉到枯燥乏味，难以掌握，从而大大影响了学习的积极性。为了让学生充分感受学习的乐趣，本节课选取诺贝尔化学奖为情境素材，将高考重点芳香族化合物同分异构体的书写学习融入生活实际当中，激发学生学习的兴趣和学以致用的责任感。在实际教学过程中，学生课堂表现活跃，达到了较好的教学效果。

2. 球棍模型在寻找核心规律中的巧妙运用

针对学生在书写芳香族化合物时规律意识不强、知识迁移运用能力不够的现状,本节课首先引导学生利用球棍模型寻找苯环连接不同取代基时同分异构体的书写规律,进而再对规律进行深化应用。教学环节环环相扣,教学过程中以学生为主的教学活动设计有助于学生进行充分的思维碰撞,相互取长补短。在教师指导下的进阶式学习任务的开展有助于学生强化证据推理与模型认知的意识。

3. 课后扩展任务的设计有利于强化课堂效果

学会学习的方法比掌握知识本身更重要。课后作业的目的除了巩固练习之外,还在于引导学生利用思维导图等方式总结各类同分异构体的书写方法和技巧,有效帮助学生完善已有知识体系,为全面突破同分异构体这一难点奠定基础。

(二)今后教学改进设想

1. 根据学情变化适时对本节课的教学节奏进行调整

本节课授课对象是A、B班分层之后的A层学生,大部分学生学习程度较好,课后大部分学生反馈对芳香族化合物同分异构体的书写思路有了更清晰的认识,但仍有少部分同学表示在书写难度稍大的同分异构体时存在困难。因此,如果本节课是针对B层的学生进行教学,对于基础相对薄弱的学生所需课堂讨论的时间应该更长。为了保证课堂效率,提高本节课的实用性,可以适时对本节课的具体方案进行相应调整,例如,提前给学生下发课堂导学案,增加题目的提示性,课后拓展延伸作业任务更加明确具体等。对于A层同学完成的优秀思维导图作品还可以张贴在教室内,供其他同学参考借鉴。

2. 课堂环节推动过程中可尝试设计多样的学习方式进一步调动学生的参与度

芳香族化合物同分异构体的书写存在一定的难度,考查方式灵活多变,学生处理此类问题往往存在重写或者漏写的问题。为了强化学生有序思维的效果,可以尝试在环节推动过程中首先启发学生思考与课堂典例相关的哪类题型中书写同分异构体仍存在困难,容易出现哪些错误,这样更有利于调动学生主动思考的积极性和主动参与下一环节的欲望。

3. 不饱和度与含氧官能团对应关系的二维坐标系有待进一步完善

通过了解学生填写的课堂导学案得知,所有学生更关注板书中呈现的二维坐标系这部分内容,并希望能在这张坐标图的基础上总结得到更多的规律。在后续课程中,可以引导学生将脂肪族化合物不饱和度与含不同个数碳原子官能团的关系也用图表等方式进行简单明确的对比总结,增强学生不断反思总结的意识。

案例19　从甲烷看碳原子成键特点

人大附中通州校区　陈涵

一、指导思想与理论依据

"甲烷"是高中化学必修课程有机化学起始课。《普通高中化学课程标准(2017年版)》中指出,"知道有机化合物分子是有空间结构的,以甲烷、乙烯、乙炔为例认识碳原子的成键特点","知道有机化合物存在同分异构现象","学生必做实验:搭建球棍模型认识有机化合物分子结构的特点"。依据课标的指导和要求,本节课通过学生模型拼插活动,引导学生从微观视角探析甲烷结构,初步认识有机化合物结构特点,建立物质结构观。因此,本节课的教学重点是以甲烷为例认识碳原子的成键特点,形成有机化合物空间结构意识。

二、教学背景分析

1. 学习内容分析

甲烷是高中有机化学的起始课,是学生将无机化学学习思维过渡到有机化学思维角度的重要转折点;甲烷是最简单的有机化合物,是学生学习有机化合物的启蒙课;甲烷是最简单的烃,对甲烷结构和性质的学习能够对认识和研究有机化合物起到启迪作用,是学生学习"烃"及"烃的衍生物"的重要基础,同时为官能团学习做铺垫。

本节课的主要内容是:通过模型搭建活动将抽象的微观结构直观化。以探究甲烷结构为例,组织学生运用模型拼插甲烷及衍生变形体的球棍模型,模拟微观过程,体会模型迁移应用的方法,认识碳原子的成键特点;帮助学生形成、发展核心观念,同时了解有机化合物种类繁多原因,为烃及其衍生物的学习提供坚实的物质结构观基础。

2. 学习者分析

通过与学生访谈了解到如下学情:

已有基础：在学习本课时，学生在知识上已经具备了原子结构、化学键等知识；思维上具有一定的独立性和主动性；能力上具备一定动手能力，对于模型拼插非常感兴趣。

不足之处：从微观视角探析物质结构的意识与能力相对薄弱；对有机化合物空间结构的认识停留在感性思维层面。

基于学情、指导思想，确定本节课学生待发展认知：以原有知识经验作为新知识的生长点，应用已有知识从微观角度探析甲烷结构，总结碳原子的成键特点，知道有机化合物分子是有空间结构的，最终建立有机化合物学习的重要思维角度——物质结构观。

3. 教学方式与教学手段

教学方式：通过真实情境问题激发学生探究欲；通过甲烷及其衍生变形体模型拼插活动，激发学生探究热情，自主探究并总结碳原子的成键特点、烷烃的结构特点。

教学手段：真实情境创设、模型拼插活动、驱动型任务链。

三、教学目标

(1) 通过探究甲烷正四面体结构，知道有机化合物分子是有空间结构的。

(2) 通过拼插甲烷及其衍生变形体的球棍模型，认识碳原子的成键特点、价键类型，知道有机化合物同分异构现象，建立对有机化合物分子结构的直观认识。

(3) 了解我国在可燃冰开采领域的成就，增强爱国主义情感。

(4) 通过了解化学史，感受科学家的敬业奉献精神。

四、教学重点和难点

教学重点：甲烷正四面体结构、碳原子成键特点。

教学难点：甲烷正四面体结构、碳原子成键特点。

五、教学流程图及教学过程设计

教学流程：

(1) 活动线：创设情境→甲烷结构探究→甲烷变形计→总结提升

(2) 知识线：了解可燃冰→甲烷结构→碳原子成键特点→知识归纳

(3) 认知线：感性认知→模型建构→模型应用→升华认知

"从甲烷看碳原子成键特点"教学过程

教学环节	教师活动	学生活动	活动意图
环节1：创设真实问题情境	【引入】可燃冰是一种有重大战略意义的未来清洁能源。2017年5月18日，我国成为全球首个成功试开采可燃冰的国家。 【创设问题情境】备受瞩目的可燃冰，外观是类冰状晶体，主要成分是甲烷水合物，所以可燃冰的专业名叫甲烷水合物。科学家发现它是甲烷气体在低温高压条件下（比如深海底部）"吸引"众多水分子而形成的一种外观为类冰状结晶的物质。 甲烷水合物"前世"　　　甲烷水合物"今生" CH_4　　低温、高压　　　$CH_4 \cdot nH_2O$ n个H_2O 　　　　　　　　　　　类冰状结晶 【提问1】甲烷具有什么样的结构才能吸引那么多水分子做它的"粉丝"呢？	倾听。 倾听。 思考、疑惑。	激发学生爱国情感，渗透环保意识和能源意识。 拓展学生对社会热点——可燃冰的了解，激发学习兴趣。 学起于思，思源于疑。基于真实情境提问，激发学生好奇心和探究欲。
环节2：探究甲烷结构	【提问2】根据已学的相关知识，你知道哪些关于甲烷结构方面的知识？ 任务一：根据1号盒材料拼插甲烷模型。 1号盒 【提问3】教师观察学生拼插结果，并提出问题：这几个模型中，你觉得哪个模型更接近甲烷真实结构？为什么？ 【资料】请根据甲烷结构的相关证据修正模型： (1) 4个C-H键的长度和强度相同。 (2) 任意两个C-H键的夹角均相等。 (3) 键角越大，共用电子对之间斥力越小，结构越稳定。	思考、回答。 动手拼插模型。 评价拼插结果，并说明理由。 根据证据修正甲烷模型。	培养学生基于已有知识经验分析陌生情境问题的能力。 引导学生形成原子半径不同和共价键不同的意识，使学生能够依据原子半径和共价键的不同选取不同大小的球及棍，进一步加深学生对物质结构理论知识的认识。 引导学生自主探究甲烷结构特点，培养科学探究精神。 依据对甲烷证据的分析和推理，培养学生证据意识和严谨的学科思维；建立有机化合物空间结构感，将

续表

教学环节	教师活动	学生活动	活动意图
			微观的结构探索过程直观化和具体化,渗透证据推理和模型认知、科学探究的学科素养。
	【提问4】如何利用这些证据证明自己拼插的模型是正确的?	思考、回答。	培养学生证据推理能力。
	【教师活动、提问5】选一个学生拼插的甲烷球棍模型,并提问:这种空间结构的几何体叫什么?	观察、思考。	通过连续性问题,引导学生思考甲烷的空间构型。
	【教师活动、提问6】用铜丝勾勒出模型的6条棱,并提问:这种空间结构的几何体叫什么?	观察、思考、回答（正四面体）。	
	【教师活动、提问7】用4张正三角形的透明纸贴住模型的四个面,构建完整的正四面体几何体,并提问:甲烷中各原子分别占据正四面体中什么位置?	观察、思考、回答。	通过强烈的视觉冲击,学生对甲烷结构认识从平面到立体,深化对有机化合物空间结构的认识。
	【讲解】展示甲烷探究史,并讲解:探究的过程必定会遇到问题,一代又一代科学家锲而不舍、知难而进,经过100多年的研究,才探究出甲烷结构。	倾听。	学生了解甲烷结构发展史,感受科学家的敬业奉献精神。
环节3:甲烷变形计——探索碳原子成键特点	任务二:将甲烷中的1个H换成1个C,请拼出所有合理的模型。 【教师活动】观察各小组拼插情况。若仅拼插出乙烷,教师给出提示:如果在C_2H_6的基础上减少2个H、减少4个H,能分别拼插出什么结构? 任务三:将甲烷中的2个H换成2个C,请写出所有合理结构的结构式。（可以借助模型拼插帮助完成任务。） 【提问8】碳原子成键有何特点? 碳原子的成键特点: (1) 碳原子最外层有4个电子,可以形成4个共价键。	拼插模型,评价拼插结果,书写结构式。 书写结构式,（拼插模型）,并相互评价。 思考、回答。	检查学生对碳原子成4个共价键的掌握情况,培养科学探究能力、开放性思维和模型迁移应用能力（吸管的特点是能弯曲）。 培养学生开放性思维、模型迁移应用能力和科学探究能力。 通过驱动型问题促使学生基于拼插结果总结碳原子成键特点。

第三章 基于"证据推理"的学习方式的培养 213

续表

教学环节	教师活动	学生活动	活动意图
	(2) 碳原子之间可以是单键、双键或三键，可以成碳链或碳环。 任务四：根据2号盒材料，拼插 C_4H_{10} 模型。 2号盒 【资料】化学史料介绍：1826年，维勒和李比希对于氰酸（HOCN）和雷酸（HONC）的结构和性质产生疑惑；1828年，贝采尼乌斯发现酒石酸和葡萄糖也有类似情况，于是他认为必须提出一个新概念："我建议把相同组成而不同性质的物质称为'同分异构'的物质"。 同分异构体：分子式相同，结构不同的化合物互称为同分异构体。	拼插模型，发现有不同的拼插结果，评价拼插结果。 倾听。	通过对实验证据的分析，引导学生自主发现有机化合物中同分异构现象。 借助历史的磁力对学生进行化学史教育，使其了解本门学科的产生和发展过程，拓宽知识面，为形成完整的有机化学知识体系初步奠定基础。
环节4： 总结提升	【提问9】观察烷烃（CH_4、C_2H_6、C_3H_8、C_4H_{10}）分子式，你发现烷烃结构有什么特点？分子式存在什么规律？ 【提问10】你认为有机化合物种类繁多的原因有哪些？ 【总结提升】 【课后作业】写出戊烷（C_5H_{12}）的结构简式。 【课堂评价】 课堂学习总结卡 课题：　　　时间：　　　年　月　日 | 我印象最刻的是…… | | | 我学会…… | | | 我没学会…… | | | 我还想了解…… | |	思考、回答。 思考、回答。 记录作业。 填写课堂评价小卡片。	引导学生自主总结烷烃结构特点、了解同系物的概念。 引导学生自主总结有机化合物种类繁多的原因。 协助学生构建知识脉络，将所学知识系统化，巩固认知和理解。 将学生课堂学习延伸到课下，加强知识的巩固和理解。引导学生回顾本节课内容，梳理知识线，清楚存疑的知识。

附录　学习效果评价：填写课堂评价小卡片

统计结果：

通过对学生填写的课堂评价小卡片结果进行统计，了解到：通过本节课的学习，学生对甲烷正四面体结构和碳原子成键特点印象最深，并且初步建立了有机化合物的空间结构感，知道有机化合物存在同分异构现象，还想进一步了解有机物的物理性质和化学性质。

六、教学反思

基于本节课教学设计和实际教学效果，总结如下：

（1）借助可燃冰创设真实问题情境，开阔视野，激发学生学习兴趣，培养学生化学视角。

（2）模型拼插活动将有机化合物的微观结构直观化，引导学生建立直观的空间立体结构观，激发学生探究欲，渗透宏观辨识和微观探析的学科素养。

（3）通过展示史实资料、甲烷结构证据、模型拼插等，培养学生证据意识，加深对结构的理解，渗透立德树人的教学理念和证据推理与模型认知的学科素养。

（4）学生拼插模型、书写结构式、分子式，从宏观、微观、符号三个层面认识有机化合物，形成有机化学的一般学习方法。

（5）教师通过驱动型问题和任务引导学生、学生主动探究学习、课后学生进行课堂评价，"教－学－评"三位一体，促进学生认知发展。

基于学生课堂表现和课堂评价卡片的反馈，对本节课教学效果分析如下：

（1）学生对甲烷正四面体结构、碳原子成键特点的整体掌握程度较高，初步形成有机化学空间结构意识。

（2）学生对有机种类繁多原因、同分异构现象有一定程度的理解。

（3）学生对于模型拼插活动非常感兴趣，有机化学的学习兴趣被激发。

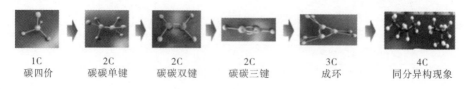

学生拼插的模型

通过对本节课教学设计的反复修正和实际教学效果的分析，我有如下收获：

（1）课堂上以学生为主体，充分调动学生积极性，学生学习兴趣更加浓厚，更能激发学生求知欲。

（2）设置学生感兴趣的模型拼插活动可以明显提高课堂效率，同时培养学生对有机化学的学习兴趣。

（3）通过课堂评价小卡片信息，可以快速精确了解学生课堂掌握情况、学生感兴趣的内容，并为设计下节课的教学内容提供重要参考依据。

本节课围绕"发展学生化学学科核心素养"的主旨，开展"素养为本"的教学，精心设计活动，注重学生能力提升和实际获得；深入挖掘内容，体现学科价值；善于应用形式，促进"深度学习"。相信基于"甲烷"的浓厚兴趣和科学的学习视角，孩子们能轻松步入有机化学学习之门。

案例20　从成键特点的深入学习到建构微粒观
——"从甲烷看碳原子成键特点"教学设计评析
北京市通州区潞河中学　孟祥雯

我参与了"从甲烷看碳原子成键特点"这节课的指导工作，在不断的打磨过程中，见证了新教师的专业成长，也对有机化学的教学有了新的认识。

高中阶段学习有机化学，主要教学目标是建立、发展认识有机物性质的不同视角，如从"结构决定性质"的角度认识有机物的性质，或者从物质转化的角度认识有机物的性质等。但在具体教学中，如何落实学科思想，将其转化为学生的认知，用以指导整个有机化学的学习却是个问题。

通常"甲烷"的教学过程以"甲烷结构→性质（物理性质、化学性质）→用途"为主线，以甲烷结构为切入点，以甲烷为代表学习有机物结构和常见的性质（可燃性和取代反应等），认识甲烷在生活生产中的应用，懂得科学、合理、安全地使用甲烷；或采用"用途→性质（物理性质、化学性质）→甲烷结构"为主线的教学模式。

新版普通高中化学课程标准特别注重有机化合物分子的空间结构，以及甲烷、乙烯、乙炔等物质中碳原子的成键特点。我们设想，能不能采取先重点探究甲烷、烷烃、烯烃、炔烃等的成键问题，再学习典型物质的性质呢？

本节课设计的主导思想是要引导学生进行"深度学习"。"深度学习"是以具体知识的学习和应用为载体，在化学观念统领下，通过质疑反思引导学生深度体验化学知识的产生、关联和应用，引导学生从浅层思维走向深度思维和高阶思维，从而形成从化学视角分析和解决问题的思路与方法的一种学习方式。应用"深度学习"的原理进行化学教学，不仅能提高学生化学学习的质量，形成化学学科必备的核心素养，同时也能促进教师专业素养的提升。

设计本节课的思考如下：

【思考1】如何创设情境？

情境是学习的一部分，脱离情境的学习是错误而缺乏成效的。教学情境的创设可以从学科与生活的结合点入手，也可以从学科与社会的结合点入手，还可以利用问题创设情境。

甲烷作为一种重要的化石燃料，正逐渐受到各国关注，可燃冰、页岩气等也逐渐走进人们的视野。可燃冰大量存在于海底和永久性冻土中。我国南海拥有丰富的可燃冰资源，2017年我国成为全球首个成功试开采可燃冰的国家。这些资料不仅可以引起学生的学习兴趣，更能激发学生强烈的爱国主义热情，培养爱国情怀。因此，用可燃冰作为本节课的引入情境素材，体现了化学学科的社会价值。

【思考2】如何将浅层学习转化为深度学习？

浅层学习是一种机械式的学习方式。学习者为了完成任务被动地接受学习内容，把信息作为孤立的、不相关的事实来接受和记忆。深度学习是指在基于理解学习的基础上，学习者能够批判地学习新思想和事实，并将它们融入原有的认知结构中，在众多思想间进行联系，并能够将已有的知识迁移到新的情境中，做出决策和解决问题。

在甲烷结构的学习中，如果仅是简单呈现甲烷的正四面体结构，并据此分析甲烷的结构特点，那么这样的学习方式就是浅层学习。根据深度学习的理念应将甲烷结构的简单描述转变为甲烷结构的发现过程，让学生在甲烷结构的探究发现中深度体验甲烷的正四面体，并将研究思想拓展应用到其他有机化合物的学习中。因此本节课采用模型拼插法，由学生自主探究甲烷的结构，再根据教师提供的信息进行纠错修正。

【思考3】如何给学生搭好"脚手架"？

我们在工地上见过脚手架，工人们正是凭借它，平稳有序地完成了一系列高空作业。那么，我们如何从学生已有经验出发，提供具有一定认知难度的学习项目，一步一步引导学生学习新内容，并内化为自己的经验？搭建脚手架是建构主义教学理论的一个很好的比喻。建构主义认为知识不是通过教师传授得到的，而是学习者在一定的情境即社会文化背景下，借助他人的帮助，利用必要的学习资料，通过意义建构的方式获得的。因此，建构的含义是学习者依据已有理解，吸取有用信息，建构自己的理解的过程。

首先，通过模型拼插等活动引导学生认识有机化合物中碳原子的成键特点、价键类型及简单分子的空间结构。

探究特色1：用不同大小、颜色的小球分别表示H、C、Cl等原子，学生拼插模型选择不同大小的球，间接考查了学生比较半径大小的能力。

探究特色2：拼插和修正甲烷模型的过程培养了学生空间结构想象能力以及接收、整合信息的能力。

探究特色3：用长短不一及能弯曲的软管能更好地帮助学生模拟比较单键、双键及三键的差异。

探究特色4：建立甲烷模型认知后，用C原子取代H原子或去掉2~4个H原子继续拼插出正确分子的过程体现了对学生接收、整合信息能力以及创新能力的培养。从甲烷的结构特点拓展到乙烷、丙烷、丁烷、乙烯、乙炔等，体会同分异构现象以及碳原子的成键方式的多样性，初步认识种类繁多的有机物，为学习烷烃、烯烃、炔烃乃至其他有机化合物的结构奠定基础。

探究特色5：呈现正四面体的球棍模型，并在四个面上贴上四个透明正三角形，如图所示，帮助学生理解"正"和"四面体"的直观印象。

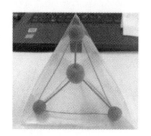

甲烷

教学中通过一步一步搭设"脚手架"，建构有机化合物结构的模型，充分体现了学生是课堂的主人。学生掌握了学习的主动权，在自主、合作、愉快的氛围中探究学习。

【思考4】引入"甲烷结构探究史"的意义是什么？

科学家们历经100多年艰苦卓绝的探索，才发现了甲烷的结构。在教学中引导学生沿着科学家的足迹探究甲烷结构，充分还原前人探索过程中的思维历程，使学生认识知识的产生、发展和衍变，学习科学家的探究精神，体验和领悟科学的思维方法。学生在深度体验中把握了新知识的发生、发展及衍变规律，有利于学生将新知识融入原有的认知结构，促进深度学习。

【思考5】如何体现化学学科素养的培养？

化学在宏观层面上研究物质的性质及其变化，同时也要深入微观层面研究物质的组成、结构。化学学习就是从宏观、微观、符号三重表征的水平上认识、理解、记忆并应用化学知识，同时建立三者之间的有机联系，形成化学学习的独特思维模式。"甲烷"学习的三重表征也体现了"宏观辨识与微观探析"学科核心素养的养成，如图所示。

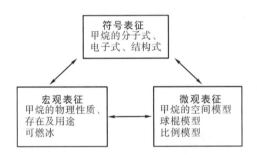

"甲烷"学习的三重表征

本节课采用模型拼插、合作探究的方式认识了"甲烷分子空间结构模型"，并通过合理运用"局部替代"方法，引导学生从微观结构比较有机物的变化，体现了模型建构的意义，促进了"证据推理与模型认知"学科核心素养的养成。

【思考6】"甲烷"学习的评价方式是什么？

评价采用了课前学情调查、课中观察学生学习表现，及时反馈，以及填写课堂学习总结小卡片信息等方式，快速精准地了解学生课堂掌握情况、学生感兴趣的内容，并为设计下节课的教学内容提供重要参考依据。

通过以上的设计，达成了甲烷深度学习的目标，符合核心概念的建立过程，即基于事实和证据,采用适当的科学思维方法揭示规律,并在某一给定的情境中,运用规律和原理,对可能的结果或趋势做出预测或解释,能够选择运用文字、图示或模型等方式进行表达并阐明其内涵。

教学设计不仅要着眼于教学内容,更要从促进学生终身发展的角度,思考对学生发展的意义,思考提高教学设计对学生学科素养的作用,将深度学习的理念应用于教学实践中。

案例21 "研究物质的氧化性、还原性——以氯元素为例"教学设计

北京市通州区潞河中学 刘姣姣

一、指导思想与理论依据

《普通高中化学课程标准(2017版)》指出:"普通高中化学课程是基础教育课程,是发展素质教育、弘扬科学精神、提升学生核心素养的重要载体。"化学学科核心素养是学生必备的科学素养,是学生终身学习和发展的重要基础。

二、教学背景分析

1. 学习内容分析

物质的氧化性、还原性微观本质是物质得、失电子的能力。影响物质的氧化性、还原性的强弱的因素有哪些呢?

(1)内因:结构决定性质。原子的结构决定元素的性质——金属性、非金属性,表现为该元素组成的单质具有氧化性或还原性,由该元素组成的化合物具有氧化性或还原性。由于原子结构的相似性与差异性决定了元素性质、物质性质(氧化性、还原性)的差异性,这种差异性是可以通过实验手段来比较与验证的。

(2)外因:影响物质氧化性、还原性的因素有:浓度、pH等。这些因素对物质氧化性、还原性的影响是正相关还是负相关?是对氧化性、还原性同时有影响吗?这些问题都是可以通过实验手段加以探究的。实验探究后得出的结论有什么用?通过控制这些因素可以控制物质氧化性、还原性,进而控制氧化还原反应的进行。

2. 学习者分析

已有基础：从知识角度分析，学生在必修1已经知道氧化性、还原性的本质，核心元素化合价与氧化性、还原性的关系；在必修2学习了原子结构与元素周期律。从能力角度分析，学生已经具有设计、实施简单验证或探究实验的能力。

发展进阶：利用结构决定性质观念，将原子结构、元素周期律与物质氧化性、还原性关联；利用内因、外因思想，对影响物质氧化性、还原性的因素进行猜想并设计实验进行定性探究，初步得出结论。再根据所得结论控制物质氧化性、还原性，达到控制氧化还原反应的目的。

学习障碍：实验设计的科学性、安全性、可行性、简约性；具体实验的干扰因素与排除干扰；实施完整探究过程。

3. 教学策略说明

第一阶段（复习关联），通过问题比较 Cl_2、Br_2、I_2 的氧化性强弱，设计实施实验验证结论，从微观本质角度解释原因。氧化性的比较、实验的设计目的是培养学生的宏观辨识与证据推理素养，提高设计实验的能力。从微观本质解释原因的目的是利用结构决定性质这一化学思想，将原子结构、元素周期律与物质氧化性、还原性建立相关性，使学生理解物质具有氧化性与还原性的本质原因。第二阶段（认识发展），以盐酸与二氧化锰反应为例对物质氧化性、还原性的影响因素进行探究，包含假设猜想、设计实验、实施实验、观察记录实验现象、分析并得出结论等过程，目的是拓展深化对氧化性、还原性的认识，同时增强学生的科学探究能力、化学核心素养。第三阶段（应用检测与再发展）是设计、实施实验，让可逆氧化、还原反应动起来，目的是应用第二阶段所得结论从氧化性、还原性角度认识可逆氧化还原反应，并控制平衡移动。

三、教学目标

（1）通过课堂学习理解物质氧化性、还原性的本质，了解物质氧化性、还原性的影响因素。

（2）通过课堂任务的完成，提升设计、实施验证性实验和探究性实验的能力。

（3）通过课堂活动的实施，培养核心素养：宏观辨识与微观探析、证据推理、科学探究、科学态度等。

四、教学重点和难点

教学重点：提升学生实验能力与核心素养。

教学难点：提升学生的化学核心素养，如证据推理与科学探究等能力。

五、教学流程图及教学过程设计

教学环节	知识、能力目标	素养目标
1. 理解氧化性、还原性本质 （1）比较 Cl_2、Br_2、I_2 的氧化性强弱，设计实验验证结论。 （2）为什么 Cl_2、Br_2、I_2 具有氧化性，且 $Cl_2 > Br_2 > I_2$？	比较氧化性、还原性强弱 设计、实施验证性实验 理解氧化性、还原性的本质	宏观辨识与微观探析 证据推理
2. 探究影响物质氧化性、还原性的因素 （1）猜想影响物质氧化性、还原性的因素有哪些，说明理由 （2）以盐酸与二氧化锰反应为例设计实验，探究 $c(H^+)$、$c(Cl^-)$ 对反应的影响，探究 $c(H^+)$ 对盐酸还原性与二氧化锰氧化性的影响 （3）实施实验并得出结论	拓展对氧化性、还原性的认识 探究（对比）实验设计 实验操作、记录 分析得出结论	科学探究 证据推理 宏观辨识与微观探析
3. 综合应用与检测 设计、实施实验，让可逆氧化还原反应平衡移动起来	从氧化性、还原性变化角度认识氧化还原可逆反应控制平衡移动	宏观辨识与微观探析 证据推理 科学探究

"研究物质的氧化性、还原性——以氯元素为例" 教学流程图

"研究物质的氧化性、还原性——以氯元素为例" 教学过程

教学环节	教师活动	学生活动	设计意图
环节1：引入	氯元素位于元素周期表第三周期第ⅦA族，是卤族元素之一。氯主要用于化学工业，尤其是有机合成工业，如生产塑料、合成橡胶、染料及其他化学制品或中间体，还用于漂白剂、消毒剂、合成药物等。今天我们以氯元素为例研究物质的氧化性与还原性。	聆听。	明确今天的研究对象、研究内容、研究价值。

续表

教学环节	教师活动	学生活动	设计意图
环节2：理解氧化性、还原性的本质	1.（1）比较 Cl_2、Br_2、I_2 的氧化性强弱，设计实验验证结论。 追问：实验中可能产生的干扰？如何排除干扰？ 提示：注意实验的安全性。 （2）为什么 Cl_2、Br_2、I_2 具有氧化性，且 $Cl_2 > Br_2 > I_2$？	明确实验目的、设计实验。 找出实验的干扰因素并排除干扰。 从结构角度解释原因。	理解氧化性还原性的本质。 提高实验能力。 提升化学核心素养：宏观辨识与微观探析等。
环节3：探究影响物质氧化性、还原性的因素	2.（1）猜想影响物质氧化性、还原性的因素有哪些，说明理由。 （2）以盐酸与二氧化锰反应为例设计实验，探究 $c(H^+)$、$c(Cl^-)$ 对反应的影响，探究 $c(H^+)$ 对盐酸还原性与二氧化锰氧化性的影响。 （3）实施实验并得出结论。 提示：注意实验的安全性。	解答问题。 设计实施实验并得出结论。	拓展对氧化性、还原性的认识。 提高对比实验设计能力，提升实施实验得出结论的能力。 提升学生的核心素养：实验探究等。
环节4：综合应用与检测 控制反应	3. 请你根据今天所学，设计并实施实验（试剂自选）让下面平衡移动起来。 $2Fe^{3+} + 2I^- \rightleftharpoons 2Fe^{2+} + I_2$ 与同学交流分享想法及做法。 注意：从氧化性、还原性变化角度认识氧化还原可逆反应，控制氧化还原可逆反应。 引导学生讨论选择双液原电池装置实施反应。	认识氧化还原可逆反应。 尝试通过控制反应条件控制物质的氧化性、还原性进而控制可逆氧化还原反应平衡移动。	综合应用所学，检测学习效果。 认识可逆氧化还原反应控制反应。 提升学生的实验能力与学科核心素养。

研究物质的氧化性、还原性——以氯元素为例

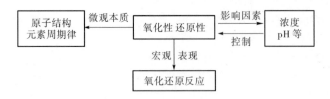

"研究物质的氧化性、还原性——以氯元素为例"板书设计

附录：学习效果评价设计

前测：

（1）物质氧化性、还原性强弱的本质原因是什么？

（2）影响物质氧化性、还原性的因素有哪些？请举例说明。

六、教学反思

从学科知识能力角度看，拓展了学生对氧化性、还原性影响因素，可逆氧化还原反应的认识，提升了学生设计实验、实验探究等能力。

从化学思想方法角度看，认识线索清晰，从物质氧化性、还原性的宏观表现到微观本质，从影响氧化性、还原性的因素到控制条件控制反应，设计环环相扣，逻辑严谨，展现了化学学科认识物质世界并作用物质世界的过程。

从化学核心素养培养角度看，三个环节集中提升了学生宏观辨识、微观探析、证据推理、实验探究等素养。

案例22　宏观辨识与微观探析的有效融合
——以"饱和溶液和不饱和溶液"为例
北京市通州区潞河中学　纪艳苹

一、指导思想与理论依据

（1）渗透学科思想，增强学生的化学核心素养，建立宏观与微观的对应，应用微粒观分析、解释溶解与结晶现象。

（2）发挥学生的主体地位，使学生在"做中学"，自主建构对溶液的进一步认识。

二、教学背景分析

1. 学习内容分析

本节教学内容属于新课程标准中一级主题"身边的化学物质"下的二级主题"水与常见的溶液"范畴。

溶液是最常见的一大类混合物，与学生的生活实际有密切的联系：自然界中的江河湖海等水系绝大多数都是溶液；人体的体液是溶液；生活中的饮料、酱油、醋等是溶液；医疗上的注射液是溶液。化学试剂很多也是溶液，许多反应都是在溶液中进行的，酸、碱、盐的教学也是以溶液为基础的。因此不论是生活应用，还是后续课程学习，对学生而言，系统地学习有关溶液的知识是非常必要的。

本课时是对于溶液的进一步认识：溶液有两种不同的状态、如何进行判断；饱和溶液和不饱和溶液的相互转化方法，认识不同状态的溶液间可以动态变化；从微观角度增进对溶液的认识，从而使学生能从宏观与微观、静态和动态多个角度认识溶液，为从定量角度即溶解度认识溶液奠定基础。

2. 学习者分析

已有基础：学生已经能从静态的角度认识溶液的组成、性质、特征、应用，从微观角度认识氯化钠的溶解过程。

发展进阶：认识溶液有两种不同的状态，并可以动态变化；同时从微观角度去解析溶解与结晶现象，初步有平衡的意识。这有助于学生从多角度加深对溶液的理解，也有助于学生通过对现象的观察深入思考问题的实质。

对两种典型代表物溶解性的探究实验，有助于培养学生的小组协作能力、交流讨论能力、基本实验操作能力，有助于提升学生的科学素养。

学习障碍：从微观角度分析溶解与结晶过程。

3. 教学方式与教学手段说明

教学方式：探究式教学与交流讨论相结合。

教学前期准备：饱和乙酸钠溶液。

三、教学目标

（1）通过小组实验，探究 NaCl 和 KNO_3 的溶解情况，培养学生的动手操作能力、小组协作能力，同时使学生能够自主建构对溶液的认识：溶液有两种不同的状态、如何进行判断。

（2）结合自身经验，对实验结果进行分析总结：饱和溶液和不饱和溶液的相互转化。

（3）通过画溶液中的微粒示意图，从微观角度认识溶解与结晶，并运用所学的原理对点"水"成"冰"进行微观解释，发展学生对溶液的微观认识。

(4) 感受饱和溶液与不饱和溶液及其转化关系在生活中的应用，体会化学对生活的作用。

四、教学重点和难点

教学重点：饱和溶液、不饱和溶液的定义及转化。

教学难点：从微观角度分析溶解与结晶过程。

五、教学过程

"饱和溶液和不饱和溶液"教学过程

教学环节	教师活动	学生活动	设计意图
环节1：创设情境，引入新课	【魔术表演】点"水"成"冰"	观察，思考。	以魔术引入，激发学生学习兴趣，同时设置悬念，引发学生思考。
环节2：初步认识饱和溶液与不饱和溶液	【布置任务】研究氯化钠在水中的溶解情况。 定义： 饱和溶液：在一定温度下，一定量的溶剂中，不能再溶解某溶质的溶液。 不饱和溶液：在一定温度下，一定量的溶剂中，还能再溶解某溶质的溶液。 【提问】③溶液是否饱和？如何进行验证？	【小组实验】探讨 NaCl 在水中的溶解情况： 20mL H₂O → 5g NaCl → ① → 5g NaCl → ② → 15mL H₂O → ③ 【汇报】 | 操作	现象（描述溶解情况）
---	---
①室温下，向盛有20 mL 水的烧杯中加入5g NaCl，用玻璃棒充分搅拌	全部溶解
②再加入5g NaCl，用玻璃棒充分搅拌	部分溶解，底部有固体剩余
③再加入 15 mL 水，用玻璃棒充分搅拌	全部溶解	 【讨论】向③中加入少量的 NaCl 固体，若固体继续溶解，则为不饱和溶液，若不溶解，则为饱和溶液。	认识一种典型的代表物 NaCl，为从溶解度角度定量认识溶液做好铺垫。 发挥学生的主观能动性，巩固基本的实验操作。 对定义进行巩固应用，定性判断溶液的状态。

续表

教学环节	教师活动	学生活动	设计意图
环节3：饱和溶液与不饱和溶液相互转化	【小结】 不饱和溶液 ⇌（加溶质、降温、蒸发溶剂／加溶剂、升温）饱和溶液 →（降温）晶体	【小组实验】探讨 KNO_3 在水中的溶解情况： 20 mL H_2O →5g KNO_3 ④→ 10g KNO_3 ⑤→加热⑥→冷却至室温⑦ 【汇报】 <table><tr><th>操作</th><th>现象（描述溶解情况）</th></tr><tr><td>④室温下，向盛有20 mL水的烧杯中加入5 g KNO_3，用玻璃棒充分搅拌</td><td>全部溶解</td></tr><tr><td>⑤再加入10 g KNO_3，用玻璃棒充分搅拌</td><td>部分溶解，有固体剩余</td></tr><tr><td>⑥加热</td><td>全部溶解</td></tr><tr><td>⑦将小烧杯取下，放置在冷水中冷却</td><td>有固体析出</td></tr></table> 【讨论】(1) 溶液是否饱和？ (2) 饱和溶液与不饱和溶液如何转化？ 20 mL H_2O →5g NaCl ①不饱和→5g NaCl ②饱和→15 mL H_2O ③不饱和 20 mL H_2O →5g KNO_3 ④不饱和→10g KNO_3 ⑤饱和→加热⑥不饱和→冷却至室温⑦饱和	认识另一种典型的代表物 KNO_3 随着条件的改变溶解情况的变化，为从溶解度角度定量认识溶液做好铺垫。依据定义定性判断溶液的状态。 在对两个探究实验的进一步分析中，自主提炼出两种不同状态改变的方法，实现动态变化。 继续培养学生的实验操作能力、小组合作能力、交流讨论能力。
环节4：从微观角度认识溶解与结晶现象	【布置任务】请画出探究实验二中④、⑦微粒构成示意图（不画水分子）：其中 ⊕ 表示 K^+，⊖ 表示 NO_3^-。 ④ $v_{溶解} < v_{析出}$ ⑦ $v_{溶解} = v_{析出}$	从微观的角度解释饱和溶液浓于不饱和溶液。 【揭秘】点"水"成"冰"的原因。 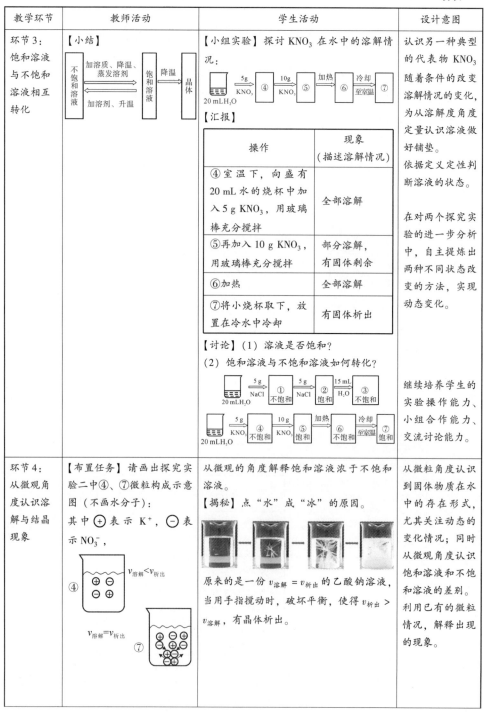 原来的一份 $v_{溶解} = v_{析出}$ 的乙酸钠溶液，当用手指搅动时，破坏平衡，使得 $v_{析出} > v_{溶解}$，有晶体析出。	从微粒角度认识到固体物质在水中的存在形式，尤其关注动态的变化情况；同时从微观角度认识饱和溶液和不饱和溶液的差别。利用已有的微粒情况，解释出现的现象。

续表

教学环节	教师活动	学生活动	设计意图
环节5：生活中的饱和溶液和不饱和溶液	【提问】生活中哪些方面体现了饱和溶液、不饱和溶液及其转化原理？	思考，回答： ①不饱和溶液→饱和溶液：盐渍、海水晒盐 ②饱和溶液→不饱和溶液：结晶蜂蜜制蜂蜜水	从化学走向生活，对生活中的现象提炼出饱和溶液、不饱和溶液及其转化原理，对已有认识进行巩固。
环节6：课堂总结	【总结】本节课我们研究了溶液的两种不同状态饱和与不饱和，并能初步定性判断，进一步探讨了饱和溶液和不饱和溶液间的相互转化，下节课我们将进一步定量研究溶液。	聆听，思考。	画龙点睛，体现整节课的主旨。

溶解度第一课时
——饱和溶液与不饱和溶液

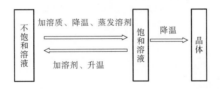

"饱和溶液和不饱和溶液"板书设计

附录1　"饱和溶液和不饱和溶液"导学案

"饱和溶液和不饱和溶液"导学案

课题	溶解度第一课时——饱和溶液与不饱和溶液
学习目标	1. 我要了解饱和溶液的含义，饱和溶液与不饱和溶液的相互转化 2. 我要从微观角度分析溶解与结晶过程
重、难点	重点：饱和溶液、不饱和溶液的定义及转化 难点：从微观角度分析溶解与结晶过程

续表

我要实验

探究实验一：NaCl 在水中的溶解性

操作	现象（描述溶解情况）
①室温下，向盛有 20 mL 水的烧杯中加入 5 g NaCl，用玻璃棒充分搅拌	
②再加入 5 g NaCl，用玻璃棒充分搅拌	
③再加入 15 mL 水，用玻璃棒充分搅拌	

【我的结论】

饱和溶液是在一定的温度下，一定量溶剂中，_____

不饱和溶液是在一定的温度下，一定量溶剂中，_____

探究实验二：KNO_3 在水中的溶解性

操作	现象（描述溶解情况）
④室温下，向盛有 20 mL 水的烧杯中加入 5 g KNO_3，用玻璃棒充分搅拌	
⑤再加入 10 g KNO_3，用玻璃棒充分搅拌	
⑥加热	
⑦将小烧杯取下，放置在冷水中冷却	

续表

温馨提示：加热过程中，不要用手直接触摸，用坩埚钳取放烧杯及三脚架。

|我要讨论|

1. 哪些溶液是饱和溶液，哪些是不饱和溶液？

2. 饱和溶液与不饱和溶液如何转化？

|我要总结|

饱和溶液 ⇌（　　　　　　　　　　）→ 不饱和溶液（　　　）→ 晶体
　　　　　（　　　　　　　　　　）　　　　　　（　　　）

|走进微观世界| 从微观角度看溶解与结晶

请画出④、⑦中微粒示意图（不画水分子）：其中 ⊕ 表示 K^+，⊖ 表示 NO_3^-，

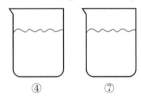

|我要揭秘|

|信息链接|　　　　　　　　　　过饱和溶液

　　一定温度、压力下，当溶液中溶质的浓度已超过该温度、压力下溶质的溶解度，而溶质仍不析出的现象叫过饱和现象，此时的溶液称为过饱和溶液。

　　把高温饱和溶液缓慢冷却，就有机会形成过饱和溶液。常见的过饱和溶液有碳酸水。（部分饱和溶液升温，也会形成过饱和溶液，例如氢氧化钙。）

　　过饱和溶液能存在的原因，是溶质不易在溶液中形成结晶中心，即晶核。因为每一晶体都有一定的排列规则，要有结晶中心，才能使原来作无秩序运动着的溶质质点集合起来，并且按照这种晶体所特有的次序排列起来。不同的物质，实现这种规则排列的难易程度不同，有些晶体要经过相当长的时间才能自行产生结晶中心，因此，有些物质的过饱和溶液看来还是比较稳定的。但从总体上来说，过饱和溶液是处于不平衡的状态，是不稳定的，若受到振动或者加入溶质的晶体，则溶液里过量的溶质就会析出而成为饱和溶液，即转化为稳定状态。这说明过饱和溶液没有饱和溶液稳定，但还有一定的稳定性。因此，这种状态又叫介稳状态。

附录 2　学习效果评价设计

1. "饱和溶液和不饱和溶液"前测

（1）100 mL 水，能不能无限制地溶解白糖呢？

（2）怎样使一杯白糖水变得更甜？

（3）一杯白糖水还能否再做溶解实验？

2. "饱和溶液和不饱和溶液"后测

（1）室温下，向一定质量的氯化钠溶液中加入 10 g 氯化钠固体，充分搅拌后，尚有部分未溶解，加入 10 g 水后，固体全部溶解。下列判断正确的是（　　）。

A. 加水前一定是饱和溶液　　　　B. 加水前可能是饱和溶液

C. 加水后一定是饱和溶液　　　　D. 加水后一定是不饱和溶液

（2）在一定温度下，将一瓶接近饱和的硝酸钾溶液转化成饱和溶液的方法（　　）。

①升高温度　②降低温度　③增加溶质　④增加溶剂　⑤蒸发溶剂

A. ①②③　　　B. ②③⑤　　　C. ②③④　　　D. ③④⑤

（3）使 20 ℃的饱和食盐溶液变成不饱和溶液，可采取的措施是（　　）。

A. 加水　　　　　　　　　　B. 取出一些食盐溶液

C. 加食盐　　　　　　　　　D. 蒸发水

（4）某物质的饱和溶液中，加入一些该溶质的固体，则下列说法正确的是（　　）。

A. 溶质质量减少　　　　　　B. 溶液质量增大

C. 固体质量不变　　　　　　D. 溶质质量增加

（5）一定温度下，从 500 g 的饱和溶液中倒出 100 g 溶液，剩余的溶液里，下列数值比原溶液减少的是（　　）。

①溶质的质量　②溶剂的质量　③溶液的密度　④溶液的质量

⑤溶质的质量分数（即浓度）

A. ①②③④　　B. ②③④⑤　　C. ①②④　　D. ①②③④⑤

（6）一木块漂浮于 50 ℃时的硝酸钾饱和溶液中，（如图 A 所示）。当温度改变时（不考虑由此引起的木块和溶液体积的变化），木块排开液体的体积（$V_{排}$

随时间（t）发生了如图 B 所示的变化。由此推测出温度改变的方式是_____（填升温或降温），同时观察到烧杯底部硝酸钾晶体_____（填增多或减少）。

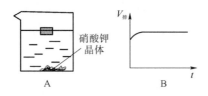

"饱和溶液和不饱和溶液"后测（6）

3. 访谈提纲

（1）对于溶液，你有哪些新的认识？

（2）如何判断一份溶液是否饱和？

六、教学思考

（一）设计理念

1. 发挥学生的主体地位，使学生在"做中学"，自主建构对溶液的进一步认识

教学过程中，涉及多个学生活动，充分发挥学生的主体地位，教师在教学过程中仅仅作为指导者。

①学生探究氯化钠的溶解情况，进行小组实验，记录并描述溶解情况，从中得出饱和溶液与不饱和溶液的定义。②学生探讨硝酸钾的溶解情况，进行小组实验，记录并汇报溶解情况，判断溶液所处的状态。③将两个探究活动进行总结归纳，认识到饱和溶液与不饱和溶液之间的转化方法。④描绘④、⑦两份溶液的微粒示意图，从微观角度去理解溶解与结晶现象，并进一步去解释点"水"成"冰"的原理。⑤探讨饱和溶液、不饱和溶液及其转化原理在生活中的应用。

2. 丰富学生对溶液的认识

教学设计的核心不仅仅是对具体知识的掌握，而是促进学生建立对溶液的综合认识。帮助学生认识溶液有两种不同的状态，并可以动态变化；同时从微观角度去解析溶解与结晶现象，初步有溶解和沉淀平衡的意识。这有助于学生从多角度加深对溶液的理解，也有助于学生通过对现象观察去深入思考问题的实质。

3. 点"水"成"冰"小魔术的引入与揭秘，提升了学生的学习兴趣

用点"水"成"冰"小魔术引入课题，只用手指轻轻搅动，就能结冰，视觉上很震撼，激起了学生的好奇心，并且留下一个悬念。经过从对溶液状态的宏观分析再到微观解释，再用已有的认识去解释点"水"成"冰"的原理，学生获得答案。

(二) 教学环节反思

整体教学进程流畅，层层递进。从点"水"成"冰"引入新课，到初步认识溶液的两种状态——饱和与不饱和，再到认识两种状态溶液间的相互转化，接着从微观的角度认识溶解与结晶现象，并揭秘魔术，最后上升到对生活中的实际问题的解释与分析。前一环节都为下一环节做好了铺垫与准备，后一环节是前一环节的巩固与提升。其中，饱和溶液、不饱和溶液的定义及转化环节重点突出。

教学过程中设计的交流讨论活动，调动了学生学习积极性，体现了学生的主体地位。通过课堂的讨论活动与课后的纸笔测验与调查研究，本节课的教学效果良好，达到了预设的教学目标。

在教学过程中，教师的语言简练，引导到位，提问具有针对性。

(三) 实施中的不足之处

由于时间关系，在最后探讨生活中的饱和溶液与不饱和溶液及其转化原理环节，学生的讨论不够充分。可以通过布置课后作业，利用课后的时间去丰富和完善，使学生进一步体会化学对生活的指导作用。

第四章 基于证据推理的学习方式的教学评价研制

第一节 基于证据推理的学生学习方式的教学评价理论

一、评价的内涵

2001年,教育部颁布的《基础教育课程改革纲要(试行)》指出:"改变课程评价过分强调甄别与选拔的功能,发挥评价促进学生发展、教师提高和改进教学实践的功能。"《普通高中化学课程标准(2017年版)》指出:"化学学习评价是化学教学评价的重要组成部分,对于学生化学学科核心素养具有诊断和发展功能。教师在化学教学与评价中应紧紧围绕发展学生化学学科核心素养这一主旨,优化教学过程,有效提高教学质量,发展素质教育,落实立德树人根本任务。"评价是一种价值判断的活动,是对客体满足主体需要程度的判断。运用好评价功能,有利于促进学生的学习。

拉丁语"assidere",是"评价"(assessment)一词的词源,其原意为"和某人坐在一起(to sit with)"。新西兰林肯大学的西蒙·斯沃菲尔德(Swaffield)教授认为,"坐在旁边"的评价暗示着教师不但要收集证据,还要解释证据。"教育评价之父"拉尔夫·泰勒(Ralph Tyler)认为"评价的过程实质上是一个确定课程与教学实际达到目标的程度的过程"。德拉蒙德(Drummond)认为,评价就是教师对学生学习进行观察或关注,尽量去理解学生的学习,促进学生的学习过程。贝里（Belly）提出评价是"教师和学生收集信息、分析和解释信息、进行推断、做出明智的决定、采取正确的行动改进教学和学习的一种有意识和有系统的活动"。马仕（Marsh）提出了评价的解释，即教师用来收集学生知识、技能和态度的相关信息活动，包括教师收集正式的和非正式的评价数据的活动，正式的数据如通过目标性考试，非正式的数据如使用观察核查表；一般情况下，教师都会对学生完成的作业（如一个课题或一个书面考试）给出一个具体的等级或分数。阿什（Airasian）认为，评价是指对信息进行收集、分析与解释，并做出决定的过程。评价不仅包括实施管理，对学生的纸笔考试评分和定级，还包括教师对学生的课堂表现所收集到的全部信息。有效评价能够促进教师有意识地对学生信息进行充分了解、对教学进程信息进行准确把握，丰富教师对有效课堂的情境创设，多样化收集、处理和解释信息的手段和途径。

著名的美国教育家布卢姆（Bloom）认为，评价的含义主要包括以下几点：①评价是一种获取和处理证据的方法，用来判断教学有效性与学生水平；②评价是一种丰富的考试证据，比一般的纸笔测试内容更多；③评价既是一种辅助手段，又是一种过程，既对教育目标与教学任务的长期性、重要性、终极性进行简述，又对学生按理想方式进展的程度进行确定；④评价是一种"反馈—矫正"系统，用于判断和保障该系统在教学过程中各个环节上的有效性；若无效，则需及时采取应急措施以促改革；⑤评价是一种工具，主要是在教育研究与实践中实现教育目的之时，用来检查可供选择程序的有效性程度。

二、教学评价

在教育领域，人们常交替使用教育评价、课程评价、教学评价三个术语。

教育评价，是指采取一切可行的技术和方法系统收集各种教育信息，在此基础上根据一定标准对各种教育活动及其结果做出价值判断的过程。教育评价的核心是课程与教学评价。课程与教学评价，是一种基于系统收集有关事实信息而依据一定标准对课程与教学系统的整体或局部进行价值判断的活动。

课程评价，有广义和狭义之分。广义的课程评价，包含了教学评价。课程评价对象，可包括评价课程需要、课程设计、课程与教学过程、教材、学生成果目标、通过课程学生取得的进步、教学有效性、学习环境、课程政策、资料分配以及课程与教学成果等内容。简言之，课程评价，包括对课程设计、教学过程、教师教学表现以及学生学习表现的评价。

教学评价，是以教学目标为依据，按照科学的标准，运用一切有效的技术手段，对教学过程及结果进行测量，并给予价值判断的过程。它是对教学工作质量所做的测量、分析和评定。它包括：对学生学业成绩的评价，对教师教学质量的评价和进行课程评价。

本研究主要涉及的是教学评价，教学评价的具体阐述如下：

（1）教学评价是依据教学目标对教学过程及结果进行价值判断并为教学决策服务的活动，是对教学活动现实的或潜在的价值做出判断的过程。

（2）教学评价是对教师的教与学生的学相统一的教学活动收集事实信息并进行价值判断的过程。教学评价一般包括对教学过程中教师、学生、教学内容、教学方法手段、教学环境、教学管理诸因素的评价，但主要是对学生学习效果的评价和教师教学工作过程的评价。

（3）教学评价的两个核心环节：对教师教学工作（教学设计、组织、实施等）的评价——教师教学评估（课堂、课外）、对学生学习效果的评价——考试与测验、小组对个人的评价和学生个人的自我评价。评价的方法主要有量化评价和质性评价。

（4）教学评价多元化是指评价主体的多元化和评价方式的多元化。主体的多元化，既要有教师的评价，也要有学生的评价。方式的多元化，即定量评价与定性评价相结合，过程性评价与总结性评价相结合，纸笔笔试和实际应用相结合。

三、评价类型

评价按性质的不同可分为不同的类别。

（1）依据评价目的的不同，可分为诊断性评价、形成性评价和总结性评价。在课程的不同阶段，选取不同的诊断方式。开始阶段和中间阶段可以采取诊断性评价；课程结束时可以进行总结性评价，实现对课程实施和设计的最终评价。

(2) 依据评价主体不同，可分为自我评价、他评。他人评价包括教师点评、专家评价、家长评价、学生互评等。多元的评价，使得评价更加具有准确性。

(3) 依据评价手段的不同，可分为定性评价和定量评价。定性评价法，是基于同行或专家已有的知识或经验，对评价对象进行主观判断的方法，主要有同行评议法、德尔菲法、调查研究法、案例分析法和定标比超法几种。定量评价法，是在把复杂的研究对象先转化为分解指标或有关数据的基础上，再对分解细化的研究指标或有关数据进行统计，进行比较分析并判断结论的方法，也可以称为统计法、计量法，主要分为文献计量法、经济计量法两类。

(4) 根据评价对象的不同，可分为相对评价和绝对评价。相对评价是从评价对象集合中选取一个或若干个对象作为基准，将余者与基准做比较，排出名次、比较优劣的评价法。相对评价便于学生在相互比较中判断自己的位置，激发竞争意识。绝对评价是在被评价对象的集合以外确定一个客观标准，将评价对象与这一客观标准相比较，以判断其达到程度的评价方法。绝对评价设定评价对象以外的客观标准，考察教学目标是否达成，可以促使学生有的放矢，主动学习，并根据评价结果及时发现差距，调整自我，具有明显的教育意义。

第二节 基于"证据推理"的学习方式的教学评价标准

一、教学评价指标体系

基于"证据推理"的学生学习方式评价，旨在研究评价中学生的证据意识培养和学习方式的灵活性，评价指标力求能全面、完整、多元、真实地反映出中学生在学习过程相关教学要素和活动方面的内容。因此，指标体系的构建应符合中学生的基本情况，考虑其对于促进学生全面、可持续、终身发展的必要性，使评价体系能更好地为学校、教师所利用，发挥课程评价的核心功能，对学生发展和教师教学，都能起到一个诊断、激励、引导、监控和促进的作用。

二、指标体系的构建

根据教学评价的原理、学习过程规律、过程性学习评价的理念，以及对中学生特点和过程性评价的分析，教学评价指标体系主要包含以下四个要素：证据意识、学习方式评价主体、教学要素，如图4-1所示。其中，证据意识和学习方式是构建评价指标体系的前提和依据，教学要素是整个评价体系的核心和关键。评价主体是评价体系能有效进行的重要保障。评价的开展是针对教学要素的每一个方面，从证据意识和学习方式两个大的方面进行一一评价。此外，还关注了化学核心素养其他方面的探查。

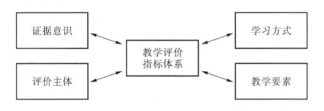

图4-1 教学评价体系模型

三、指标体系设计的原则

1. 系统性

此原则包括评价指标体系应具有的整体性、相关性和结构性三个特征。整体性是指对评价对象的全面考量和评价，不论对学习者或者对教师的评价，都应坚持全面、系统，静态指标和动态指标相结合；相关性指考虑相关因素对评价活动的影响和联系；结构性是把评价指标目标分解成若干指标层次，形成一级、二级、三级的塔状结构，作为整体加以审视衡量。如此，保证学习者学习以及教师教学系统的平衡，确保师生一体的合力发展。

2. 导向性

此原则指教学评价的方向性，是由评价目标的导向性所决定的，是按照一定的评价性质、评价目标进行的，在评价中发挥着指挥棒的作用。评价指标体系的每一项指标的内涵，在学习活动中都有着一定的价值判断，而权重系数的大小，则决定了其在评价目的中蕴含价值的高低。

3. 独立性

同级的各项指标之间，在设置时彼此要有相对的独立性，互不包容、互不重叠、互无因果关系，独立地为上级指标提供评价信息和科学证据，以免出现工作量的增加和评分权重的叠加，保障整个过程性评价结果的客观性、科学性、准确性、合理性和公正性。

4. 可行性

教师的教学过程和学生的学习过程是复杂的，教学评价亦是如此，涉及多方面的信息内容和多方相关人员，如评价主体、评价对象、决策机构等多个群体。指标体系内涵要清晰明确。评价指标要以化学学科课程标准为依据，条目罗列、量化技术要简单易行。指标体系要契合各类教育实际和教育特色，有足够的信息资源可评估，有充分的人力、物力资源可依靠，有切实的量化技术可处理。

5. 可操作性

其指对于指标体系的各项分级指标的设计是可测可量的，是具体的、明确的、可以操作和把握的，能够用数量化的统计参数或可操作化的语言描述出来，对于内隐性、抽象的、心理学指标，可以通过其转化为具体的可观测的行为内容指数来表现。

6. 目标一致性

指标是目标的具体化、行为化和可操作化的表现。评价指标应与评价目标、发展目标、教育目标相一致，即评价指标体系与评价目标一致，符合基础教育的本质和客观发展规律，符合现阶段中学教育培养人才的目标。在各项具体的评价指标中，注意界定好各指标要素的含义，防止指标之间出现重合性和矛盾性的现象。

四、设定标准的原则

鉴于以上体系设计的依据内容，教学评价标准的设定，应涵盖如下原则。

1. 普适性

主要指针对普通中学的学生开展基于证据意识的学习方式的课程评价来说，评价标准要能体现所有学习者的证据推理素养发展情况，并具有普遍适用的功能。

2. 可行性

主要指标准的设定要充分考虑学生特征及实际学习情况,评价指标体系要繁简适中,计算评价方法简便易行。指标所需的数据应易于采集、便于整理和分析,不可脱离教学、学习的实际情况,操作实施不宜难度过大、复杂度过高,应便于学生和教师接受反馈、修正调控。

3. 实用性

设计标准时,无论是定性评价指标,还是定量评价指标,其信息来源必须可靠,评价结果客观全面,在促进学习评价方面具备实际效果,可促进教学研究发展。

4. 合理性

评价过程要符合中学生学习的规律和特点,能满足青少年群体心理和行为的需求,符合学习者性格、基础、智力和认知风格,评价的结果要有一定的说理性,能被广大学习者、教师所接受,与理论依据相符合。

5. 一致性

主要指要准确进行评价,以保障评价结果与实际情况的一致性,评价目标与评价方法的一致性,评价、学习、教学三者与评价标准的一致性。

6. 整体性

主要指在进行教学评价时,要对组成教学活动的各方面做多角度、全方位的评价,而不能以点代面,一概而论。由于教学系统的复杂性和教学任务的多样化,使得教学质量往往从不同的侧面反映出来,表现为一个由多因素组成的综合体。因此,为了反映真实的教学效果,必须把定性评价和定量评价综合起来,使其相互参照,以求全面准确地判断评价客体的实际效果,但同时要把握主次,区分轻重,抓住主要的矛盾,再决定教学质量的主导因素。

7. 科学性

主要指在进行教学评价时,要从教与学相统一的角度出发,以教学目标体系为依据,确定合理的统一的评价标准,认真编制、预试、修订评价工具。在此基础上,使用先进的测量手段和统计方法,依据科学的评价程序和方法,对获得的各种数据进行严格的处理,而不是依靠经验和直觉进行主观判断。

8. 发展性

主要指教学评价是鼓励师生、促进教学的手段，因此教学评价应着眼于学生的学习进步和动态发展，着眼于教师的教学改进和能力提高，以调动师生的积极性，提高教学质量。

五、评价量表设计

本研究者认为：基于证据推理的学习方式教学评价指标体系应能充分体现中学生学习过程的特点，能反映学习过程的规律，能衡量学习过程中证据意识的发展情况。由此，笔者设计出了评价指标体系的结构，包括评价的一级指标、二级指标、评价要素和评价层次，具体见表4-1和表4-2。为了体现评价的客观性和多样性，设计了以教师和学生为主体的评价量表，分别见表4-3和表4-4。评价结果的统计按表4-5进行。

表4-1 "证据推理"评价指标

一级指标	二级指标	评价要素	评价层次			
			不符合 (×)	基本符合 (○)	符合 (□)	完全符合 (√)
证据推理	证据的丰富性	包含实验现象、实验数据、文献资料等证据				
	收集证据	会使用表格、图表、化学符号和规范语言准确记录实验现象				
		会运用多种手段收集信息和证据，并会使用统计技术组织和处理数据				
	运用证据	能说明事实证据与假设之间的关系，进而得出合理的结论				
		能对结论进行分析，解释意外的不一致的现象或数据				
		能评估解释结论的内容、质量和价值				
	反思证据的准确性	能评估收集证据的内容、质量和价值，并进行筛选				

表4-2 学习方式评价指标

一级指标	二级指标	评价要素	评价层次			
			不符合（×）	基本符合（○）	符合（□）	完全符合（√）
学习方式	问题的发现形式	教师预设				
		学生主动发现				
		学习中生成				
	学生活动参与情况	学生参与活动态度积极				
		全班同学都参与活动				
	主要的学习方式	教师主导				
		小组合作				
		实验探究				
	有效活动时间	学生有效活动时间占80%以上				

表4-3 教师评价量表

项目		教学内容	教学目标	主要教学环节						作业设计
				环节1	环节2	环节3	环节4	环节5	……	
1. 证据推理	1.1.1									
	1.2.1									
	1.2.2									
	1.3.1									
	1.3.2									
	1.3.3									
	1.4.1									
2. 学习方式	2.1.1									
	2.1.2									
	2.1.3									
	2.2.1									
	2.2.2									
	2.3.1									
	2.3.2									
	2.3.3									
	2.4.1									

表 4-4 学生小组评价量表

项目		活动内容	活动目标	主要学习活动						课后活动
				活动1	活动2	活动3	活动4	活动5	……	
1. 证据推理	1.1.1									
	1.2.1									
	1.2.2									
	1.3.1									
	1.3.2									
	1.3.3									
	1.4.1									
2. 学习方式	2.1.1									
	2.1.2									
	2.1.3									
	2.2.1									
	2.2.2									
	2.3.1									
	2.3.2									
	2.3.3									
	2.4.1									

表 4-5 结果统计表

(评价等级标准说明 优秀:符合和完全符合占 80% 以上;良好:符合和完全符合占 60% 以上;合格:符合和完全符合占 50% 以上;待改进:符合和完全符合占 50% 以下)				
	不符合(×)	基本符合(○)	符合(□)	完全符合(√)
数量				
评价等级				

填表说明:

(1) 每一课例要完成三类表格,分别是教师评价量表和学生评价量表和对应的多张(根据学生的组数确定)结果统计表。

(2) 教师还需要完成综合分析评价。依据结果统计表中的评价情况,反思自己教学设计的优势与不足,提出改进方向。

第三节 基于"证据推理"的学习方式的教学评价实例

选择课程案例：人教版选修 4 "化学反应原理"第三章第一节"弱电解质的电离"。该教学内容强化了以核心概念建构促进学生理解的过程，以数字化实验为手段，通过外显的实验现象洞悉电解质在水溶液中的行为，在大量实验事实的基础上，帮助学生建立弱电解质电离平衡的思维模型，学会多角度分析水溶液中的物质，是典型的基于证据推理的探究式学习案例。评价统计及结果如表 4-6、表 4-7、表 4-8、表 4-9 所示。

表 4-6 教师评价量表

项目		教学内容	教学目标	主要教学环节				作业设计
				环节1	环节2	环节3	环节4	
1. 证据推理	1.1.1	√	√	○	√	√	√	√
	1.2.1	□	√	○	√	√	√	√
	1.2.2	√	√	○	√	√	√	√
	1.3.1	√	□	○	√	√	√	√
	1.3.2	√	√	○	√	√	√	√
	1.3.3	□	√	○	√	√	√	√
	1.4.1	√	√	○	√	√	√	√
2. 学习方式	2.1.1	√		√	√	√	√	√
	2.1.2	√		×	√	√	√	√
	2.1.3	√		×	√	√	√	√
	2.2.1	□		√	√	√	√	√
	2.2.2	√		√	√	√	√	√
	2.3.1	√		√	□	√	√	√
	2.3.2	√		×	√	×	√	√
	2.3.3	√		×	√	√	√	√
	2.4.1	□		√	√	√	√	√

表 4－7 教师评价量表统计结果

结果统计表				
（评价等级标准说明　优秀：符合和完全符合占 80% 以上；良好：符合和完全符合占 60% 以上；合格：符合和完全符合占 50% 以上；待改进：符合和完全符合占 50% 以下）				
	不符合（×）	基本符合（〇）	符合（□）	完全符合（√）
数量	5	7	6	85
评价等级	优秀			

表 4－8 学生小组评价量表

项目		活动内容	活动目标	学习活动				课后活动
				活动1	活动2	活动3	活动4	
1. 证据推理	1.1.1	√	√	〇	√	√	√	√
	1.2.1	√	□	〇	√	√	√	√
	1.2.2	□	√	√	√	〇	√	√
	1.3.1	√	□	〇	□	√	√	□
	1.3.2	√	√	〇	√	√	√	√
	1.3.3	□	√	〇	√	√	√	√
	1.4.1	√	√	〇	√	√	□	√
2. 学习方式	2.1.1	√		√	√	√	√	√
	2.1.2	√		×	×	√	√	√
	2.1.3	√		×	√	□	√	√
	2.2.1	□		√	√	√	√	√
	2.2.2	√		√	√	√	√	√
	2.3.1	√		√	□	√	√	√
	2.3.2	√		×	√	×	√	√
	2.3.3	√		×	√	√	√	□
	2.4.1	□		√	√	√	√	√

表4-9 学生小组评价量表统计结果

结果统计表				
(评价等级标准说明 优秀：符合和完全符合占80%以上；良好：符合和完全符合占60%以上；合格：符合和完全符合占50%以上；待改进：符合和完全符合占50%以下)				
	不符合（×）	基本符合（〇）	符合（□）	完全符合（√）
数量	6	8	12	77
评价等级	良好			

综合分析：

1. 化学教学要定位于学生核心素养的发展

帮助学生形成认识物质和化学反应的视角。从平衡的角度认识化学反应，深入了解水溶液中存在的几种常见的平衡；学会应用化学平衡原理解决溶液中的离子平衡问题。从微观角度以"研究物质在水溶液中的行为"为主要线索，掌握从简单到复杂、从单一研究对象到多个研究对象的复杂体系的研究方法，深化对离子反应的本质的认识，逐步形成分析物质在水溶液中行为的一般思路与方法。

2. 教学中要培养学生从实验中发现问题、利用实验获取证据的能力

精选实验素材，为学生构建弱电解质的核心概念提供事实依据。通过运用pH传感器和电导率传感器等数字化手持技术定量测定化学反应过程中某些微粒的数目的变化，将电解质在水溶液中的微观变化行为以宏观的现象呈现出来，从而对弱电解质的电离和可逆过程有更形象直观的理解，突破认知的难点，同时发展和完善微粒观的建构。实验不仅能提高学生的实践能力，更促进了学生的认识发展。

3. 进一步实现个别生的转化

加强进一步的指导，帮助个别没有思路的同学建立从微观、平衡的角度分析问题的思路和方法；分清哪些物质完全电离，哪些物质部分电离；弄清楚H^+与CO_3^{2-}结合时的分步问题。

总体来说，基于"证据推理"的学习方式的教学评价作为教师教学工作或学生学习中的重要环节，还需要引起各位教育工作者的重视，要求更多的老师和学生进一步参与实践，实现推广运用。实践是检验真理的唯一标准。本文对于评价体系的构建和实践分析的论证，对于形成一套科学、完备的评价体系来说还不够，还需要其他专家或学者继续努力，从其他角度对教学评价体系进行修改、补充、完善和升华。

第五章 研究"证据推理"核心素养视域下的学习方式的启示

第一节 核心素养视域下学习方式的变革

学生的学习方式对学习结果具有决定性的影响。传统的应试教育强调死记硬背和机械训练，学生只能被动接受知识，传统课堂中采用的"听讲—记忆—练习"的被动接受的学习方式，严重束缚了学生的创新能力的发展。2010年教育部颁布的《基础教育课程改革纲要（试行）》明确提出了学习方式转变的目标："改变课程过于注重知识传授的倾向，强调形成积极主动的学习态度，使获得基础知识与基本技能的过程同时成为学会学习和形成正确价值观的过程。""改变课程实施过于强调接受学习、死记硬背、机械训练的现状，倡导学生主动参与、乐于探究、勤于动手，培养学生搜集和处理信息的能力、获取新知识的能力、分析和解决问题的能力，以及交流与合作的能力。"新课程改革的核心目的是通过课程的变革实现学生学习方式的变革，进而促进学生素质的全面提升。新课程改革积极倡导学生由被动、单一、接受的学习方式，逐步向自主、合作和探究的学习方式转变，逐步改变以教师为中心、课堂为中心和书本为中心的局面，促进学生创新意识与实践能力的发展。转变学习方式成为我国新课程改革的重要目标和核心内容。

学生学习方式的转变主要受三类因素的影响。第一是学生个体因素，包括学生的智力品质和水平、认知风格、情绪和情感等。例如，学习动机会激发学习者通过自我管理提升自主学习的能力；良好的情绪和情感对学习方式的运用也有积极的影响。第二是教师因素。教师的专业素养、新课改理念、教学方式直接决定着学生学习方式的选择与运用。第三是环境因素，包括家庭影响、同伴影响、教学设施和考试评价方式等。同伴关系是影响学生学习方式的重要因素，学生之间合作、讨论、互动的融洽氛围能够很大程度上促使他们采取深层的学习方式。教学设施如信息技术有可能真正成为学生认知、探究和解决问题的工具，为学生的多样化学习创造有利条件。考试评价方式对学生的学习方式影响也很大，学生为了适应考试和升学需要，可能会放弃自己喜欢的学习方式，而选择死记硬背书本知识。

未来学习是以学习者为中心的学习，核心素养视域下基于"证据推理"的学习强调学生的个性化表达和情感参与，强调学生的主动建构和动手操作。这种学习方式有助于培养其创新能力，是一种体现未来学习特征的新的学习范式。

第二节 培养基于"证据推理"的学习方式的意义

一、基于"证据推理"的学习为问题解决学习提供了坚实的价值依据

基于"证据推理"的学习在很大程度上是一种问题解决学习，而要解决问题，学生必须进行综合性学习，即学习活动呈现多元性和丰富性。在此范式下，学生的学习更加积极和主动，学习活动呈现多样化特征，如自主探究、小组合作、提出问题、发现信息、讨论并拓展新信息、决策并提出结论、形成作品或产品等。而基于证据的学习为问题解决学习提供了坚实的价值依据。

二、基于"证据推理"的学习有利于培养学生实事求是的科学态度

化学理论概念不是凭空臆造的，而是以科学严谨的证据推理和准确合理的模型认知为基础建立的。化学学科之所以发展迅猛，在很大程度上取决于科学家们研究物质的科学态度。当实验结果和理论发生矛盾时，科学家们会采取实事求是

的科学态度进行进一步的分析、探索、验证,从而不断完善认识,推动化学学科不断发展进步。在教学中,借助严谨的推理过程,通过化学实验、查阅资料、数据分析等多种形式的探究活动,能培养学生的质疑精神和求证意识,有利于形成实事求是的科学态度。

三、基于"证据推理"的学习是推进教育创新的重要手段

教育创新是一个系统工程,它既包含了宏观层面的机制体制的创新,又包含了微观层面的"教与学"方式的创新。基于"证据推理"的学习顺应了时代发展的需求,能够有力地推动学生核心素养的发展,是新时期学校教育应该倡导的学习范式。它关注学生的主动学习,彰显了学生的主体性;它强调学习结果的外在表达,以学习证据表征学生综合素养的发展;它注重学生个性化的表现,促进了学生创新精神和实践能力的发展。在基于互联网的学习环境中,基于"证据推理"的学习能够与当前一些新的课程形式(如科学课程、综合实践活动课程、研究性学习课程等)相结合,能够更有效地体现教育创新的价值。

第三节 培养基于"证据推理"的学习方式的启示

一、培养基于"证据推理"的学习方式要勤于实践

"证据推理"的学习方式的养成源于不断的实践。证据推理能力是通过一系列的认知活动逐步形成和发展起来的。化学教学中,培养学生的证据推理能力,实际上就是教会学生学会多角度收集证据,基于证据进行分析推理,根据相关信息建立认知,运用模型描述对象的过程。在推理能力培养的过程中,学生只有具备浓厚的证据意识,才能形成证据推理过程的内动力。证据意识的培养来源于不断的实践过程,多采用以实验为主的多样化学习方式,有助于培养学生"证据推理与模型认知"的核心素养。同样在解题训练中,为避免学生在作答时凭借经验答题,不注意试题中的新情境和新条件,要引导学生养成正确的解题习惯。首先

对试题中的信息进行获取和解读；其次，在解题过程中要不断地从题中信息及已有知识中寻找证据，综合分析找到正确的答案，从而在不断的实践中培养证据意识及证据推理能力。

二、基于证据的"教"和基于证据的"学"相互促进

要实现学习方式的转变，教师必须具备与之相适应的教师角色观、师生关系观、教学任务观等教育观念。基于证据的学习主张教师引导学生通过自主探索获取证据并以此建构自己的知识结构，将经验转化为专业知识或者专业技能。基于证据的学习也反过来要求教师采用基于证据的教学。二者相互促进，帮助学生更好地发现证据和解决问题，从而更好地落实基于"证据推理"的学习方式。

三、学习方式应为传统与新型学习方式的有机融合

学习方式的变革，并非要完全抛弃以往的教学方式，用全新的教学方式取而代之。传统的学习方式以接受学习为代表，也有其独特的优势，接受学习可以同时对很多学生进行系统的知识传授，具有很高的教学效率。在我们对学生学习方式进行统计时发现，大部分学生对于接受学习、自主学习、探究学习以及合作学习都是持肯定态度的。以高中样本调查结果为例，在化学课堂教学中，28.8%学生喜欢以教师讲授为主，64.8%学生愿意教师引导下的师生互动学习。实际教学中需要根据不同教育情境选择合适的学习方式，合理有效地将传统与新型学习方式有机融合。

目的决定方法，内容决定形式。课程目标和课程内容的变革，需要改变课程实施模式。"学习的革命"已经不再是一个口号，而是面向未来的一种现实的选择。学习方式的变革是时代发展的需要也是必然。基于"证据推理"的学习恰好迎合了这种新的发展趋势，是对传统学习方式的一种超越。在教育改革的过程中，学生的学习方式必然呈现从单一走向多元并存的总趋势。

参 考 文 献

[1] 中华人民共和国教育部. 普通高中化学课程标准（2017年版）[M]. 北京：人民教育出版社，2018.

[2] 朱韶平. 信息技术环境下大学生学习方式变革的研究[J]. 赤峰学院学报（自然科学版），2016，32（1）：218-219.

[3] Toulmin S E. The use of argument[M]. London：Cambridge University Press，1958.

[4] 邬海月，刘恩山. 国际视角下科学论证质量评价研究的现状与展望[J]. 生物学通报，2017（5）：10-11.

[5] 任红艳，李广洲. 图尔敏论证模型在科学教育中的研究进展[J]. 外国中小学教育，2012（9）：28-29.

[6] Sampson V，Clark D B. Assessment of the ways students generate arguments in science education：Current perspectives and recommendations for future directions[J]. Science Education，2008，92（3）：447.

[7] 闫琼. 以论证教学促进学生概念建构与论证能力提升的实证研究[D]. 浙江：浙江师范大学，2015：5-22.

[8] 钟祖荣. 论学习方式及其变革的规律[J]. 北京教育学院学报，2005，19（2）：35.

[9] 孔企平. 论学习方式的转变[J]. 全球教育展望，2001（8）：19-23.

[10] 杨明全，吴娟. 论基于证据的学习的内涵与意义[J]. 教育教学研究，2017（11）：44-47.

[11] 吴克勇，蔡子华. 证据推理解读及教学思考——以化学学科为例[J]. 教

育研究与评论（中学教育教学），2018（1）：79-80.

[12] 王运武，朱明月. 学习方式何以变革：标准与路径［J］. 现代远程教育研究，2015，135（03）：27-36.

[13] 徐舒舒. "基于证据"意识下化学素养的培养［J］. 林区教学，2016，231（6）：98-99.

[14] 康宁，田晓梅，何文，英华. 基于化学核心素养之"证据推理与模型认知"的评价与思考——2018年高考（天津卷）化学试题的分析与启示［J］. 考试研究，2019，73（2）：40-48.

[15] 曾祥芹. 由英明而高明：善读的决策者与决策者的善读［J］. 图书馆，2016（10）：97.

[16] 冯秀彬. 重视化学阅读提高学科能力［J］. 青少年日记，2017，130（10）：56.

[17] 黄恒毅. 核心素养视域下高中学生化学阅读能力培养的研究［J］. 中小学教学研究，2018（10）：80-81.

[18] 傅靓，杨民富. 在化学教学中开展有效阅读［J］. 化学教与学，2013（9）：28-29.

[19] 陈静. 如何培养高中学生的化学阅读能力［N］. 少年素质教育报·教师版，2018-08-04（7）.

[20] 江敏. 与社会发展相伴随行——以"合成氨工业生产条件选择"为例（上）［J］. 中学化学教学参考，2014（13）：1-6.

[21] 江敏. 与社会发展相伴随行——以"合成氨工业生产条件选择"为例（下）［J］. 中学化学教学参考，2014（15）：1-9.

[22] 白建娥，李明娟. 以三次诺贝尔奖为主线的"工业合成氨"教学［J］. 中学化学教学参考，2015（17）：22-25.

[23] 宋心琦. 普通高中课程标准实验教科书·化学5（选修）［M］. 北京：人民教育出版社，2007.

[24] 周业虹. 基于发展化学学科核心素养的教学设计案例分析［J］. 化学教学，2016（8）：36-39.

[25] 王淑娟. 美国中小学项目式学习：问题、改进与借鉴 [J]. 基础教育课程, 2019, 251 (6)：70.

[26] 刘景福, 钟志贤. 基于项目的学习（PBL）模式研究 [J]. 外国教育研究, 2002, (11)：20.

[27] 王萍. 基于《教师教育课程标准》视域下的项目学习探究 [J]. 中国教师, 2012 (15)：48-50.

[28] 王磊, 魏锐. 学科核心素养发展导向的高中化学课程内容和学业要求——《普通高中化学课程标准（2017年版）》解读 [J]. 化学教育（中英文）, 2018, 39 (9)：48-53.

[29] 梁吉成. 基于化学核心素养的"离子共存"教学策略研究 [J]. 中学化学教学参考, 2018 (20)：18-20.

[30] 向美蓉. 整合教材内容探究化学实验教学改进方法 [J]. 成才之路, 2019 (18)：56-57.

[31] 孟祥雯, 姜洁. 运用数字化手持技术、探究"化学平衡"教学 [J]. 通州教育, 2017 (5)：13-15.

[32] 孟祥雯. 基于手持技术的化学校本课程的开发 [J]. 中学化学教学参考, 2016 (10) 下半月：62-63.

[33] 吴明好. 基于高考对学科核心素养的考查谈高中化学教学 [J]. 中国考试, 2017, 299 (3)：31-37.

[34] [美] 查尔斯 M 赖格卢斯. 教学设计的理论与模型：教学理论的新范式（第2卷）[M]. 裴新宁, 郑太年, 赵健, 译. 北京：教育科学出版社, 2011.

[35] 刘知新. 化学教学论 [M]. 5版. 北京：高等教育出版社. 2018.

[36] 孟祥雯. 发展中学生核心概念理解的教学实践与思考 [J]. 新课程, 2015, 347 (23)：141-142.

[37] 胡玉华. 生物教师学科知识结构评价研究 [M]. 北京：北京出版社, 2011.

[38] 罗滨. 区域精品课程资源建设与实践 高中"化学反应原理" [M]. 北京：

北京师范大学出版社，2013.

[39] 周玉芝. 以核心概念为统领设计化学教学 [J]. 化学教育，2012，33（6）：27－29.

[40] 何彩霞. 以化学观念统领具体知识的教学——以"弱电解质的电离"为例. 中学化学教学参考，2012（6）：3－5.

[41] 何彩霞. 以化学观念为统领设计教学活动——对"弱电解质的电离"教学课例的再研究 [J]. 化学教育，2013（1）：16－18.

[42] 崔允漷. 有效学习 [M]. 上海：华东师范大学出版社，2009.

[43] 杨晓东. 促进深度学习的课堂教学策略的思考——以高中化学必修二"甲烷"教学为例 [J]. 2016 年江苏省教育学会学术年会报告文集.

[44] 黄爱民. 关于证据推理与模型认知的一些思考 [J]. 教学月刊·中学版（教学参考），2019（04）：5.

[45] 李娜. 基于"证据推理与模型认知"核心素养的高中化学探究性教学实践——以"化学能转化为电能"为例 [J]. 化学教与学，2019（5）：57－58.

[46] 北京教育考试院. 北京市高级中等学校招生考试说明 [M]. 北京理工大学出版社，2018.

[47] 马勤良. 合作探索，创新实践——综合实践活动中学生学习方式的特点及转变意义 [J]. 新教育. 2016，327（7）：20.

[48] 詹杰，魏树和，牛荣成. 我国稻田土壤镉污染现状及安全生产新措施 [J]. 农业环境科学学报，2012，31（7）：1257－1263.

[49] 李婧，周艳文，陈森，高小杰. 我国土壤镉污染现状、危害及其治理方法综述 [J]. 安徽农学通报，2015，21（24）：104－107.

[50] Chen H M. Heary metal pollution in soils in China：statue and countermeasures [J]. The Royal Swedish Academy of Sciences，1999，28：130－134.

[51] 中华人民共和国水利部. 第一次全国水利普查公报 [Z]. 中华人民共和国水利部，2013：1－1.

[52] 翁康生，陆晔，刘国星，周名权. 分子生物学技术检测水中病毒 [J]. 中

国卫生检验,2002(05):630-631.

[53] 许晓霁,李宏实.DAPI荧光技术在动物生产中的应用[J].东北农学院学报,1992(02):202-204.

[54] 高祥云.微生态制剂在池塘养殖水质调节中的应用[J].甘肃畜牧兽医,2018,48(08):41-43.

[55] 朱艺灵.氧化法测定蔬菜中维生素C的含量[J].发明与创新(中学生)2015,8:28-30.

[56] 徐丙容.测定维生素C含量的探究实验[J].生物学教学,2017,42:63-64.

[57] 陈筱勇.海带中含有碘元素实验的改进[J].中学化学,2010(2):21-22.

[58] 马红勇,王笃年.检验海带中碘元素实验的改进[J].化学教育,2009,30(06):60.

[59] 左璜.基础教育课程改革的国际趋势走向核心素养为本[J].课程·教材·教法,2016(32):39-46.

[60] 任娟,朱清勇.基于"素养为本"的初中化学实验教学尝试和反思[J].实验教材研究,2017(3):85-87.

[61] 郑长龙,孙佳林."素养为本"的化学课堂教学的设计与实施[J].课程·教材·教法,2018(38):71-78.

[62] 沈伟艺.基于化学学科"素养为本"的教学实践[J].中小学教育研究,2018(2):54-58.

[63] 邻敏,董海圆.基于学生化学学科核心素养培养的教学设计——以"分子和原子"第二课时为例[J].教学设计研究,2017(7):71-72.

[64] 王哲.开启认识有机世界的大门——高中化学必修2"甲烷"教学探讨[J].教育与装备研究,2016(4):41-45.

[65] 余震球.维果茨基教育论著选(选译)[M]北京:人民教育出版社,2017.

[66] 王珏.杜威的教育思想与深度学习[J].教育技术导刊,2005(9):6-8.

[67] Satterly D. Assessment in school [M]. New York:Blackwell Ltd.,1989.

[68] Swaffield S. Getting to the heart of authentic assessment for learning [J]. Assessment in Education: Principles, Policy&Practice, 2011, 18（12）: 443-449.

[69] Drummond M J. Aessing children's learning [M], London: David Fulton, 2003.

[70] Berry R. Assessment for leaning [M]. Hongkong University Press, 2008.

[71] Marsh C. Planning, management&ideology: Key concepts for understanding curriculum [M]. London: Falmer Press, 1997.

[72] Airasian P. 课堂评估: 理论与实践 [M]. 徐士强, 译. 上海: 华东师范大学出版社, 2008.

[73] [美] B S 布卢姆, 等. 教育评价 [M]. 邱渊, 等, 译. 上海: 华东师范大学出版社, 1987.

[74] 黄甫全. 现代课程与教学论 [M]. 2版. 北京: 人民教育出版社, 2011.

[75] 程书肖. 教育评价方法技术 [M]. 北京: 北京师范大学出版社, 2004.

[76] 张亚星. 自主·合作·探究: 学生学习方式的转变 [J]. 华东师范大学学报（教育科学版）, 2018（1）: 22-27.

[77] 卢志林. 化学教学中学生证据推理能力的培养研究 [J]. 中学生数理化, 2019（07）: 46.

[78] 李宝庆, 靳玉乐, 樊亚峤. 新课程改革下学生学习方式的转变 [J]. 教育研究与实验, 2012（6）: 43-47.

[79] 郁玲. 论学科核心素养下的高中化学课堂教学策略 [J]. 中学化学教学参考, 2018, 468（4）: 13.

后 记

我们研究团队于2016年开始进行"中学化学基于证据意识的学生学习方式的研究"的课题研究工作,力图通过培养学生的证据意识来培养质疑精神,把尊重事实作为一种科学的基本态度,让讲证据、相信证据成为一种课堂文化,使学生更好地树立求真、求实的科学态度,养成自主探究的学习习惯。

随着《普通高中化学课程标准》(2017年版)的颁布,标志着化学学科核心素养成为基础化学教育改革的导向,我们的研究也向着更加契合核心素养的方向进行。本书聚焦了两个关键词:证据推理、学习方式,突出了"提供证据支持、建立认知模型、培养核心素养"的主线。通过研究性学习、参与性学习、体验性学习、实践性学习和项目式学习等,引导学生由被动接受性学习向自主学习、合作学习、探究学习等学习方式转变,实现学习方式的多样化。通过将手持技术、网络教学等与中学化学"探究式学习"加以整合,传统实验与数字化信息技术齐头并进,使学生增强了证据意识,定量搜集和处理信息的能力也得到了很大的提高,在感受高新科技气息的同时也从动态角度对化学变化有了更本质的认识。

本书凝练了近3年课题组成员的研究成果,课题组成员交流研讨、集思广益、相互促进、共同发展,使研究过程顺利推进。本书是课题组成员集体智慧的结晶,书中既有理论层面的教学理念和模型认知,也有实践层面的教学案例和教学策略,可作为指导课程实施和教学实践的参考资料。

本书得到了北京教育学院何彩霞教授的指导以及北京教育科学研究院基础教育教学研究中心李伏刚老师的大力支持,在此表示感谢!同时,也感谢北京理工大学出版社领导与编辑们为本书的顺利出版所付出的辛劳。由于研究水平和时间有限，本书仍存在许多需要进一步深入研究的问题。希望大家在阅读和使用的过程中，多提宝贵意见。

研究不停，探索不息，我们一直在路上！

2019 年 7 月于北京市通州区潞河中学

源自化学实验事实的证据

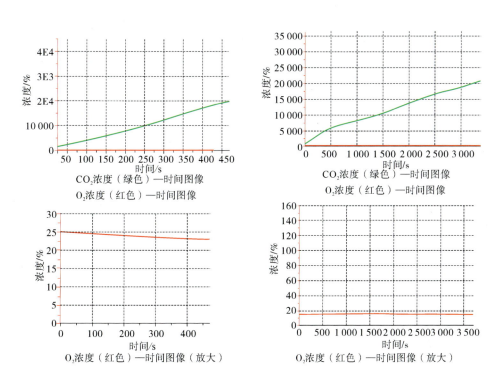

氧气浓度较高情况下葡萄糖溶液中加入酵母菌后 CO_2 浓度、O_2 浓度—时间图像

氧气浓度较低情况下葡萄糖溶液中加入酵母菌后 CO_2 浓度、O_2 浓度—时间图像

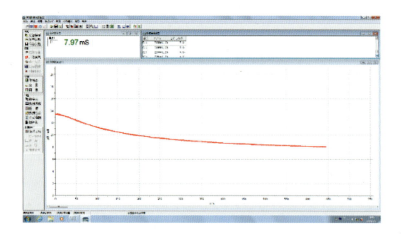

0.1 mol/L 氢氧化钠溶液环境下乙酸乙酯水解反应的电导率—时间曲线

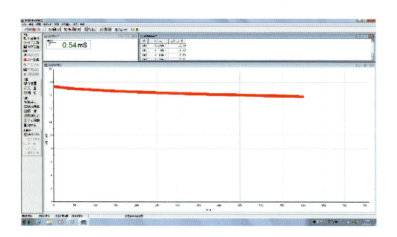

0.1 mol/L 硫酸溶液环境下乙酸乙酯水解反应的电导率—时间曲线

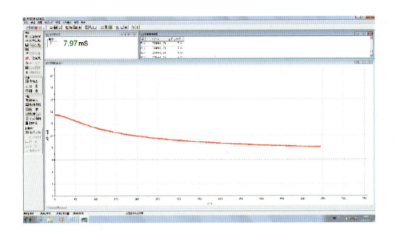

常温下乙酸乙酯水解反应的电导率—时间曲线

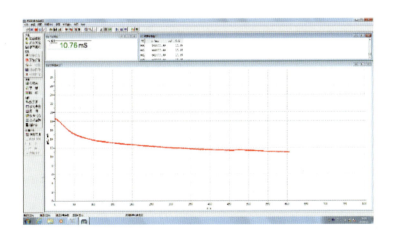

70 ℃乙酸乙酯水解反应的电导率—时间曲线

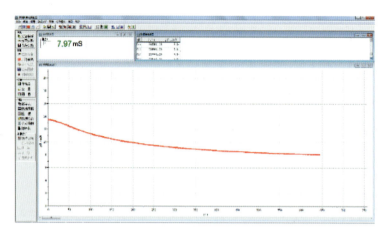

0.1 mol/L 氢氧化钠溶液环境下乙酸乙酯水解反应的电导率—时间曲线

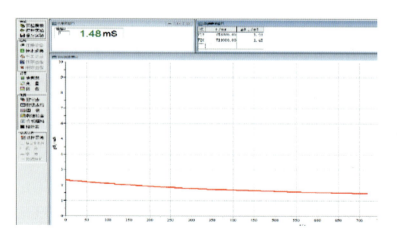

0.01 mol/L 氢氧化钠溶液环境下乙酸乙酯水解反应的电导率—时间曲线

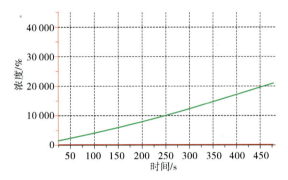

CO₂ 浓度（绿色）—时间图　O₂ 浓度（红色）—时间图

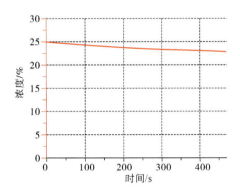

O₂ 浓度—时间（放大图）

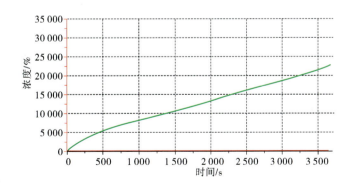

放置 CO₂ 浓度（绿色）—时间图　O₂ 浓度（红色）—时间图

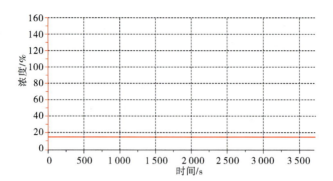

长期放置 O_2 浓度（红色）—时间（放大图）

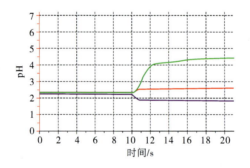

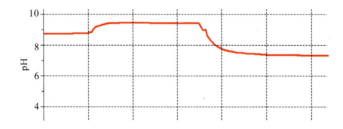

K_2CrO_4 溶液中先加入 K_2CrO_4 固体，再加入 $K_2Cr_2O_7$ 固体